中小学心理健康教育书系

顾问 ◎ 林崇德　　主编 ◎ 俞国良

积极心理健康

幸福快乐的科学

任俊 ◎ 著

开明出版社

图书在版编目（CIP）数据

积极心理健康：幸福快乐的科学 / 任俊著. --
北京：开明出版社，2019.4（2020.11 重印）
（中小学心理健康教育书系）
ISBN 978-7-5131-4755-2
Ⅰ. ①积… Ⅱ. ①任… Ⅲ. ①心理健康—健康教育—
教学研究—中小学 Ⅳ. ① G444
中国版本图书馆 CIP 数据核字 (2019) 第 046761 号

出 版 人： 陈滨滨　　**策划编辑：** 王　桢
责任编辑： 于　洪　刘　芳　　**版式设计：** 亓　悦

发　　行： 全国新华书店
出　　版： 开明出版社
（北京市海淀区西三环北路 25 号　邮编：100089）
印　　刷： 山东华立印务有限公司
开　　本： 889 x 1194　1/16
字　　数： 250 千字
印　　张： 19.375
版　　次： 2019 年 4 月第 1 版
印　　次： 2020 年 11 月第 2 次印刷
定　　价： 58.00 元
联系电话： 010-88569135
网　　址： www.kaimingpress.com

寄 语

亲爱的朋友们：

心理健康，特别是中小学教师和学生的心理健康，看似是只和个体相关的私事，实则是关乎家庭幸福、社会和谐，乃至国家和民族安定繁荣的大事。我们衷心地希望，每一个参与中小学教育事业的教师和家长，都积极主动地关注自我和孩子们的心理健康，树立科学的心理健康教育理念，掌握有效的心理健康教育方法，培养德智体美劳全面发展的社会主义建设者和接班人。

总 序

这是一个新时代，也是一个复杂多变的时代，中小学生在见证世界缤纷色彩的同时，也在承受巨大的心理压力。显然，我们正处在社会转型与社会心理变迁不断加速的特殊历史时期。时代发展变化，要求中小学心理健康教育不断进行自我更新。自教育部颁布《中小学心理健康教育指导纲要（2012年修订）》（以下简称《纲要》）以来，各地中小学在制度、课程、师资队伍和心理辅导室建设等方面的成就有目共睹，已成为全面推进素质教育新的突破点和着力点，为加强和完善中小学德育工作做出了独特贡献。这里，我们着重讨论新时代我国中小学心理健康教育的现状和特点、立场与方法，以及所关注的问题、趋势与对策。旨在优化和创新中小学心理健康教育理念、思路、方法和措施，使之能更好地为中小学生乃至社会经济的可持续发展服务。

现状——据原卫生部、世界卫生组织估计，我国17岁以下未成年人中有各类学习、情绪、行为障碍者3,000多万人，而且人数在不断增加。我们编制的《中小学生心理健康量表》测查也表明，小学生有心理行为问题的占10%左右，初中生占15%左右，高中生约为20%。可见，中小学生心理健康状况不容乐观。

为了有效把握现状，我们以中部地区两个地级市的城市和农村11,027名中小学生为研究对象，发放调查问卷。结果表明，我国中部地区中小学心理健康教育的普及率和教育效果有较大改善。但整体来看，农村中小学心理健康教育相对落后；中学生心理健康教育滞后于小学生，初中阶段尤甚。与五年前相比，中小学心理健康教育的发展和进步主要表现在以下几个方面：第一，教育对象开始面向全体学生，教育内容符合《纲要》的基本要求；第二，随着教育行政部门、学校领导和教师对心理健康教育的重视，家长和学生的态度也发生了积极改变，无论在城市还是农村中小学，都取得了良好的教育成效；第三，随着《纲要》的颁布和中小学校的重视，心理健康教育专职和兼职教师开始增加，心理健康教育已得到广泛普及，正在逐步走向深化和进一步规范发展。虽然发展势头很好，但还存在一些问题亟待解决：首先，城市与农村心理健康教育发展不平衡，农村中小学心理健康教育相对落后，而农村高中又是“重灾区”；其次，有的农村中小学心理健康教育内容不符合实际需要，缺乏针对性和实效性；再次，初中、高中阶段的心理健康教育相对薄弱，从调查数据看，城市中学心理健康教育与小学存在差距，农村更甚；最后，中小学心理健康教师专业化程度有待提高。

为了有效掌握中小学心理健康教育师资队伍的现状，我们课题组也进行了专题调研。我们采取分层随机抽样的方法，选取了山西、河南两省某地级市发放中小学心理健康专兼职教师有效问卷 584 份，学校管理者有效问卷 209 份，结果如下。第一，心理健康教育已得到大多数中小学校的重视。90% 以上学校开展了卓有成效的心理健康教育工作，大多数中小学心理健康教育专兼职教师，都能感受到学校领导对他们工作的支持。第二，中小学心理健康教育师资队伍的人员构成复杂，专业化水平有待提高。大部分专职教师有担任其他课程的经历，兼职教师中德育课教师和班主任居多。教师们对自己的工作效果感到满意的同时，也表现出强烈的求知欲，希望参加专业培训、提高专业技能。第三，学校管理者在选择心理健康教师时非常重视他们的专业背景、学历学位、相关资格认证、授课技能、从业时间与经验及人格等因素，他们对本校心理健康教育专兼职教师和心理健康教育工作表示满意。

特点——中小学心理健康教育的特点可以从不同角度进行梳理，仁者见仁、智者见智。

从心理健康教育的目标与主要内容看，已明确把目标定位在提高全体学生的心理健康水平，促进他们的积极心理品质等方面，内容重点包括认识自我、学会学习、人际交往、情绪调适、生活和社会适应等。同时，根据不同年龄阶段学生的身心发展特点，设置了小学、初中和高中分阶段的具体教育内容。这样的设置操作性强，不仅符合中小学生的成长与发展实际，同时也体现了从心理健康教育向心理健康服务转变，从问题导向向积极心理促进的世界心理健康发展潮流。从心理健康教育的途径和方法看，各地中小学正在将心理健康教育贯穿于教育教学全过程、开展多种形式的专题教育、建立心理辅导室、密切联系家长共同实施心理健康教育，以及充分利用校外资源等。目前，在中小学具体教育实践中，心理健康课程与专题讲座是心理健康教育最常用的方式；心理辅导室作为心理健康教育的重要环节，承载着开展心理辅导、筛查与转介、课程咨询、家校整合等功能；在日常教育教学与班主任工作、社会实践活动以及家庭教育中，开始全面渗透心理健康教育。从心理健康教育的组织实施看，从管理、教师、教材、研究几个层面，已构建了我国中小学心理健康教育的组织实施体系；从目前学校教育管理和实践效果看，政策与立法已成为我国政府推动和规范中小学心理健康教育发展的主要手段，而心理健康教育教师队伍建设，则成为中小学心理健康教育有效实施的重要保障。

立场——新时代中小学心理健康教育一定要提高站位，即站在时代的制高点上。社会转型，即经由传统型社会向现代型社会快速转变就是新时代的重要特征，就是时代的制高点。目前，人们快节奏的生活方式，大强度的竞争压力，高目标的成就动机，使个体心理健康问题及其引发的社会矛盾、冲突日益突显，导致个体心理、社会心理处于一种无序状态。当下人民的需要从物质文化转变为美好生活，而美好生活需要自尊自信、理性平和、积极向上的社会心态。社会心态成为社会矛盾的“晴雨表和指示器”，而心理健康则是人民“美好生活”的社会心理面向。因此，在社会心理服务大框架下讨论与实践心理健康教育、心理健康服务，这是中小学心理健康教育应持的基本立场；心理健康教育是心理健康服务的基础，心理健康服务是社会心理服务的核心，这是中小学心理健康教育的方法论基础。

从中小学心理健康教育与服务的对象看，其重点是个体与群体，与社会心理服务的对象重合；从中小学心理健康教育与服务的目标看，旨在提高全体中小学生的心理素质与心理健康水平，与社会心理服务的目标有异曲同工之妙。即根据中小学生身心特点开展心理健康教育活动，关注和满足他们的心理发展需要，提升其心理调适能力和社会适应能力，培养其积极乐观、健康向上的心理品质和自尊、自信、自强、自立的个性特征，尤其关注留守、流动儿童心理健康，为经受校园欺凌和校园暴力、家庭暴力和性侵犯的中小学生提供及时的心理创伤干预，促进其身心可持续发展。这充分体现了由心理健康服务向社会心理服务延伸，使心理健康服务成为为社会心理服务打基础、夯地基的“基础工程”。

方法与措施——新时代以社会心理服务建设为背景，中小学心理健康教育工作在组织实施、机制建设、领导管理等方面必须进行调整和改变。

从心理健康教育的类型与途径看，心理健康服务是社会心理服务的具体化，这决定了中小学心理健康教育工作在组织实施中要有全局观、整体观。无论是全面开展心理健康促进与教育，还是积极推动心理辅导和心理咨询服务，重视心理危机干预和心理援助工作，都可以视为社会心理服务的组成部分，都是为了在中小学生中倡导健康生活方式，使他们有意识地培养积极心态、学会调适心理困扰和心理压力、提升心理健康素养，进而培育良好社会心态，营造健康向上的社会心理氛围。

从心理健康教育的方式、方法看，心理健康服务是社会心理服务的“压舱石”，这决定了中小学心理健康教育工作在机制建设中要有体系观、系统观。各地中小学要建立健全地区、学校、年级、班级、小组等各级心理健康服务体系，加强心理健康师资队伍建设，拓展心理健康服务领域和范围，为社会心理危机干预和疏导机制“劈山开路”，为进一步开展社会心理服务工作奠定基础。

从社会心理服务的途径、方法看，社会心理服务包括微环境、中环境和宏环境系统，对应着个体、人际、群体层面的社会心理服务，这决定了中小学心理健康教育工作在领导管理中要有生活观、生态观。教育即生活，生活即环境。微环境是学生直接接触到的生活环境，健全的社会心理服务能够帮助学生在面临这些微环境系统中出现的问题时，舒缓负性情绪发展积极情绪，并提供专业的帮助与辅导；中环境系统是两个或多个环境之间的相互作用与联系，它对学生来说，就是家校互动，为人际层面的社会心态培育扫清障碍；宏环境系统包括特定的文化、亚文化或其他更广泛的社会背景，社会心理服务体现在扶助和引导处境不良学生、低社会经济地位学生群体，对不良生活事件进行预警、疏导等。这些都能够有效调整相应学生群体的社会心态，为培养目标群体的良好社会心理打下坚实基础。

一句话，全面推进和深化中小学心理健康教育工作，必须树立“大心理健康教育观”。其实质就是新时代中国特色的心理健康教育体制观，即对符合中国国情与富有中国特色的心理健康教育体制的认识、理解和判断。其方向是坚持心理健康教育是德育与思想政治教育工作的重要组成部分，任务是提高全体师生的心理健康意识，理念是全面强化心理健康教育向心理健康服务的转变、问题导向向积极心理品质促进的转变，方法是大胆探索心理健康教育的新路径和新方式。

趋势与对策——我国中小学心理健康教育的未来发展应重点关注以下问题：第一，从心理健康教育向心理健康教育与服务并重，着力提供优质心理健康服务；第二，由侧重于中小学生心理行为问题的矫正，向重视全体学生心理健康的促进与心理行为问题的预防转变；第三，着力构建中小学生健康成长的生态系统；第四，加强中小学心理健康教师队伍的建设，强调以实证为基础的教育干预，重视教育效果的评估与反馈。

目前，中小学心理健康正从教育模式向服务模式转变，这种转变是历史的必然，也是学校心理健康教育发展的必然。近年来，随着积极心理学的悄然兴起和蓬勃发展，学校心理服务的对象逐渐扩展到全体学生，强调面向健康的大多数学生进行心理健康教育，提高全体学生的心理健康素质，以预防和促进发展为导向。服务模式相对于教育模式，主要强调的是视角不同。教育模式有一个内隐假设，即教育者根据预设的内容和目标，有计划有步骤地对教育对象实施影响，有“强人所难”“居高临下”之嫌；服务模式则重视以学生自身的发展性需要为出发点，充分发挥学生的主动性和积极性，根据他们的心理发展规律和成长需要，提供相应的心理健康服务，即强调提供适合学生发展需要的心理健康教育。目前，我国学校心理健康教育正处在从教育模式逐渐向服务模式转变的过程中。

特别需要指出的是，中小学心理健康教育工作开展得如何，很大程度上取决于是否拥有一支素质精良的教师队伍。一方面，在今后的工作中，教育行政部门应规范心理健康教育教师的职称评聘、岗位设置、工作量计算等相关制度，制定有针对性的绩效考核方案，并明确薪酬与绩效考核的关系以及职称晋升的途径，激发心理健康教育专兼职教师的工作热情。另一方面，国家教师教育政策应向心理健康教育专业倾斜，通过诸如减免学费、提供奖学金等手段，鼓励青年才俊投身该专业。为此，我们郑重呼吁：有关部门应确定中小学心理健康教育教师的职责，以及从事该项工作的基本条件和资质；确定专兼职教师的能力标准，包括教师心理健康的标准和教师心理健康的教育能力标准；确定专兼职教师的工作标准，包括工作内容、工作流程和工作途径方法等；对资格认证进行试点工作，确定认证标准、认证机构和认证方式；编制中小学心理健康教育基础培训和提高培训方案，对无专业背景的心理健康教育教师进行基础培训，对有专业背景的心理健康教育教师进行提高培训；定期对培训效果进行质量评估；定期开展对心理健康教育师资队伍建设的调查。

对于未来中小学心理健康教育而言，加强现代学校心理辅导制度建设是核心，编制具有中国本土特色的中小学生心理健康素质指标是基础，从实施心理健康教育走向心理健康服务并建立服务体系是途径，提供适合中小学生发展需要的心理辅导与心理健康服务是关键。

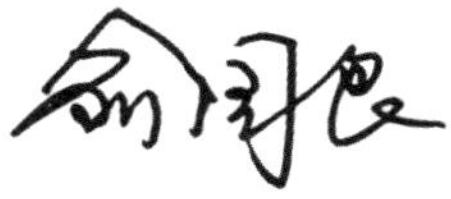

2018 年 11 月 22 日

前　言

随着社会的发展和物质生活水平的不断提高，人们对心理健康的关注热度持续上升。这说明人们已经意识到心理健康是人类健康的重要组成部分。随着现代社会发展复杂性的不断增强和人类精神需要的持续提升，心理健康已经由最初从“有问题”到“没有问题”的单一关系，开始演变成从“有问题”到“没有问题”、再到“幸福快乐”的多元关系。随着健康概念的不断丰富和演进，以“追求幸福快乐”为核心的积极心理健康已然成为现代社会中维持和巩固社会繁荣的一个重要因素。事实上，现代生活的多样性和现实中的问题性也昭示：积极心理健康已经是人类未来发展中不可或缺的基础。

如果人们找不到一个坚持“健康就是没有问题”的理由，那就必须找到一个开始“健康应该是真实体验到幸福”的理由。幸福起源于人类生活的切身感受，是普通民众生活的基本要求，也是社会发展的终极目标。传统心理健康强调的所谓“没有问题”只提供了心理健康的最小公分母，只能算作人类心理的一个基本要求。而积极心理健康对于幸福的强调既是基于传统心理健康缺失幸福研究的现实，同时也是基于观念理解现实的具体体现。积极心理健康在一定程度上扩大和开放了人们行为或行动的范围，提升了心理学的价值标准。对于今天的社会来说，“获得幸福”不仅仅是个体的目标，甚至成为当今国家治理的核心。

如何才算幸福？如何才能获得幸福？此书会尽量多地帮你解答这些问题。

当你遭遇不公或遇到闲言碎语时，最合适的做法不是怒火中烧、睚眦必报，其实“若无其事”是最好的“报复”，因为你不需要向不值得的人证明你的价值，生活是自己的，不是为了取悦他人；生活幸福需要具备等待的耐心，同时也需要战胜挫折的勇气和机智；不管你将去哪里，也不管将来迎接你的是什么，积极品质一定会让你带着暖暖的心情启程；如果别人朝你扔石头，不要想着扔回去，留着做你开阔眼界的基石吧；任何一次磨难或挫折都一定包含着某些积极成分让你去把握，你要练习并学会这种能力。

此书同时还会为你解答一些心理问题或困惑。

许多人会把陌生人的小恩小惠当作大恩大德，并表现出莫名的信任和高兴。

而把身边人（包括家人和亲人）对自己的好看作理所应当，并在他们稍稍对自己不如过去那般好时就怨声载道，这是为什么？幸福并不是奢侈和豪华，有时追求的越多（特别是物质方面）反而越不幸福。幸福对多数人来说就是小欲望的小满足，小确幸才是我们这些小人物的大幸福，这又是为什么？

此书或许还会让你更深刻地理解某些人生意义。

积极品质是凝聚社会公平正义和个人理性的最重要力量，是润泽社会和个人发展的正能量。从社会角度来说，这个社会如果所有成员的积极品质水平较低，这个社会就一定会变味，并最终失去稳定的基础。从个人角度来说，决定命运的并不是天上掉下来的机会，而是每一个人在每一分钟里所表现出来的积极品质的水平。在今天这个全球化、知识经济时代，每个人的智商、能力和努力程度都不一样，这使得机会失衡成为一种“新常态”，只有高水平的积极品质才能成就你的人生价值并让你卓尔不凡。所以从这个意义上说，积极的心理健康理念可以帮助人们在生活中考虑“我是谁”与“我要做什么”的问题，从而提升人们的生活意义和生活价值。

对于心理学来说，心理健康是一个老生常谈的话题，但积极心理健康的情怀在于用发展的眼光与思维去发现和剖析新问题，这就为心理健康的理论和实践提供了新思路。这种源于心理健康领域本身的探索对这门学科的发展至关重要，因为无论如何人们不能完全靠别人的脑袋来思考自己的人生。

在写这本书时我信奉了一个基本原则：不懂的就别乱说，或者干脆不说；懂的不说过分，慢慢仔细说。我相信人的心理就和真理一样总是相对的。

我建议阁下能耐下心情看完这本书，但不管你看没看完，你都需要知道一个基本道理：心若不伤，你的岁月一定安然无恙。

本书是北京幸福公益基金会“积极心理学研究基金”和浙江省高校人文社会科学重点研究基地教育学一级学科基地项目（ZJJYX201401）部分成果。

目 录

第 1 章

理解积极心理学

理解什么是积极心理学之前一定要先理解什么是心理学，心理学和许多古希腊的神话故事有关，因此，可以先从古希腊神话角度来看看心理学到底是什么。很多人可能或多或少了解一点弗洛伊德（Sigmund Freud，1856 年 5 月 6 日—1939 年 9 月 23 日，奥地利著名的精神病学家、心理学家，精神分析学派心理学的创始人）所谓的“俄狄浦斯情结”（Oedipus complex）的内容（相传古希腊时期的一个部落王子俄狄浦斯无意中杀死了自己的生父并娶了自己的生母为妻，弗洛伊德于是把恋母情结命名为俄狄浦斯情结），但似乎很少有人知道普赛克（Psyche）的故事。其实普赛克正是心理学名称的由来，心理学在英文里叫“psychology”，其词根就是“psyche”。

相传普赛克是古希腊时期一位国王的小女儿。她外表漂亮且心地善良，当时希腊各地的人们都长途跋涉来敬仰她的美丽，并以此为荣，这一情形使得自认为最美的女神维纳斯（Venus）非常难受。于是维纳斯在妒忌之下心生一计，她让自己的儿子爱神丘比特（Cupid）设法去陷害一下普赛克，想办法把普赛克嫁给世界上最丑恶、最凶残的野兽做妻子。丘比特肯定要听妈妈的话，于是他就设计让国王夫妇把普赛克抛弃在一座荒山上，在那里，普赛克将与一条丑陋且凶残无比的巨蛇定亲。普赛克对自己的不幸非常难受，但也只能接受厄运。不过，当丘比特自己亲自见到普赛克时，他虽然贵为爱神，也被普赛克的美貌和善良折服，于是他违背了自己妈妈的命令，非但没有把普赛克嫁给蛇，反而把她秘密带到了自己居住的宫殿，并娶她为妻。

后来，普赛克的两个姐姐来看她，当两个姐姐看到妹妹居住的宫殿如此富丽堂皇后就心生妒忌，她们就欺骗普赛克，成功使普赛克违背了自己之前的承诺，并使普赛克与丘比特产生矛盾。丘比特伤心且愤怒地飞走了。普赛克被自己背叛诺言、烧伤且失去心爱的丈夫的痛苦煎熬着，于是她发誓一定要找回丘比特并向他表达自己的爱。随后，经历了维纳斯所设下的一系列磨难之后，普赛克终于与丘比特重归于好。不仅如此，普赛克还被册封为长生不老的女神，其主要职责是掌管人类的灵魂。所以，心理学（psychology）的本意是指研究人类灵魂的学问。

有关普赛克的故事终究只是一个传说，那么从今天科学的角度来看，心理学是什么呢？心理学是关于人本身的一门科学，主要在于通过实验等方法帮助人类认识自己、他人以及相互之间的关系等。总的来说，现代科学心理学在研究人的问题上一直比较开放，既可以用实证方法，也可以用人文的方法；既可以直接以人为研究对象，也可以以动物为研究对象；研究既可以在实验室进行，也可以在生活现场进行。但不管怎么说，心理学的目标始终只有一个，那就是帮助所有的人变得更好，具体来说就是帮助有问题的人摆脱问题、帮助没有问题的人变得幸福、帮助已经幸福的人更幸福。

积极心理学的诞生

1998 年，新上任的美国心理学会（American Psychological Association，简称 APA）主席塞利格曼（Seligman）先生根据惯例（APA 的新主席在就任时都可以就未来一年心理学研究的重点提出自己的主张，这是美国心理学会的一个惯例），在这一年的 APA 年会上正式提出了积极心理学（Positive Psychology）的构想，他当时提出，在他任美国心理学会主席期间心理学要做两件事：第一是让心理学能有效减少世界各地的宗教冲突和民族冲突，第二是创建一门专门研究人的积极力量或积极品质的心理学方向，也就是创建积极心理学。

结果，在塞利格曼的主席生涯结束时，他计划中的第一件事没有完成（许多地区为了所谓的宗教冲突和民族冲突依然打得不可开交），而第二件事却轰轰烈烈地开展起来。2000 年，塞利格曼与西卡森特米哈伊（Csikszentmihalyi M，积极心理学另一位重要的创始人，福流情绪概念的提出者）联名在美国心理学会会刊《美国心理学家》（*American Psychologist*）上发表了“积极心理学导论”一文，宣告了积极心理学的正式诞生；就在同一年，《美国心理学家》还发表了两期积极心理学专栏。一般来说，美国心理学会的会刊《美国心理学家》是美国心理学未来研究方向的确定者，新主席上任时都会确立一个未来心理学研究的重要方向。

随后美国《人本主义心理学杂志》也发表了一期积极心理学专辑，主要论述了人本主义心理学与积极心理学之间的一些共同话题。2002 年，辛德（Snyder C.R.）和洛佩茨（Lopez S.J.）主编的《积极心理学手册》出版，宣告了积极心理学的正式建立。自此之后，源于美国的积极心理学也开始逐渐走向世界，如欧洲、澳洲和中国等都相继举办了国际积极心理学大会和研讨会，作为一种新思潮的积极心理学开始风靡各地，一场有意识地以研究人的积极品质和积极力量为核心的心理学运动就此在全世界拉开。

积极心理学是借助传统心理学的研究方法和研究手段，为普通人寻找幸福生活的方法。也就是说，和传统心理学相比，积极心理学的不同点主要在于研究内容上，即积极心理学的关注点和传统心理学不太一样。积极心理学研究的主要内容大概涉及三个方面：第一是研究人的各种积极品质和积极力量的心理机制，参考本章后面所说的六大美德及 24 种积极品质；第二是研究个体生命中的那些好事情和精彩时刻，既然之前人们发现生活中的一些创伤性事件会对人的心灵造成伤害，那人们生活中的那些快乐事件和欢乐时刻又会对人的生活造成什么影响呢；第三是关注那些没有什么心理问题，却也不是什么特别天才的普通人，这个社会主要是由这类普通人组成，这一部分人的幸福快乐才是整个社会幸福快乐的基石。

当然，传统心理学的研究虽然也涉及上面这三个方面的内容，但它事实上已经因为各种原因而偏向于只关注解决问题，成为一种具有一定医学性质的“病理性心理学”。或者说，正是因为传统心理学在解决问题方面太过用力了，投入得太多了，导致许多人产生了一种误解：心理学就好像是治病的学科。基于此人们需要重新建立一门新的积极心理学来专门研究人和社会的繁荣机制。

所以，从积极心理学兴起的缘由和过程来看，它的目的比较单一，就是为了提高人们的快乐水平，使人们过上应得的幸福生活。积极心理学这样做的意义到底在哪里呢？

第一，提升人们各种积极品质的过程，在一定意义上也是促进人们良好发展的过程，这两者几乎是一致的。

美国一家诊所在明尼苏达州和罗彻斯特市进行了一项有趣的研究，研究者想通过研究了解什么样的人才会更长寿。研究人员跟踪调查一些被试长达 30 年，结果发现那些在最初的标准人格测验中根据得分而被划分为“积极”（如乐观）类的人最长寿，而那些当初被划分为“消极”（如悲观）类的人则寿命最短[1]。

为什么积极的人会更健康长寿呢？免疫系统是人与生俱来最好的医生，是覆盖人们全身的天然防护和警戒网，如果说人的胸腺和骨髓是这个防护系统的司令部，而脾脏和淋巴结等则是戍守边防的一线战士，那人的积极品质则可以说是人免疫系统的后勤保障部。研究表明，那些积极品质更高的人，在面临生活压力或消极事件时，免疫系统能更有效地发挥作用，他们体内有更多数量的杀伤性 T 细胞[2]。

事实上，更高水平的积极品质也代表了更好的心理健康水平。心理学的研究表明，乐观品质本身就是心理健康的一个重要预测变量[3]，越乐观的个体，其主观幸福感、应对方式、社会支持等都出现显著上升[4]，而生活满意度、社会支持等就是心理健康的构成因素。

如果人们注意观察自己周围就会发现，那些幽默乐观、笑口常开的人心理健康水平通常都很高，他们身边总是有很多朋友。人们似乎更愿意与那些对未来持积极期望的人交往，而减少与那些对未来持消极态度的人交往。所以具有积极品质的人的人际关系通常会更好，且社交范围更广泛，这在学术界已经得到了明确证明[5]：以大学生被试为例，乐观者在入学第一个学期，相较于悲观者，他们的社交范围更广。而人际交往是促进心理健康的一个最重要因素，同时其本身也是心理健康的一个标志。

2017 年，波兰的心理学教授卡奇马雷克（Lukasz D. Kaczmarek）等人在《积极心理学杂志》（*Journal of Positive Psychology*）上更是发表了一个让人惊奇的结果。根据他们的研究，那些满脸笑容的科学家发表的论文被引用率更高，即论文的影响力更大。研究者们从世界最大的科研门户网（Research Gate）上下载了男女各一半的 440 多位各个领域的科研工作者的照片，然后对他们照片上的笑容情况进行了排序（如果一个人在自我简介上贴出来的照片满脸笑容，那这个人在日常生活中也更可能是一个快乐的人），同时对他们发表的文章的数量及引用率等进行了统计。结果发现，尽管满脸笑容者和那些很少笑的科研工作者在论文数量上差不多，但两者之间的论文质量有显著差异，满脸笑容者的论文的引用率显著高于那些很少笑的人。也就是说，笑得越灿烂的科学家，其科研工作的影响力就越大。

第二，提升人的积极品质能更有效地实现人生价值和意义的。

人们发现，积极品质的提升能有效帮助个体取得更高的成就[6]，提升人生意义和人生价值。在一个大样本的研究中，研究者考查了美国大学一年级本科生的返学率。在新生入学的第一学期就对所有学生进行了测试，结果发现，那些在第一学期通过测量被划分为乐观特质的学生，第二学期的返学率显著高于那些具有悲观特质的学生，悲观学生的辍学率大概是乐观学生的两倍[7]。

如果你阅读过一些成功人士的自传或传奇故事就不难发现，那些事业有成、具有较高社会声望的人身上一般都会有一些特点，如自信、对未来有明确的规划、充满好奇心、富有探索的勇气等。所以从一定意义上说，积极品质本身就代表了人生的意义和价值。在俄罗斯进行的一项心理学研究揭示，具有较高的积极品质与高收入之间存在正向的相关关系[8]，因为具有较高积极品质的人会具有更高的生产率，其对自己的职责有更大的责任感，也更有可能去帮助其他人，也更倾向于和他人合作[9]。一个人的价值主要由其积极品质构成或决定，这正如一只木桶能装多少水更主要是由其长板而不是短板决定一样（当你把一只木桶向长板一方倾斜时，它一定会比平着放装更多的水）。许多人碌碌无为、不被社会或他人重视并不是由于他有多少缺点，而是由于他没有过人的优点。因而积极心理学强调提升人的积极品质，其实就是提升人生的价值和意义。

第三，快乐和幸福的提升有其独特的规律和机制，研究这种机制有可能帮助人们从另一个角度来理解各种心理问题，并寻找到另外一种消除问题的新方法。

抑郁症是困扰当代社会的一个重要问题，如何才能更好地消除这种问题呢？目前国际上有两条路径可走：一种思路是去除抑郁症的各种症状，使其没有问题，即寻找到产生问题的原因，也就是所谓的就事论事；另一种思路则是认为抑郁就是人不开心了，而人的生活目的就是为了开心快乐，因而人们主要应该提升抑郁症患者的人生意义，即提高抑郁症患者的快乐水平，使其变得更快乐！到底哪一种思路更好呢？至少到目前为止，人们还无法确定哪一种方法更优秀，不过多一条路径或思路一定会对人类解决抑郁症问题更有利。

美国埃默里大学（Emory University，建于 1836 年，全美顶尖的私立研究型大学之一）医学院的海伦・梅贝格（Helen Mayberg）教授近几年在全世界有点火，这是因为她和合作者一起做了一项有点惊世骇俗的研究。2005 年，她和加拿大外科医生安德烈斯・洛扎诺（Andres Lozano）一起，在抑郁症治疗手段上实现了新的突破，他们用深脑刺激来治疗那些严重慢性抑郁症患者取得了一定的成功[10]。所谓严重慢性抑郁症患者是指那些对药物疗法、药物与心理结合疗法、电击疗法都没有反应的抑郁症病人。这些病人等同于被判了死刑一样，毫无治愈的希望，但梅贝格觉得可以尝试一下新的方法。

梅贝格一直致力于研究抑郁症发病的机制。20 世纪 80 年代，人们只知道抑郁症患者大脑中的化学物质出现了问题，但到底是哪里出了问题并不十分清楚，多数人认为抑郁症可能是人大脑中血清素水平过低引起的。相应的证据是，特定药物可以提升脑部血清素水平，把这种药给患者服用，能起到一定的抗抑郁效果。除此之外，就没有其他依据了。实际上，2015 年发表在《神经科学和生物行为评论》（*Neuro Science & Biobehavioral Reviews*）上的一项研究表明，抑郁的原因很可能不是大脑中血清素水平低了，而是大脑中血清素的水平太高了。人们根据血清素水平低的原理制造的相关抗抑郁药（如百忧解、帕罗西汀和舍曲林）之所以能在治疗中表现出一定的作用和效果，更可能是由于治疗过程中出现的安慰剂效应。

所以有关血清素的理论使人们在抑郁症的治疗上一直进展不大。后来有关大脑无损伤扫描技术取得了进展，研究者可以通过不损伤人的大脑而清楚地观察健康人的一些脑部活动，并将其与抑郁症病人的脑部活动进行比较。梅贝格也开始利用扫描技术来寻找抑郁症可能的神经回路与神经网络基础，当然，这时候全世界有很多学者都在做这一工作，这些工作综合来看，抑郁症患者的大脑神经活动有点复杂，涉及前额叶皮质、大脑边缘系统等多个大脑部位，也就是说，掌管情感和认知的脑区基本都有关联。他们的某些脑区特别活跃，而另一些脑区又特别沉寂，但好像不太有规律。梅贝格没有灰心，她通过对各种研究所获得的结果进行细致筛选，最后认为抑郁的关键很可能涉及大脑皮层中的一个名为“膝下皮层”的很小区域，这处区域又称布罗德曼 25 区。这个区域位于大脑的底部（是深脑区），处在眼窝的正后方，大小相当于人的食指最末端那节的尺寸。

梅贝格发现这一区域几乎能连接大脑的所有区域——包括大脑的奖励回路和边缘系统的一些部分。也就是说，这个区域与人们的需要、情绪体验、学习和认知能力、记忆、性欲、睡眠调节、食欲等都相关联，而这些领域的障碍或受损恰恰是抑郁症患者表现出的最主要特征。梅贝格在对大脑的扫描中观察到，抑郁症患者的布罗德曼 25 区的大小通常都小于一般人，而且他们的这个区域有点过度活跃，于是她觉得这可能是引起抑郁的原因，如果能降低 25 区的活跃度，也许抑郁症可以得到有效治疗。

梅贝格开始想办法去控制病人布罗德曼 25 区的活跃度，于是她去找了世界知名的外科医生——多伦多大学的教授安德烈斯·洛扎诺。洛扎诺医生以做深脑手术闻名，他曾对数百名帕金森综合征病人实施过深脑刺激。在随后的几个月里，梅贝格与洛扎诺到处去说服和招募病人来做被试，最后终于招募到一名女抑郁症患者，这名病人在患病前曾是护士，一直在医院工作，因而对于尝试创新手术有一定的接受度。

这场令人瞩目的手术安排在 2003 年 5 月 13 日，当时梅贝格承担了巨大的风险，在没有任何前人经验的基础上，只是凭借着一些研究原理和兴趣就开展这样一场手术。但手术的执行者洛扎诺却异常相信梅贝格，而且洛扎诺也对自己充满了自信，他相信自己一定可以非常安全地将电极植入这位病人的深脑内。结果手术一举成功，病人在植入电极之后，25 区的活动就会被人为控制住，病人的抑郁症症状竟然随着 25 区的控制而得到了缓解。2005 年，梅贝格和洛扎诺有关六个抑郁症病人的治疗论文在《神经元》（*Neuron*）期刊上发表。梅贝格治疗抑郁症的核心是消除问题，即消除或控制人们产生问题的那个机制，使人从有问题的 −10 状态变成为没有问题的 0 状态。

而波恩大学精神病学家托马斯·施拉弗（Thomas Schläpfer）和外科医生沃尔克·科南（Volker Coenen）则采取了另外一种更为积极的方式，他们理论的核心主要在于增加人们的快乐和积极体验。另外，这两位研究者更是发表了大量的论文，并且也取得了巨大的成果[11]。

他们同样采取深脑刺激手术，只是他们是把电极安装在病人的奖励系统——伏隔核（accumbens nucleus，位于基底核与边缘系统交界处，亦称伏核，伏隔核被认为在大脑的快乐中枢对诸如食物、性、毒品等刺激有反应）之中，这样人们可以通过电刺激来获得愉快感，从而很好地缓解自己的症状。现在医生甚至可以为这种快乐刺激器设置 1 至 5 伏特的五档（由医生和病人合作设置并调到最优化），刺激器埋在锁骨附近的皮下。病人每三到五年更换一次电池，并需要定期调校。这种手术的费用现在还比较昂贵，大概在五万至十万美元，另外还要加上两万多美元的材料费。这种方法的核心在于通过提升病人的幸福感来治疗其抑郁症，其路径和梅贝格的路径完全不同。

从上面这两个深脑研究来看，当深脑刺激不再是实验室里面的实验而被批准为一种标准疗法时，人们到底会采用哪种方法呢？

积极心理学的性质

什么是积极心理学？谢尔敦（Sheldon）等将积极心理学定义为：致力于研究人的潜能和美德的科学。国际积极心理学网站（国际积极心理学会网站设在塞利格曼工作的美国宾夕法尼亚大学）的首页对此也有明确的解释：积极心理学是一种以积极品质和积极力量为研究核心，致力于使个体和社会走向繁荣的科学研究。积极心理学的研究重点放在人自身的积极品质和力量方面，主张心理学要以人固有的、实际的、潜在的具有建设性的力量、美德和善端为出发点，提倡用一种积极的心态来对人的许多心理现象（包括心理问题）做出新的解读，从而激发人自身内在的积极力量和优秀品质，并利用这些积极力量和优秀品质来帮助普通人或具有一定天赋的人最大限度地挖掘自己的潜力而获得幸福。

事实上，在认知这个世界时，对同一个物体或事件，如果你从积极的角度看，就会发现它光辉灿烂的一面，而如果你从消极角度看，就只能收获沮丧和失望。

现在给你描述一份工作的有关属性：可以经常去世界或全国各地免费观光，不同的季节有免费的各种漂亮衣服穿，工作环境优越，冬天有暖气而夏天有空调，一年四季都可以沐浴在舒适的气温条件下，每天还可以和不同的人打交道，工作期间还有免费的餐饮提供，工资收入相对还比较高。

而另一份工作的有关属性描述则是：工作内容主要是给人端茶送饭，经常要不停地走来走去，且很少能坐下来歇会，工作期间几乎天天要出差并有很强的工作纪律，很少能长时间待在家里照顾家人，工作环境拥挤狭小，毫无自己的隐私空间，工作中必须笑脸迎送，每天还必须穿同样的衣服，工资收入也就勉强可以。

你看了上面两个描述之后更愿意选择哪一份工作呢？其实这两份描述都针对的是同一种工作：空姐。不过第一种描述让人心驰神往，而第二种描述估计令人是避之唯恐不及了。

从具体内涵角度上说，积极心理学主要强调人性积极的一面，强调通过增强或放大积极面，进而促使每个人和整个世界变得更繁荣。积极心理学的这一含义意味着积极心理学与传统心理学的主要区别在于研究内容的不同，而在研究方法上，积极心理学完全借鉴了传统心理学那些已经比较成熟的方法。从这个角度上来说，积极心理学并不是心理学史上的一次革命，它只是传统心理学的一种必要补充。

这里就会出现一个问题：传统心理学不是也有一些研究人性积极方面的内容吗？既然传统心理学已经包括了研究人性的积极面，那现在再兴起一种专门以积极为研究内容的心理学方向不是显得多余吗？实际上，积极心理学的出现并不多余。

一、心理学不是专门用来治病的

心理学和人的生活是一样的。据说有这样一个流传很广的段子。

有一个人到海边去玩，看到一个当地的渔民就打半天鱼，然后把鱼卖了，下午就喝喝茶，或者和老婆孩子在海边玩玩。游客就和这个渔民聊上了，问："大哥，你半天打鱼能挣多少钱啊？"渔民说："不多，也就两千元左右。"游客："你为什么不下午也去打鱼呢？这样你不是一天可以多挣两千了嘛！而你家庭的开销基本是固定的，那你一年就能多挣七八十万，这样你一年后就又可以再买一条船帮你打鱼，这样要不了几年你就可以买好几条船，成立一个公司，你就成了老板，让别人帮你打鱼，这样你不就能多挣好多钱吗？”

渔民问：“我要那么多钱干什么？”游客说：“你有钱了想干什么都可以啊！”渔民说：“我就想悠闲一点，可以有时间轻松地钓钓鱼、喝喝茶，陪着家人在海边看看风景。”游客说：“你有了很多钱之后，这些都是很轻松就可以达到的。”渔民说：“我现在不正过着这样的生活吗？我干吗还要费那么大精力去拐那么大个弯去做这些事？而且到了那时候，真正能享受的时间也不多了，我现在一直到老都可以享受这样的生活，这不很好吗？”

生活中有一句谚语：“因为走得太远而忘记了为什么要出发。”人的一切生活的最终目标是为了获得幸福，但当人们投身于社会的洪流之后，就忘记了这个目标，只知道奋斗、奋斗、不断地奋斗。心理学也是一样，为什么要有心理学？心理学是为了让人获得更多的幸福和为了更多的人获得幸福，但心理学在过去相当长的一段时间却在以问题为核心的机制上走得太远了，以致忘记了为什么要有心理学了。

追求幸福快乐是一个具有全球性、现实性和恒久性的主题，从人类社会的发展历史来看，社会从低级到高级的运动和进步，体现在政治、经济、文化等各方面的积极累积上，体现在怎样使人类活得更好，让每个人活得出彩、活得幸福上，这是联结社会政治、经济、文明三大建设的必然要求，也是推动社会文明向前发展的深层动力之一。当一个社会处于稳定、繁荣的和平时代，物质文明达到欣欣向荣的程度，社会对精神文明建设的热烈诉求就一定会变得更大和更积极。

传统心理学有关积极品质或积极力量的研究少得可怜，心理学在普通人心目中已经演变成了一种类似于医学的病理性心理学（以治病为主要目的）。有研究者曾对《心理学摘要》（*Psychological Abstracts*，一个专门搜集世界各国心理学研究报告摘要的数据库，以英文为主要收录语言，中国的《心理学报》等杂志之所以要把论文的摘要翻译成英文，主要目的就是为了被这一数据库收录）进行了搜索，结果发现自 1887 年至 2000 年，关于焦虑、抑郁等消极方面的文章与关于幸福、快乐等积极方面的文章之间的比率达到了 14∶1。这个统计结果足以表明传统心理学的侧重点主要在于研究各种消极情绪以及病态心理等方面，目的在于解决人类所面临的各种精神问题。

在心理学理论的构建过程中，只有以普通人为工作对象所得到的研究成果才具有基础价值。而如果研究只是以问题人（人群中的少部分）为研究对象，其研究所得到的结果肯定不能用来解释占人口绝大多数的正常人的心理。比如，这个世界上有一百块手表，结果其中有十块因为种种原因而坏了（有的不走了、有的走得太快了、有的走得太慢了），假定现在要建立一门学科“手表学”，你是以这十块坏了的手表所获得的信息为依据建立呢？还是以那九十块好的手表所获得的信息为依据建立呢？答案肯定是要以那九十块好的手表为依据来建立手表学理论，因为如果你以那十块坏了的手表为依据建立了手表学，那这种手表学理论就肯定不能有效地解释手表所具有的正常功能。

心理学也一样，如果只是以少部分问题人为研究对象，那么通过这项研究所获得的理论就一定不能正确解释人类正常的心理功能，所以心理学首先必须（也应当）系统地以正常人为研究对象去发现一些规律，并把这些规律作为心理学理论建设的基础。只有这样，人类才能对自己的正常心理功能有清晰的认识。事实上，人类也只有对人的正常心理功能有清晰的认识之后，才能更准确地去认识人类所面临的各种心理问题。所以，心理学应该在一定意义上加强以正常人为研究对象的积极心理学研究。

经常有一些单位或部门的领导会到大学或一些其他机构找心理学工作者去讲课，他们开头一般都会说：“某某教授，快点来帮我们单位做个讲座，我们单位又有好几个职工抑郁了，个别职工甚至自杀了，你得讲讲，帮我们把这些问题解决了。”这是一种典型的把心理学当作和医学完全一样性质的认知观念。心理学其实和医学不一样，医学的主要目的在于治病，即帮助病人消除他问题和障碍。找医生就是为了治病，如果一个人没有病，一般是不会去医院的。

心理学的目的有三个。第一，是和医学一样，解决问题，即以有各种心理问题的人为工作对象，以帮助人们摆脱各种问题困扰为主要任务。第二，是以各种天才为工作对象，帮助他们达到应该有的高度，从而促进世界和人类自身的发展。这个世界的巨大进步有很重要的一个原因是这个社会有天才，如牛顿、爱因斯坦等，正是他们的杰出贡献才能使世界加速发展。第三，是以正常的普通人为工作对象，许多普通人既没有任何心理问题，同时也不是什么特别的天才，但这些普通人构成了这个世界的主要部分，他们也需要心理学的帮助，使自己的生活能一天比一天更幸福。心理学的这三个任务应该齐头并进，没有重点或非重点之分。

第二次世界大战之后，由于战争的残酷催生了大量的心理问题，典型的如参加战争的许多士兵患上了战争综合征，平民经历了战争苦难后出现的创伤后应激等，这使得当时的心理学开始转向以解决各种问题为核心任务，这样，原本三项任务平衡发展的心理学开始偏向于治疗人类心灵创伤，心理学也就变成了以修补问题为主要任务的一门科学，从而具有了一种“类医学”性质。这种转变在本质上使心理学成为只为少部分人（有问题的人）服务的科学，这违背了心理学本来的价值。因而，心理学必须要做出新的转向，在解决各种心理问题的同时，也要开始关注普通人和各种天才。而普通人和天才没有各种特别大的问题，他们只有长处和潜力，所以积极心理学强调要研究人类的长处和积极力量（包括潜在的积极力量），并使这种长处和积极力量得到扩大和张扬。

二、有意的积极和无意的积极不一样

心理学在积极心理学产生之前确实也研究了一些积极品质或幸福感等方面的内容，但这些研究经常是无意识的和零星散乱的，其目的在于服从治疗各种心理问题。积极心理学则是有意且着力来研究积极品质和幸福感，是一种有明确目的和意识的研究。

有意和无意在心理学领域是一个重要概念，它在许多心理过程中都存在，如有意注意和无意注意以及有意记忆和无意记忆等。一般来说，有意是一种个体知觉到的故意，而无意常常是一种个体知觉不到的自发，他们对生活的影响完全不一样。有意由于能被知觉到，所以常常能被个体按照一定的目的进行调控，而无意则不能被个体有效调控。

本人曾经在本科班上心理学基础课时做过一个测试。我让当时所在班级里所有坐过从金华去（回）杭州高铁的同学举一下手，发现几乎所有的学生都坐过从金华去杭州或从杭州来金华的高铁，我接着问："从金华高铁站坐高铁去杭州一共要经过多少个隧道？"所有的同学都能感觉到金华到杭州的火车确实要穿过一些隧道，但都说不出要穿过的隧道的确切数目。我就让所有同学根据之前坐火车的经历大概估计一下具体的数目，结果全班估计的平均数约为 12 多一点，众数为 10。当我把真实的数据 33（包含两个人工做的小隧道）告诉大家时，班里几乎所有学生都不相信，多数学生纷纷嚷嚷着说不可能有这么多。于是我说，那下次班里如果有同学再去杭州或者从杭州回金华时可以验证一下。事后真的有同学进行了验证，并在后面的课堂上为我作了证。

这里就存在一个有意和无意的区别，当人们不去有意注意火车穿过的每一个隧道时，只是觉得自己穿过了一些隧道，以为自己对穿过隧道这样的事已经了解得很清楚了，但事实上人们对这些隧道的数量、大小、具体在什么位置等特征都没有正确或准确地认知。所以要真正完全、充分地认识一个事物，你就必须（而且一定）要刻意地去做，有意地去做，否则你对事物的认知就永远只能停留在一鳞半爪上。关于人生幸福的事，其实也是这个道理。积极心理学通过有意识地去研究积极力量和幸福等，可以帮助人们系统全面而准确地认识这些积极力量或积极品质。

有意和无意所造成的人的主观体验完全不同。有研究者让一些被试喝一模一样的葡萄酒（酒是高质量的葡萄酒），但其中一些酒被有意标上很贵的价格并配上相应的产地说明，另外一些酒则被有意标上较低的价格和相应的产地说明。结果，被试会觉得价格高的那些酒好喝一些。研究者想知道这些被试是不是因为受了价格标注的不同而在说谎，于是又对这些被试在喝酒时进行了功能性磁共振成像扫描，结果发现被试喝同一种酒（标注了高低不同的价格）的脑区激活竟然不完全一样，标了更高的价格的酒所激活的奖赏回路的程度更高，也即更快乐，这说明被试并没有说谎，当被试意识到了酒的价值之后，这种意识确实导致他们的感觉更好了，当被试无意识地喝好酒时，这种好酒也不会给他带来特别的好感受。2007 年 1 月 12 日周五早晨，《华盛顿邮报》邀请世界最著名的小提琴手贝尔（Joshua Bell）在华盛顿市区的地铁用他价值 350 万美元的小提琴演奏了 43 分钟，结果一共挣到了 32 美元，在贝尔整个演奏过程中甚至没有什么人专门停下来仔细听一下他的演奏，事后记者的采访表明，在场的人对这个人拉的小提琴音乐没有什么特别的感受，甚至都没有印象。但如果人们知道正在听的是世界最著名小提琴演奏家之一的贝尔的演奏时，可能就会有不同的感受，而且也可能要付出高昂的代价，在当时听一场音乐会的门票至少要 100 美元左右。因为贝尔可能是美国历史上最著名的小提琴演奏家，获得了各种奖项，就在上次事件的前几天，贝尔还在波士顿、马里兰等地开了音乐会，听众们在现场为他的演奏发狂，那里听众们的感觉和这次地铁站里听众的感觉竟是完全不一样，但事实上都是同一个人的同样演奏。虽然是一样的音乐，有意和无意导致了完全不同的结果。

有关老年痴呆症患者的一些有趣现象也从另外一个角度告诉人们有意和无意之间的区别。人们的记忆会随着年龄的增加而减退，这是一种自然现象，但在这一衰退过程中有些人会形成老年痴呆症（Alzheimer disease），而有些人却不会。什么样的人不太容易患老年痴呆症呢？心理学的研究发现[12]，那些能够意识到（知道）自己记忆力正在衰退的人患老年痴呆症的可能性更低，而那些没有意识到（不知道）自己的记忆力正在衰退的人则更可能患上老年痴呆症。也就是说，人们有意的自我意识具有很好的预防作用。能够有意识地自我意识是一种健康的标志。研究者在此项研究中一共研究了 450 名记忆正在衰退的病人，其中两年之后，那些没有清楚意识到自己记忆力正在衰退的人患老年痴呆的人数是另外那些意识到自己记忆力正在衰退的人的三倍。这在临床案例成为一种很有用的信息，人们可以据此做出一些有价值的判断。因而，有意的关注要比无意的关注对健康更具有促进作用。

有意或无意对人们记忆过程的影响特别大，当你从家里走到单位上班时，如果没有人让你有意去注意什么，尽管你在上班路上也确实注意到了许多事件或人，但事后你可能对注意过的这些事件或人没有一点印象。只有你在上班过程中有意地去关注过的事件或人，才会有可能被记住。有意或无意不仅能影响记忆过程中的识记阶段，导致随后的不同加工，它甚至还会影响记忆过程中的回忆阶段。

新的目击者记忆研究发现，当人们经历了一个事件，在回忆时如果能有意地进行集群回忆（Clustered category recall，简称 CCR），就会回忆起更多，回忆得也更清楚[13]。这意味着人们回忆时有意地一次只回忆来自一个类别的东西效果会更好。如果你想回忆上星期四那天做了什么，先从地点开始，一个地点一个地点去集中精力回忆那个地点你做的一切、别人所说的话等，这样的回忆效果要更好。在相关的研究实验中，人们首先看完一个妇女被抢劫的相关视频，然后被要求对相关情节进行回忆。使用有意集群回忆这个方法时，相关的提示会提醒被试首先要有意回忆涉及犯罪的人长什么样子，然后回忆那些人具体做了什么事，然后回忆这一抢劫行为发生的环境。控制组被试使用的是通常所谓的“自由回忆”法，即人们按照自己喜欢的顺序回忆事件发生时的任何事情，想起什么就回忆什么，想到哪里就回忆哪里，整个回忆过程缺少有意设计和规划。实验结果发现，有意的集群回忆更有效，使用有意的 CCR 方法产生了更好的结果，使用它的人记住了关于犯罪过程的更正确的信息，同时也增加了被试记住犯罪活动发生时的细节数量。

如果有人想真正亲自体会一下有意和无意之间的区别，建议可以去看看中央电视台（CCTV-10）《走近科学》栏目，其中有些节目就经常针对一些司空见惯的小事进行“有意”的设计，从而让人产生极其强烈的情绪体验，直到最后才发现只是由一些稀松平常的小事导致的。有一期节目说的是一对老人家里的电灯晚上老是莫名其妙地突然亮起来，针对这一现象，村里人都说他们家闹鬼了，碰巧那对老人在这一期间还居然就病倒了，故事把人看得心惊肉跳。于是栏目组请来了一些大学生，结果没有人能对这一现象做出有效解释。折腾了一圈，正好村里检修电路，发现那对老人家里的电灯开关的螺丝松了，风一吹有时候开关接通了，有时候又接不通了，只要把螺丝旋紧一点就没事了。还有一期讲的是一户普通的村民家发生了一件非常奇怪的事儿，半夜一声巨响，一个不明物体从天而降，撞断了屋旁的树枝，砸穿了屋顶，在地里砸出了一个十几厘米深的坑。而且不明物体掉落下来的时候温度还非常高，摸起来有点烫手，村民们议论纷纷，有的说是天外陨石，有的说是天上飞机掉下的零件，还有人更认为是天外不明飞行物的残片或物件等。

经过一番考证，最后证实原来是附近一个私自罐装氢气的小贩不小心把气罐弄爆炸了，结果碎片乱飞时正好落到了那户村民家里。

一些严肃的心理学家对以研究无意识而闻名世界的弗洛伊德先生没有多大的好感，但现代心理学已经证明，人的许多行为或心理确实会受到无意识的影响而出现变化。如心理学有一项有关无意识的研究得到了很多证据的确证。研究者让一些被试在电脑上做自我评价："你觉得你多喜欢下面这些人？"用 7 点评分打分（最喜欢 =7 分、很喜欢 =6 分、喜欢 =5 分、一般 =4 分、不喜欢 =3 分、很不喜欢 =2 分、最不喜欢 =1 分），然后给被试上百个不同的选项，如美国人、中国人、日本人，白人、黄种人、黑人，亚洲人、美洲人，江苏人、河南人、东北人、台湾人，老师、医生，等等。一些被试在电脑上打分时，电脑上会同时快速闪过一些消极的图片或词语（如狗屎、尸体、死亡、暴死、穷凶极恶等），但这些图片或词语呈现的时间很快（如 20 毫秒，1 秒钟等于 1000 毫秒），即以人视觉的阈下方式呈现，人们在做自我评价时根本看不到电脑屏幕上到底呈现了什么图片或词语。神奇的是，那些屏幕上呈现了这些消极图片或词语的被试的打分和这些没有呈现消极图片或词语的被试的打分出现了显著差异，那些自我评价时有阈下消极刺激出现的被试在对【我所在的"圈内人"】的打分上显著性更高（即和被试本身关联高，假设被试是江苏人、黄种人且从事教师工作，他就会给中国人、江苏人、黄种人、老师等人的分数打得相对更高一些）。这意味着当人们无意识（这些被试意识层面没有看到这些消极图片或词语）中受到了消极刺激之后就会更关注自我的存在。生活中也确有这种现象，那些现实生活中受到更多威胁（消极刺激）的人会更关注自我，这些人在思想或行为上表现得更爱国、更爱家乡，更爱他所从事的工作等。

尽管人的无意识现象确实存在，也可以被科学地检测到，但这种无意识永远成不了人们的思想主流。所以，许多时候传统心理学无意识地研究积极内容的现象确实存在，但它似乎和网络上有一个流行词语“塑料姐妹花”有点神似。“塑料姐妹花”的意思是“有些好姐妹之间的感情就像塑料做的花，虽然永不凋谢，从不变色，但性质上却是假的”。传统心理学无意识地研究积极内容在一定程度上也具有“塑料姐妹花”特征，即那些无意的积极研究虽然一直都在那里，但它从来没有被人们知觉到，它也从来没有担当过心理学的主流。心理学应该有意地去研究人的积极面，只有这样，心理学才会研究更多的积极品质或积极力量，才会更深刻地去研究各种积极的心理机制，才能更有效地帮助人们寻找到累积自己积极方面的办法和技术，从而使积极心理学融入心理学的主流。

2018 年流传一个所谓的“积极废人”的说法，新华网 5 月 8 日还有一篇专门的相关论述（资料来源：http://www.xinhuanet.com/2018-05/08/c_1122798070.htm）。

如今朋友圈热词的更迭速度有点太快，老一辈都快跟不上了。“隐形贫困人口”的梗才刚流行，“积极废人”的说法就取而代之成为“新宠”。不少年轻人认为这个充满矛盾感的词儿说的就是自己。

所谓“积极废人”，指的是那些喜欢给自己定目标、却永远做不到的年轻人。他们看起来很积极乐观，但骨子里缺乏行动力，一旦实现不了梦想，就唉声叹气，同时也会对自己的懈怠和懒惰后悔。

有人总结了“积极废人”的常用话语体系：“今天又荒废了，明天一定开始 ×××；最近对 ××× 很感兴趣，要开始 ××× 了；这段时间太懒了我还有好多事情都没做呢；我……我还是拉倒吧。”

“积极废人”其实意味着人们已经开始有意地积极生活，这是一种好现象，只是由于自己的懒惰而没有将积极进行到底。这些在说自己是“积极废人”的人其实已经走在了正确的路上，他们需要的只是一点在积极路上如何走得更远的技术或策略。“积极废人”的说法本身是人们对自己没有行为坚持性的一种羞愧，用自嘲的方式在为自己寻找一种临时安慰，相信只要有了这种有意的积极，相应的积极改变迟早会在不知不觉中发生。

三、积极心理学以增进人们的积极情绪体验为核心

现在一些自助类的书籍、流行杂志和报纸周刊上关于积极情绪（positive affect）能够改善人类的健康以及提高人们生活质量的说法并不罕见，但这是不是真的呢？

要想弄清这个问题首先要明白什么是积极情绪。拉塞尔（Russell）[14] 认为积极情绪是当事情进展得顺利而你想微笑时产生的那种愉悦的感受。情绪认知理论则认为积极情绪是在目标实现过程中取得进步或得到他人积极评价时产生的快乐感受。世界著名的积极情绪研究专家、美国心理学教授弗雷德里克森（Fredrickson）[15] 认为积极情绪是对个人有意义的事情的独特实时反应，是一种暂时的愉悦，是欢欣和幸福的表征。这些定义虽有区别，但都表明积极情绪与幸福、愉悦感和需要的满足相关，是人们进行正性的、积极的外部行为和内心活动时的情绪状态。

现在，人们通常将积极情绪定义为一种愉快的体验，像幸福、快乐、激动、热情和满足等，既包含短暂的感受，也包括长期的稳定感受。在国外的情绪研究领域，当人们所指的是更稳定更持久的积极情绪时，就用“positive affect”，也可以叫积极特质；而称由测量或操纵引起的相对较短暂的积极情绪叫“positive emotion”，也称积极情感。

积极情绪有很多种，如幸福（happiness）、愉快（joy）、兴趣（interest）、愿望（desire）、敬慕（wonder）、自豪（pride）、希望（hope）、爱（love）、感恩（gratitude）、满足感（content）等，积极情绪的不同类别表达了人们不同需求得到满足时的不同心理感受，也表达了需要被满足的程度和积极情绪被唤起

的程度，这也在一定意义上说明积极情绪涵盖的范畴较广。

积极情绪扩建理论是积极情绪研究领域取得的重要成果，而理论本身也体现了积极情绪所具有的巨大的价值意义。弗雷德里克森对传统的一般性情绪理论进行了发展，针对积极情绪的特定功能与作用提出了自己的“积极情绪扩建理论”（the broaden-and-build theory of positive emotions）[16]。这一理论认为积极情绪的功能与消极情绪正好相反，它扩大了一个人在特定情境条件下瞬间的思想和行动指令系统，即它能在特定的情境下促使人冲破一定的限制而产生更多的思想，出现更多的积极行为或行为倾向等，其中拓展和构建两大功能是这一模型的核心部分。

拓展功能是指积极情绪能拓展个体即时的思维－行动范畴，包括拓展个体注意、认知、行动等的范围。弗雷德里克森认为消极情绪、积极情绪均具有进化适应的意义。消极情绪能使个体在威胁情境中获益，当个体体验到生命受威胁时，消极情绪会使个体产生一种特定行动的趋向（如体验到恐惧时，流经肌肉群的血液增加，从而为逃跑做好准备），并集中个体相应的思维行动资源，从而使个体更加专注于实时的境况，迅速做出决定并采取行动，以求得生存。而积极情绪具有完全不同的适应价值，当个体在体验积极情绪时，他一定处在无威胁的情境中，这时候个体的行为、思想等就会变得更多样化（包括行为趋向），个体会变得更加开放，在这种开放的状态下，个体更可能产生尝试新方法、发展新的解决问题策略、采取独创性努力的冲动，从而拓展了个体的注意、认知、行动的范围。这就是积极情绪的“拓展”功能，简单说就是人们在积极情绪状态时的行为更多样化、想法更多、待人方式也更多，这实际上意味着人们的心理状态拓宽了。

建构功能是指积极情绪还能构建起个体发展的持久资源。消极情绪通过使个体集中于认知行动范畴而使个体在战斗－逃跑的模式情境中获益，其收益是直接、瞬时的（危险来临时必须立即集中注意力跑）。也就是说，当个体处于消极情绪时，他一般也处于危险境地，这时候人们的注意和资源等会高度集中，个体要么战斗，要么逃跑，这种集中会使人马上获利（赢得了活命的时间或机会）。而积极情绪却能给个体带来间接、长远的收益，它能够帮助个体建构起未来发展所需要的持久的身体、智力、心理和社会资源，这种建构的功能是在“拓展”的基础上实现的。如思维 – 行动范畴的拓展（即尝试的新想法、新方法等），可以为未来的发展提供更多的选择机会。积极情绪体验时已构建的个体资源（如更好的身体、对快乐的向往、情趣、与他人的友爱关系等）可以长期储存，以供日后的提取，从而改善个体在将来的应对以及提高个体存活的机会。

积极情绪扩建理论得到了许多实证研究的支持，多个实验研究的结果都指向了积极情绪的扩建。其中，弗雷德里克森和其团队就在这一方面做了大量的实验研究。如艾申和弗雷德里克森在实验中发现积极情绪可以拓展个体的思维和行为方式，使个体的注意范围和认知范围更宽广。在积极情绪状态下，个体的思维方式更灵活，行为更具有创造性[17]。弗雷德里克森等人通过视频片断来诱发被试产生多种不同的情绪状态：快乐、满足、愤怒和羞耻、焦虑和恐惧以及中性状态。然后让被试完成八个项目的整体 – 局部加工任务以评估注意范围的扩大情况，另外还对被试进行“句子完成”测试，完成以“我想要”开头的开放式陈述任务（写得越多、越新颖越好），以测量被试的思维 – 行动范畴的建构情况。研究结果表明，积极情绪组（快乐、满足） 的注意范围和思维 – 行动的分数均显著高于中性和消极情绪组（愤怒和羞耻、焦虑和恐惧），不同积极情绪组之间无显著差异，这证实了积极情绪的拓展假设。

现在已经有许多研究证明了积极情绪体验对被试的注意、知识加工和思维过程等多个方面均有积极作用，以及积极情绪对认知过程的促进作用。不信你可以试试一个小小的策略，当你的孩子要去参加高考（其他考试也可以）时，你在他出门之前在他去考试的路上放上五元钱，当孩子出门去考试时突然捡到了五元钱，他接下来的考试成绩一定会更好一点。这就是积极情绪的扩建功能。当然，不能放太多的钱，如果孩子一下捡到太多的钱容易引起焦虑等负性情绪，而且一定要在孩子不知情的情况下自然发生。现在看来，积极情绪不仅不会占用人的认知资源，还有可能会提供额外的认知资源。在有关记忆的实验研究中发现，积极情绪的被试不仅能够获得更好的记忆效果，而且他们的序列位置效应（不同位置的材料记忆效果不一样，一般一本书中间部分的内容都不太记得，开头和结束部分内容的记忆相对更清晰一些）也有一定程度的减小。这主要是由于积极情绪导致了被试原有的认知结构发生了变化，促进了已有认知结构和新信息在大脑中的整合，从而提高了思维与认知的精细性和灵活性。

积极情绪还能促进个体的身体健康，美国卡梅隆大学的博士科恩等人[18]进行了一项研究，研究者让不同的被试产生了不同的情绪（积极、消极和中性），然后用一种比较安全的感冒病毒使所有被试受到感染（在实验中所有被试都被告知接种的是一种生理盐水），结果那些被诱导了积极情绪的被试患感冒的概率大大下降，而另外两组被试患感冒的概率则差不多，这表明积极情绪可以提高人们对普通感冒的抵抗力。

弗雷德里克森等人也做了类似的生理性实验，实验主要通过心率、收缩压、舒张压等六个生理指标来对被试的心血管活动进行评估。实验首先通过特里耳焦虑模型（布置给被试公开演讲任务）诱发个体产生焦虑情绪，相关生理指标检测显示这些被试同时伴随心率加快、外周血管收缩、心脏收缩等心血管活动的增加。随后将所有被试分成四组，通过观看不同的影片分别诱导积极情绪（快乐、满足）、中性情绪和消极情绪（悲伤）。结果显示那些接受了积极情绪诱导的被试最先、也最快使自己的各种生理活动恢复到了原来的基线水平[19]。这表明，诱导所产生的积极情绪体验使个体的焦虑等负性情绪缓解了，同时个体的生理紧张也得到了消除。此外，人们也发现，当个体看到心爱的人时（产生了积极情绪），个体的皮肤电水平、心率、儿茶酚胺的血清水平以及淋巴细胞中 T 细胞和 NK 细胞在周围血液中的比例都会出现增加，而这些变化则会更有助于个体的生理健康。

近年来的研究表明，积极情绪不仅是心理创伤和痛苦转变的信号，还对心理健康发挥着重要的维护和改善的功能。最近的研究表明，积极情绪能够对心理健康起到“促发的作用”[20]。有关研究发现，快乐、希望等积极情绪能够对产后抑郁产生很好的抵制作用。面对消极事件，积极情绪状态下更容易形成积极的应对策略，如积极评价、问题中心解决方式、赋予事件积极意义等，而这些策略的应用有助于缓冲、消除和抵制压力、焦虑及抑郁等问题。近年来，积极情绪在心理保健和治疗领域的应用也受到研究者的重视，根据积极情绪的作用与意义，研究者提出了许多提高积极情绪而促进心理健康的方法（如前面所提到的深脑疗法），这在治疗抑郁症以及缓解焦虑、愤怒和人际障碍症状方面取得了许多有价值的结果。

有研究者指出，人们通常认为成功或成就等促使快乐发生，但心理学的研究告诉人们，真实的情况更可能是快乐等积极情绪体验给人们生活的各个领域带来了成功，这些领域包括婚姻、友谊、收入、工作表现和健康等[21]。

积极情绪的这一过程还具有螺旋式上升的特点。在产生积极情绪体验的那个短暂时刻，人们的注意力、思维或行为都得到了扩建，这会促使人们能够进行更高水平的认知联结并能有更广泛的认知对象（如接触更多的人等）；紧接着，这些扩大化的视野又帮助人们去发现和建立了许多今后可用的新的个人资源，这些资源可以是认知能力方面的、心理健康方面的、社会关系方面的，也可以是生理方面的（如积极情绪可以帮助人增强抵抗感冒的能力）等。一旦人们这些方面得到了拓展之后，人们在生活中又能更有效地接受生活中各类新的挑战，并利用这些机会获得更多的和更高层面的积极体验，这就是一个螺旋式上升的过程，个体的幸福也就在这一过程中不断得到提升。简单说就是人们快乐之后，自己的行为会更多样、想法会更开放、身体会更健康，而这样会让人们变得更有能力去应对新的挑战。当人们运用这些拓展了的资源战胜了新的挑战之后，又会产生新类型的和更高层次的积极情绪体验，这些新的积极体验又会为人们带来新的资源，从而就形成一种螺旋式上升。

积极情绪对人们的生活和发展有太多的好处，一般只有在积极事件产生之后人们才会产生相应的积极情绪，如捡到 10 元钱之后，人们自然就会变得更开心一点。但在平静状态时人们要想获得积极的情绪体验，或许可以试试下面这些方法：默读，然后大声朗读一些积极的有鼓舞意义的句子，“如我对这件事感到很兴奋”“我今天吃的午饭特别美味”等，在读的时候一定要保持一种微笑的形式（嘴角上翘等），这会让自己感受到暗示的情绪；想象之前曾经发生过的积极事件、听快乐的音乐、做积极表情保健操、看有趣的电影或者读漫画故事等。

乔迪（Jordi）等人[22]通过对 282 名被试的积极情绪、生活满意度以及被试使用的积极情绪策略（有意享受和有意抑制）进行了研究，结果表明，当经历积极事件时集中注意于积极事件本身能够大大增进积极情绪并提高生活满意度；相反，如果刻意关注积极事件的一些消极细节，则会降低积极情绪体验并减少生活满意度。四种经典的增强积极情绪体验的行为方式分别是：快乐的行为展示，通过非口头表达的方式表达自己的高兴（如跳舞）；感受当下，有意将注意力指向当前的活动本身；和他人分享和庆祝积极事件；构建积极记忆，结合活动中的积极情绪体验构建成生动的回忆经验。这些方法可以参阅本书第六章中“品味”的相关内容。

在这里要特别强调一下“积极表情保健操”练习。不要小看这种练习，这等于是在给自己的心理做 “积极体操”，具有很好的心理保健功能。不过有一点需要说明，积极表情操应该是在平静状态时做，如果一个人正在经受消极事件（如刚刚失恋了），则不能做积极表情操，人在经受消极事件时做积极表情操会大量消耗个体的自我控制资源，从而使个体随后的自我控制行为出现一定的问题。

积极表情保健操

第一步，把开心、骄傲或自豪、爱或喜欢、兴趣、感恩、满足等的日常表情及相应的肢体动作学会，如自豪时人们眉毛上扬、双手背在背后、头颅上抬；而喜欢时人们眼光温柔、嘴唇微闭等；第二步，平时根据自己的时间或所处环境的具体情况进行相应的操练。一次可以练习多种积极表情，也可以只练习一种，这完全可以根据自己的意愿。

积极情绪是一种体验，人们通常用自我报告法来测量（其实，积极情绪也有相关的生理指标，不同的积极情绪具有不同的生理指标）。目前常用的测量积极情绪的量表是《正性负性情绪量表》（PANAS）[23]。这个模型用一些生活中常用的典型的积极形容词来描述积极情绪，如快乐的、有兴趣的、警惕的、热情的等，而消极情绪则用一些典型的消极形容词来描述，如内疚的、敌意的和急躁的等，然后让被试根据自己的感受进行从 1 分到 7 分的自评（1 分代表完全不对，7 分代表完全如此）。这个量表简单，而且信效度不错，目前是心理学研究中用得最多的自评量表之一。

积极情绪和消极情绪的性质不一样，它们的加工也有着分离的神经回路，但在部分脑区上又有重叠。人们早期认为情绪可能具有加工的一侧化现象，积极情绪主要受大脑左半球控制，消极情绪主要受大脑右半球控制。例如戴维逊等人通过研究发现，消极情绪发生时，大脑右半球有更多的启动；积极情绪发生时，大脑左半球有更多的启动[24]。但现在发现，这种观点不正确，积极情绪的加工涉及广泛的脑区，其中前额叶皮层（prefrontal cortex）、伏隔核（nucleus accumbens）、基底神经节（basal ganglion）、杏仁核（amygdaloid nucleus）、腹侧黑质（ventral pallidum）等几个脑区在积极情绪的加工中扮演着更为重要的角色。

四、什么不是积极心理学

积极心理学的目的是让所有人的积极品质得到充分发展，并在此基础上获得最大的快乐和幸福，但能不能反过来说让人快乐的一切做法就一定都属于积极心理学范畴呢？这种认识是错误的，积极心理学确实是为了提升人的快乐，但许多提升快乐的做法并不就一定是积极心理学。

第一，积极心理学不是未经科学验证的自助方式（如生活经验）、哲学论述等。

积极心理学在方法上强调实证，它的结论或理论主要是建立在实证科学的基础之上的，其学科性质主要还是实证科学，那些个人的自助式经验（未经科学实证证实）不属于积极心理学范畴。在生活实践中，有许多人确实在生活中有一些有效的使人感到快乐的做法，但如果这些做法没有得到实证证实，那就不是积极心理学。

笔者曾经在百度上查询了“如何让自己变得快乐”，结果显示“百度为您找到相关结果约 22,000,000 个”，实际上，这其中的大部分是人们的一些生活感悟或生活经验。比如有人介绍说：“最近状态不太好，所以每天出门前都在手上画笑脸（虽然我画画很丑，哈哈）。当觉得自己与大家格格不入的时候，看看笑脸就像被安慰了一样。即使依旧笑不出来，也不会不开心了。”

还有一些人则认为："看一部令人悲伤的电影，如《当男人爱上女人》，情难自禁时，不妨尽情地放声哭出来，然后安慰自己说，还好这只是电影情节，并不是真实的生活，心情便会大有改观。"

生活经验最大的缺点在于太感性，受很多具体条件因素的影响大，适用范围较小。今天的社会有些人看书太少，还特爱思考，结果整出了一些自以为是且高大上的屠龙术（屠龙术再完美也没有用，因为这个世界没有真实的龙来供验证），网络或微信上流行的多数心灵鸡汤就是典型的屠龙术。

美国专栏作家（Ann Lander）曾对美国历史上的两位总统林肯（Lincoln）和肯尼迪（Kennedy）进行了比较，以此来判断下述几项仅仅只是巧合，还是有因果联系。

A. 林肯于 1860 年当选总统；肯尼迪 1960 年当选总统。

B. 林肯和肯尼迪这两个名字都由七个字母组成。

C. 林肯有一个叫肯尼迪的秘书，肯尼迪则有一个叫林肯的秘书。

D. 两人死后都由叫约翰逊的南方人继任。

E. 两人都被用三个名字的人暗杀。

F. 布思（Booth）在电影院里射杀林肯后躲在仓库里，奥斯瓦尔德（Oswald）则从仓库中射杀了肯尼迪后躲在了电影院里。

G. 林肯和肯尼迪都特别关注民权。

根据这样的比较，人们似乎可以得到一个明显的因果结论，肯尼迪总统似乎注定要被谋杀（或两个总统都注定要被杀），但这不是事实。

自助经验最重要的证据来自于事后分析，宣称者常常会拿出生活中一些已经发生过了的事，对这些事进行分析并寻找相关的证据来证明他得出的结论如何正确。事后分析最具代表性的例子就是电视上的股票分析师分析股票，而且分析得头头是道，但他们如果要能事前知道哪只股票会涨肯定就自己先买了。真正科学的结论主要从实验中得到，而不是从事后分析中得到。

第二，积极心理学不是庸俗心理学。

许多人认为积极心理学致力于提高人们的快乐，因而，凡是能提高人们快乐水平的方法或手段等都是积极心理学，这显然不对。积极心理学的核心是自己的价值取向，只有那些符合社会道德并和社会主流价值一致的才属于积极心理学范畴。典型的如有许多人通过报复他人而获得内心的快乐，但这一定不属于积极心理学范畴。比如你的邻居凌晨两点钟弹琴吵了你，于是你就在四点去敲门叫醒他，告诉他说你很欣赏他的精彩演奏。虽然这种做法听起来和做起来都很痛快，但这不是积极心理学。

生活中还有一些人通过挖苦、讽刺、辱骂或讥笑他人获得快乐，但这种通过有意贬损他人来获得快乐的做法也不是积极心理学。曾经有过这样一件事情。有一个人买了一辆奥迪品牌的小汽车，他的一个同事买不起这样的好车，心里不舒服，于是这位同事有一天就对他说："你买的奥迪好是好，就是前面四个圆圈怎么和花圈差不多。"这两个同事从此以后就成了冤家对头，再也没有交往了。辱骂或讽刺等就如同吸毒，虽然可以获得暂时的快乐，但这种快乐是建立在巨大的伤害之上的，千万不要通过这种方式来获得快乐。

庸俗心理学的另一种方式是通过扭曲认知来麻痹自己而获得快乐，典型的如阿Q精神。2018年俄罗斯世界杯期间，有人这样描述自己的生活："这几天晚上，我舒适地靠在沙发上，一边啃着鸡爪子一边喝着冰镇啤酒，看电视里二十多个千万级富豪汗流浃背，满场奔跑拼抢，踢球给我看，我觉得人生很满足、很幸福！"这个人也许真的有一种快感，但这种快乐并不是真实的，是建立在对现实的扭曲和无知基础上而获得的，这就像一个人喝醉了酒而获得了一种晕晕乎乎的美好体验一样，是意识出了问题的结果。许多人因吹牛而获得的快乐也属于此类。

第三，积极心理学不是一味地喝积极鸡汤、一味地说好话，更不是越积极越好。

积极心理学也要研究积极本身可能具有的或带来的坏处，事实上，这个世界上所有的事物总具有正、反两个方面，当积极本身发展到很高的水平时，积极的另一面（反面）也可能会因此而变得很大。

一方面，对于多数积极品质来说，并不是越积极越好。积极心理学的一些积极研究也提示，积极本身也会带来一些问题。如《人格与社会心理学杂志》（*Journal of Personality and Social Psychology*）2013 年的第一期就发表了一项相关的研究（研究的标题是：Pride Displays Communicate Self-Interest and Support for Meritocracy）。该研究发现一个人的自豪情绪发展得很高，会促使这个人更支持精英制度而反对民主制度，进一步的研究发现，自豪情绪过高也同样增加了个体的利己主义。所以在一定程度上说，增强自豪感有可能会使人变得更自私，同时阻碍民主的发展和建设。

汤姆森・阿斯特布罗在研究发明家呈交的大约 1,100 个新发明时发现，只有不足 10% 的发明才有机会进入市场，在这些进入市场的所有发明中大概有 60% 左右的会亏本。针对这样一种实际情况，大约有 50% 的发明家在得到客观的评价——他们的发明最终会失败后，便知趣地从市场撤回了；而剩下的 50% 的盲目乐观者中，有 47% 的发明家会半信半疑，不甘心自己最初的那些损失，他们会去冒很大的风险。在对这些因冒险而败得一塌糊涂的人进行测量后发现，无一例外都是高乐观者。

美国德克萨斯州立大学的丹尼尔教授提出了“美貌经济学”（pulchronomics）概念，他在研究中发现，在美国，长得好看的女孩子（所谓好看一般有三个指标：脸型对称、表情可人或者荷尔蒙效应，长得有点像名人）比长相平凡的女孩子一生大概要多挣 23 万美元。好看的人在面试中更容易胜出、更容易升职、更容易获得原谅、更有可能爬到高层、也更不容易犯罪等。他的研究结果证明：在劳动力市场，相貌对收入的影响甚至要大于受教育的程度，也就是说人如果长得丑了，多读书也没有用，相貌比智商更有经济价值。但这是不是就意味着越漂亮越好呢？不是，因为漂亮的反面是不信任感，随着漂亮程度的不断提升，其被信任感也就会逐渐下降。如果一个人太漂亮，她的被信任感甚至会降到负数，人们对她说的话或做的事会产生更多的怀疑。心理学发现生活中只有平均脸的被信任感最强，事实上平均脸也是相对较漂亮的脸型。英国著名学者高尔敦（Francis Galton,1822~1911）曾把坏人的一些坏的脸部特征合在一起，他想组成一个十足的恶人形象，结果他竟然组成了一个比原来每一个个体都好看的脸型，因为这张新的脸具有了平均的性质。

《英国每日电讯》2015 年 12 月 8 日曾报道，伦敦商学院和马里兰大学的学者共同进行的一项研究结果表明，高颜值男性在职场中的升迁难度较大，他们在调查中发现同事们都不太愿意让比自己更帅气的同事获得提升。原因就是帅气让人对他们的信任感下降了。

英国心理学家也曾对 3,400 人进行了 5 年的追踪研究，他们惊奇地发现，患抑郁症的原因许多时候反而是生理满足后产生的问题，而不是生理没有得到满足时产生的。意即抑郁症很可能是所谓的吃饱了撑的，即生理太满足后所产生的不愉快体验。有关监狱方面的研究也发现，监狱里的犯人如果存在过度满足，吃得太多太好，他们打架、暴躁、伤害他人的冲动就会比吃简单食物的囚犯要高一些。

另一方面，积极心理学也不是强调事事要积极、处处要积极。这个世界没有人会一直快乐，人也不需要总是快乐（其实如果人总是快乐着，对这个人来说快乐也许就消失了），因为快乐能让人们失去必要的戒心和警惕，有可能把人置入一个不安全的境地。人的心理和身体都需要一定量的担忧来呵护，一定的担忧对人的心理和身体都可以起到保护作用，可以提醒人们采取措施来改善自己的生活。如一定的担忧会促使人们尽快从承受的心灵创伤中恢复过来，更好地处理生活中的压力性事件等。

斯威力和杜勒（Sweeny & Dooley）做了一个有关集体凝聚力大小变化的研究，他们的研究结果表明，如果一个集体完全采用积极的治理措施（如完全采用鼓励、表扬等方式），这个集体的集体凝聚力会出现显著性下降，而且会下降到一个很低的水平；如果能在治理过程中让成员对集体中发生的不好的事件进行吐槽，集体凝聚力的下降速度会变慢一点；只有在集体管理中既让成员吐槽同时又对问题者施以一定的惩罚措施之后，这个集体的集体凝聚力才会维持在一个较高的水平。这个结论意味着，集体凝聚力的维持一定需要某些消极的手段或方法，只有把积极和消极相互结合，才会产生最好的结果。这一研究成果发表在 2017 年的《社会心理学与人格指南》（*Social and Personality Psychology Compass*）杂志上。

社会排斥是人际交往中的一种消极特征，它会让人没有归属感，但现代心理学的研究发现，社会排斥也可能有一定的积极心理价值。有研究发现，如果一个人在社交上被拒绝（如被一个团体拒绝，不让其加入某一个组织），有时候这种拒绝会让人变得更有创造力[25]。生活中的许多实例也都存在这一现象，许多被排斥在团队之外的人反而产生了更多新奇的想法，这也许有助于解释为什么这么多伟大的艺术家都是孤独者（局外人）。一些高成就的名人往往与一般人过着不一样的生活，他们融入不了周围的圈子和社会的组织，而这恰恰帮助他们创造出令人惊讶和赞叹的伟大作品，这在心理学上被称为“局外人优势”。研究者在研究中让一半的被试被告知他们没有被某一小组选为成员，因为没有人和他们合作，他们不得不自己完成一项创造性的任务。

另一半被试则被告知已经被某一小组接纳为成员，但他们也不得不自己先做一项创造性的任务。结果，那些被排斥的人在接下来要完成的创造性任务中想出了一些新奇的、不同寻常的解决问题的方法，体现了更高的创造性。尽管被团体拒绝对许多人来说都是一种负面影响，但对另外一些人来说，创造性则成了他们被拒绝的最好回报，他们的行为似乎表明：普通人理解不了我，我有更好的特别追求。

还有研究发现胆大爱冒险不一定就是坏事，这样的人的智商可能会更高（高于同年龄的平均数）[26]。研究显示，如果能快速地做出决定，并且愿意冒一定风险的人，其大脑中的白色物质（简称白质）会更多，而白质被称为是大脑中的信息高速公路，主要用来传递信息和调节交流，也就是说这些人的大脑加工速度会更快。

汽车是现代社会的一个重要产物，但它也给现代社会带来了许多问题，其中之一就是人们一坐上汽车就会身不由已地变得更愤怒，连弱女子也都会如此，坐到方向盘前就从绵羊直接变成了老虎，人们把它叫“路怒症”。路怒症的原因有很多，也很复杂。开车时人们通常都会听音乐来放松自己的心情，那么人们在开车时听什么样的音乐怒气会相对更小一点？或者说什么类型的音乐可以减轻路怒症？多数人可能认为听轻松、舒缓、苦涩一点的音乐可能会更好一点，可事实正相反，詹鋆、作俊和罗劲等人的发表在《心理学前沿》（*Frontiers*）上的研究发现[27]，开车时或许听悲伤的音乐最有效，其他类型的音乐好像效果不大，没有什么关联。

多数人认为恐惧可以消除怒气，所以好多人在对方产生了愤怒之后都会恐吓对方，希望通过让对方产生恐惧情绪来抵消他的怒气。事实上，在该项研究中，结果表明恐惧情绪非但不能降低怒气，反而还能显著性增强怒气。

综上所述，生活并不总是由积极组成，生活中也并不只需要积极。

积极心理学的具体研究内容

积极心理学是对传统心理学过于偏重问题研究的一种修正，强调有意地研究人的积极情绪体验，所以它的研究对象常常是正常人（没有心理问题的人），但这并不意味着积极心理学研究就不涉及心理问题。从本质上说，这个世界是对称的，世界上之所以有人抑郁，主要是因为这个世界上还有人快乐或不抑郁。假定全世界的人都抑郁了，那这个世界其实也就没有所谓的抑郁了，人的快乐和幸福也是如此。所以，尽管积极心理学经常从积极的角度去界定自己的研究内容，但其实在具体的研究过程中也会涉及一些心理问题。总的来说，积极心理学的主要内容就是六大美德及其所包含的 24 种积极品质。

传统心理学或精神病学的最大贡献在于把人的各种心理问题进行了归类，通过归类，人们可以更方便地寻找到一些心理问题的共同因素或共同的心理机制等，从而为消除这些问题提供了条件。在这方面的贡献主要体现在美国的《精神疾病诊断与统计手册》第五版（DSM-5）上与世界卫生组织（WHO）的《国际疾病分类》第十一版（ICD-11）上，现在全世界多数国家都是按照上面这两个标准的分类来对各种精神问题进行诊治和康复。

中国现在一般把精神疾病分为十二大类：脑器质性精神障碍（因脑组织直接受到损害而造成的精神病）；躯体疾病伴发性精神障碍（因躯体疾病而造成的精神病）；酒依赖或酒精中毒性精神障碍（因长期饮酒成瘾而形成的精神障碍）；鸦片类及其他毒品物质伴发性精神障碍（吸毒引起的精神病）；中毒性精神障碍（因某些非依赖物质短期大量或长期少量进入人体而引起的精神障碍）；精神分裂症（如偏执型、青春型、紧张型、单纯型等）；情感障碍（以显著而持久的情绪改变为基本临床表现）；心因性精神障碍（由严重精神打击或强烈的精神刺激所致）；与文化相关的精神障碍（如恐惧症等）；人格障碍（如偏执型、反社会型、冲动型、表演型，依赖型、自恋型等）；性心理障碍（如窥阴症、露阴症、恋物症、恋童症）；精神发育迟滞（幼儿时就表现为全面智力低下和社会适应困难）。

精神疾病的这种分类法启发了积极心理学研究，人们为什么不做一个积极品质方面的分类呢？ 1999 年 11 月，塞利格曼接到一个电话，电话是美国迈耶森基金会的主席尼尔·迈耶森（Neal Mayerson）先生打来的，迈耶森先生在电话里表示，他本人对积极心理学非常感兴趣，希望出钱资助塞利格曼的积极心理学研究。但迈耶森先生明确告诉塞利格曼，他不想资助那些只能摆在书架上的研究成果，也就是说，他不想资助了之后只发表几篇文章，然后就没有声音了。他特别想知道积极心理学到底想培养人的哪些积极品质和积极力量，在生活中又具体应该怎样去做。

为了满足迈耶森先生的要求，塞利格曼找到了世界心理学界做人格心理学研究最权威的专家，来自密歇根大学的彼特森教授[28]（Peterson），希望彼特森教授能和自己一起来完成这个任务。在经过多次讨论之后，塞利格曼和彼特森等人决定借鉴精神病学方面的成功做法，建立一个积极品质的评定标准。传统心理学之所以得到很多人的赞赏，主要在于它建立了自己具有操作性强的“问题”评定标准，即《精神疾病诊断与统计手册》（DSM）等。也就是说，一个人是不是有心理问题、问题有多严重、有什么心理问题等，只要按照 DSM 上所列举的标准来进行核对就可以得到结论。所以从本质上说，DSM 其实就是“问题人”所具有的具体品质（消极品质）的集合，那“健康人”又应该具有哪些积极品质呢？

彼特森及其团队对世界各主要民族文化、各大宗教文化及各种主要的传统文化（如古希

[28] 彼得森教授曾于 2013 年应清华大学彭凯平教授之邀曾来中国讲学，但不幸于 2015 年突然去世，这实在是积极心理学的一个重大损失。

腊文化、中国的儒家文化、古印度文化等）所一致推崇的积极品质进行了概括，经过近三年的努力，提出了人类积极方面的六大美德及其 24 种积极品质[29]。

第一大美德：智慧（主要涉及知识的获得和运用方面的能力及技巧）

这一美德具体包括的积极品质有：（1）好奇心和兴趣；（2）热爱学习；（3）心灵手巧，具有独创性和实践智能；（4）判断力、批判性思维和开放性思想；（5）社会智能、个人智能和情绪智能；（6）洞察力和大局观。

智慧这一美德和人们通常说的智商并不完全一样，智商主要指人的聪明程度，是和认知相关的一种心理品质，主要来自于先天遗传，它常常是稳定而不变的（人的智商在一生中变化比较小）。而智慧则是以智商为基础而发展出来的一种积极品质，这种品质是一直在变化的，既有量的变化，也有质的变化。一个低智商的人也可以成为一个大智慧的人，只要他够努力且方法正确；而一个高智商的人同样也有可能成为一个小智慧或没有智慧的人。如果高智商的人不爱学习，总是凭借自己的小聪明混日子，到最后也可能一事无成。总的来看，这个社会取得高成就、生活得风生水起的人一定有大智慧，但不一定都有高智商。

智商高意味着敏学，而智慧高不仅要敏学，更要肯学和爱学。在今天这个社会，肯学和爱学许多时候要比敏学更重要。比如一项对学业成绩的研究就揭示，混合型学习（属于爱学范畴）可以带来更好的学习效果[30]。人们多年来发现“交错”学习一直是一个提升学习效率的重要方法，这一秘密现在被相关的研究证实了。交错意味着一个人在一段时间里练习或学习完全不同类型的技能，如网球运动员同时交错着学习正手和反手击球，而不是先学会了正手击球然后再学习反手击球。之前人们通常都觉得，如果要学习完全不同的两种技能时，通常总是要先学会一个技能一段时间，然后再去学习另一项技能，只有在把一个一个单独的技能学习好了之后，才可以把各种单独的技能组合起来而发展成一项技术。

然而，一项发表在《教育心理学杂志》（*Journal of Educational Psychology*）上的研究显示，交错法对儿童数学成绩有着很大的好处。在这项研究中，控制组孩子按照通常的方式学习数学，他们在一节课上学习了一种数学技巧，然后进行练习巩固，之后再学习另一种技能并进行相应的巩固。实验组学生则把两种技巧交错着学，也进行了和控制组学生完全一样内容的练习巩固。实验结果令人印象深刻：在一天之后的测试中，实验组学生（使用交错法学习的学生）的成绩提高了25%，一个月后的测试更是发现，实验组的成绩比控制组被试高了76%，这是一个令人吃惊的巨大增长。这一研究提示人们，学习应该是把各单元的内容混在一起学，而不是一个单元块一个单元块分开学习。这种方法最大的缺点在于学习者一开始会感到困惑和困难，因为要专注于两个或更多的技能，这就要求学习者要肯学习和爱学习，否则学习就持续不下去。当然，这种交错是不是越多混在一起就越好？这显然不是，心理学现在就在寻找混合的数量到底达到多少时这种积极效应就会消失，但目前可以明确的是：两种或三种混合在一起一定会取得更好的效果。

当然，通常情况下，智慧通常都受智商的影响，智慧离不开智商，智商在一定意义上可以说是智慧的核心，人们的判断力、大局观和创新性等都要以一定的智商为基础，而且智商本身还可能直接影响到人的快乐水平。

发表在《心理医学》（*Psychological Medicine*）杂志上的一项研究揭示[31]，智商高的人更容易快乐。研究者发现智商高低与个体自我的幸福感水平有关，低智商组被试报告的幸福感水平最低。在大样本群体中，最幸福的被试往往都处在高智商组群体中。具体结果显示，智商最低（70~99）的人与智商相对较高的人（120~129）相比，前者的快乐水平明显更低，总的来看，快乐似乎也随着智商的分布形式而分布。在这里，也许低智商的人处于社会经济链的劣势位置，他们的物质财富少、挣到的工资低，其健康状况也相对较差，这些可能导致了这些低智商人群不太快乐。

而在另一项研究中，研究者甚至发现心理病态者（psychopath）有着低于平均水平的智商水平[32]。人们通常认为心理病态或变态患者更可能成为一个犯罪大师，他们精于谋划和心计，但实际上他们在智力测试任务中的得分低于标准常模。这一结论概括了 187 项不同研究的结果，是一项元分析，一共测量了包括九千多名被试的智力和其心理变态倾向水平之间的关系。心理病态者之所以被人们认为比较聪明，可能的原因主要是因为多数心理病态者都不怯场，不太怕难为情、比较自大，而且总能做出一些人们意想不到的行为（但不一定有很高的意义价值）。

什么样的人更聪明？中国有句俗话，头大的孩子会更聪明。人们通常认为头大了，大脑的体积就大，就会有更多的大脑神经（即脑细胞），从而人就更聪明，但现代科学发现这种观点是错误的。不过，人们借助现代科技设备，还真就发现了头的某些特征和其智商有关的现象[33]。人们发现，聪明的人大脑皮层的神经之间的联结更少，这种较少的联结会使大脑工作时更有效率，不会去做太多的无用功。这就如一台机器，联结得越少越简单，其工作时的杂音就会越小，效率也更高。树突（dendrites）是大脑联结的一种重要方式，研究者对 259 名被试的大脑进行了微结构（micro-structure）扫描，结果发现，智商得分越高的人，其大脑的树突越少。这意味着聪明和你大脑的尺寸无关，而是和你大脑联结的有效性有关。较少的联结会让你的大脑发出较少的杂音，也消耗较少的能量，工作会更有效。图 1-1 是研究者发现的结果：其中图片上半部那张图是智商相对较低个体的，下半部分那张图则是智商相对较高个体的。

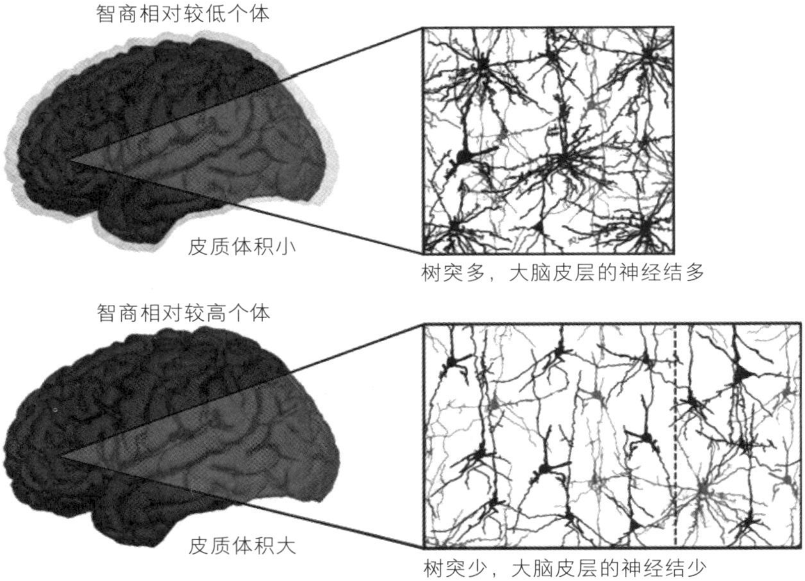

图 1-1　不同智商个体大脑皮层对比图（Genc et al.，2018）

第二大美德：勇气（主要指人在面临内在或外在压力时也要达成目标的品质）

这一美德包括的积极品质主要有：（7）英勇和勇敢；（8）坚持不懈、勤奋和勤勉；（9）正直、真诚和坦率。

勇气是从古代到现在都一直为各种文化所推崇的美德，它既包括对待外在困难或危险时的态度，同时也包括对待自己的问题或不足时的态度，它体现在维持自己意志行为时的积极主动性方面（不是被迫的）。

勇气的第一个特点是有着明确的、世人公认的积极价值（如人性意义等）。勇气并不是固执和鲁莽，没有正义价值的坚持不懈和勤勉只是愚昧顽固。美国著名心理学家米尔格拉姆（Stanley Milgram）的电击服从实验是心理学史上非常有名的实验，他在研究中发现，大概有 63% 的人会在外在权力或权威的要求下对陌生人实施痛苦且危险的电击处罚，这表明多数人没有拒绝那种被迫做违背自己内心道德的事的勇气，存在一种盲目服从权威的心理。最近波兰心理学家重复了这项实验研究[34]，发现现在的实验结果和二十世纪六十年代初差不多，这令人十分惊讶。多林斯基等人在实验中发现，当实验被试被要求慢慢地调高电击一个受害者（一个演员扮演的）的电压时，所有被试都这样做了，如果要求被试一直调高电压达到最高等级的危险水平时，80 名被试中有 90% 的人都在权威的要求下调到了最高的危险水平，直到对方被电击至休克的状态。

这意味着尽管半个多世纪过去了，人们服从权威（哪怕是错的要求）的姿态依然没有得到任何改进，人们依然会在权威的要求下去电击一个无助或无辜的人，当然这也在另一个方面说明人类在这半个多世纪里并没有增长自己的勇气。

勇气的第二个特点是体现了真诚和坦率，特别是面对自己的错误或不足（或跟自己相关）时。很多人都能正确地面对自己的成绩和成就，但却不能正确地面对自己的问题和所犯的错误。

陕西一个小区最近半个月来电梯里总有尿味。保洁员查监控录像后发现，有个十岁左右的男孩独自进电梯后，在电梯角落里撒尿。物业开始找这是谁家的熊孩子。还没找到，男孩的妈妈先一步知道了。她主动加了小区业主群，进门就道歉，随后，这位妈妈在群里发了孩子的检讨书："我今天在电梯上小便，要对大家说'对不起'。我做的这是一件不文明的事情，破坏了小区环境，也可能让电梯坏掉，给大家带来危险。我以后要改掉这些坏习惯，请大家监督我并原谅我。接下来我要打扫一个月的电梯卫生，作为补偿。"

说到做到，男孩开始在爸爸的监督下，老老实实在电梯里拖地、擦厢壁。业主们当然选择原谅：虽然男孩之前的行为不太好，但家长的做法非常棒，处理得很妥当。【该内容截选自微信公众号：李月亮（bymooneye）原创的文章《熊孩子电梯里撒尿，妈妈的做法获赞千万：好孩子就是这么教出来的》】

这个妈妈就非常有勇气，她能坦率地面对和自己有关的错误和问题（自己的孩子在电梯里小便），敢于承担责任，并及时做出了相应的改正措施，这就是一种勇气。人们会因自己的认知局限而犯错，这是常有的事，但有许多人就是不承认自己的错误，总是用各种措施、借口等来为自己掩盖或辩护，这就是典型的缺少勇气的表现。同样是熊孩子在电梯里小便，如果碰上没有勇气的家长又会出现什么情况呢？

2018 年 2 月的一天，也有一个男孩独自进入了某小区的电梯后，对着电梯按键开始撒尿，结果导致电梯线路短路。电梯被卡住而电梯门却打不开，控制板上的按键灯乱闪，电梯里面的电灯也都灭了。男孩在里面很惊慌，大声哭叫求救，后来终于被安全救了出来。但孩子被救出来后却死不承认是自己在里面干了坏事，而是借口电梯出了故障。其实，人们在现场就能看到电梯面板上的尿迹，推测孩子在里面撒尿了，但孩子就是不承认自己干的坏事。孩子的奇葩父母更是为孩子推脱，说孩子不可能尿到电梯控制面板那么高，是电梯自己出了问题。最后小区工作人员调出相关的视频录像给孩子的家长看，他们这才无话可说，但到最后也没有为自己和孩子的行为道歉，更不用说去主动改正自己的错误了。

同样是孩子在电梯里撒尿，却反映出了家长不同的勇气，也就是反映了家长不同的美德水平。人们面对自己的成绩和成就需要坦然处之，但面对错误就一定要积极改正，因为这是人的美德。不欺骗他人、不说谎（尤其是不说为了达到自私目的的黑谎）也是一种美德。

心理学家在研究中发现，不诚实的谦逊吹牛（humble bragging）甚至比直接吹牛（outright bragging）还要不得。北卡罗来纳大学的塞泽尔（Ovul Sezer）等人做了一个很有意思的研究[35]，他们首先定义了谦逊吹牛的主要内容。所谓谦逊吹牛大致有两种主要形式：一种是用谦逊的方式来表现自己得意或值得夸耀的内容，比如，“我很震惊我的新书是畅销书”；另一种是用抱怨的形式说自己的美好东西，如，“我失去了这么多的重量之后现在好像就没什么衣服可穿了”“为什么有那么多的人来邀请我去吃饭呢？太麻烦了”。他们的研究表明，这种谦逊式吹牛比直接式吹牛还要让人反感，并容易招致他人的讨厌，因为这样说话意味着不诚实、不真诚，是在用谎言掩盖自己的真实目的。

> 有关微表情的研究发现，如果双方在交流过程中，对方的眼光到处乱扫，那么对方至少有 50% 以上的可能性是在欺骗你。

第三大美德：仁爱（关于与人之间交往的态度及品质）

这类美德的积极品质主要包括：（10）亲切和慷慨；（11）爱和被爱。

仁爱在任何文化、任何年代都是衡量人的价值的一个主要方面，仁爱指要从心底里真心地爱别人、爱这个世界，有同理心和同情心，要祝福他人的好事，为他人遭遇的灾祸伤悲，而且爱是无私的，不求任何回报。

爱是一种积极品质，而被爱同样也是一种积极品质，会被爱意味着你有积极价值观，会感恩以及能对他人共情等。爱当然也包括爱自己，但不管是爱别人还是爱自己，正确的积极价值意义是其中最重要的核心。现在有些人的爱是一种炫耀式的爱，做了一点儿小事都要拿出来跟人讲一下（现在更流行的是发朋友圈），然后就是跟别人比一下。还有所谓的“秀恩爱”，以至于人们会说“秀恩爱，死得快”，意指你总是炫耀你的爱的话，那这个爱就会消失得很快。《人格和个体差异》（*Personality and Individual Differences*）杂志曾在2011年发表过一个有趣的研究[36]，该研究发现特别爱自己的人（自恋者）更容易欺骗他人且并不觉得愧疚，这是因为自恋的人想在同伴中炫耀自己的精彩来吸引他人，想炫耀自己的长处来赢得敬仰和威望，因而他们会不择手段地达到他们认为的高峰水平，所以就容易欺骗他人。而且这种人的移情能力低，缺乏同理心。研究者在文章中指出，这一切问题都出在炫耀上，炫耀的欲望似乎在驱使这些人去欺骗。爱应该是自然地融于生活，你显示了你的爱，但你自己并没有什么异样的感觉，这才是真正的爱。

2014年，一篇名为《杭州图书馆向流浪汉开放，拾荒者借阅前自觉洗手》的报道，介绍了杭州图书馆十多年来坚持允许流浪者和无家可归者入馆读书，意在赞扬杭州图书馆不歧视流浪人员的公正态度。当时新闻报道中配发的一张拾荒老人认真读书的照片感动了许多人，这位拾荒老人无意中成了网红。当这位拾荒老人2018年因车祸去世时，人们才发现老人名叫韦思浩，是20世纪60年代老杭州大学（现并入了浙江大学）中文系的毕业生。老人在退休前是一位中学老师，退休后每月有五千多元的退休金，还有三个子女，生活应该没有问题。但老人的生活却非常拮据，天天出去捡拾垃圾过日子。在整理老人的遗物时才发现，他几乎把自己所有的钱都捐助了出去，遗物只有各种捐学凭证、希望工程捐助报名卡、浙江省社会团体收费专用发票、扶贫公益助学金证书等上百张各种捐助证明，和大量受捐助孩子给老人的回信。在老人去世之前，包括那些受捐助的人可能都不知道他的名字，他的许多助学证明上的落款人都写着化名“魏丁兆”。老人的仁爱善举还不止于此，他在几十年前就签了遗体捐赠志愿表，表示要把自己的遗体和所有的可用器官捐献出去。老人成为网红的形象是一根竹竿，一双被各种颜色泥土染了色的白色运动鞋，两只挂在竹竿上的塑料袋，塑料袋中隐约可见装着捡拾来的易拉罐和塑料瓶等。韦思浩老人的行为对什么是仁爱做了最好的解释。

当然，爱也不能走向极端，否则容易引起问题。其实任何一种品质，即使是积极品质，只要走向了极端，自然就演变成了问题。爱和许多积极品质一样，刚刚好才好，过头了就不好。有关的研究发现[37]，“极端”（extreme）风格的早期养育经历和个体后期的犯罪有明显的相关关系。研究者对在押的上千名罪犯被试进行了大量的调查后发现，许多犯罪者都有儿童时期父母过于忽视或过于严格控制的历史，他们生活在特殊的情境中：要么是没有人关心，也没有人管教，以致他们想做什么就做什么；要么就是被严格控制，一切都必须服从和听从。研究结果表明，这两种养育模式都和孩子后期的犯罪行为有很大关联，但还没被证明为因果关系。

第四大美德：公正（有关人类文明的特征及要求方面的各种品质）

这一类美德领域的积极品质主要包括：（12）公民的职责、权利与义务，忠诚和团队精神；（13）公平和公正；（14）领导力。

自古以来，就个体来说，公正是天底下第一大美德，没有其他美德能够超越它的价值；就社会来说，公正则是一个社会文明的标志和追求。公正从字面上说是指公平且正直，不能有任何偏私，所谓没有偏私是依据一定的标准而言的，因而这个标准就非常重要。一般来说，公正的标准是相应的法律和良心。所以公正本身是一种价值判断，它一定内含有一定的价值标准。公正体现在社会治理的方方面面，它涉及的具体积极品质也就相对比较多。

公正美德不仅是社会发展的良药，也是个体身心健康的良药。一个来自《心理科学》（*Psychological Science*）上的研究发现[38]，有一个高尽责心的（conscientious）伴侣对自己的健康非常有利（尽责心是公正美德的一个重要成分）。研究发现，尽责心比较强的人更有可能锻炼身体，不太可能抽烟、吸毒或进行危险性行为，而伴侣的这些健康行为方式会直接影响到另一方的身体健康。这意味着如果一个人有一个比较有责任感的伴侣，他自己不仅会心理上更健康，身体也会因此而变得更健康。这项研究一共调查了美国2000对50岁以上的夫妇，研究者搜集了这些被试的健康状况和性格特征，结果发现，一个人的身体健康状况和其伴侣的尽责心特质的得分呈高相关，和其他性格特质不相关。而且该研究发现，伴侣尽责心这一品质的重要性甚至超过了伴侣有一份稳定的工作、比较爱干家务等特征。

领导力也是公正美德中的一种积极品质。领导力是一种特别的能力，它常常和一个人的感召力相关。心理学的研究发现，以下六个方面的特征和一个人的感召力密切相关[39]，分别是：让他人有舒服感（Makes people feel comfortable）、经常对人微笑（Smiles at people often）、能与他人友好相处（Can get along with anyone）、经常在公开场合出现（Has a presence in a room）、能影响他人（Has the ability to influence people）、了解如何领导一个小组（Knows how to lead a group）。前三项主要是让他人舒适或快乐的特征，后三项则主要归属于领导风格方面的特征。感召力一般和人的智商没有关系，一些低智商的人也常常可以成为各种组织的头。总的来说，领导力主要涉及与人相处、能深思熟虑、比较有同情心，是一个“暖男型”的人。从外在性格特点来看，风风火火的外向性格的人容易具有更高的感召力，也容易成为领导者，而习惯于思考的“学究型”性格的人不太容易成为领导者。

第五大美德：节制（关于做事或行为不过分的能力与品质）

这一类美德所包含的积极品质主要有：（15）自我控制和自我调节；（16）远见、谨慎和小心；（17）谦虚。

高某是上海某金融公司的一个白领，工作成绩出色，收入也较高，但就是一直没有交到心仪的男朋友。有好心的同事帮她介绍了一个男朋友，按照高某自己的说法，她起初并没有看中学历和工作都不如自己的男友，但是在男友的热烈追求下，高某也勉强和他确立了恋爱关系并生活在了一起。转眼一年过去了，高某也已经习惯了这种一直被男友宠爱着生活的方式。但是有一天，男友突然对高某提出了要分手。高某非常气愤，觉得自己学历和工作都比对方好，挣的工资也比对方高，而对方竟然提出和自己分手。高某实在咽不下这口气，于是动了邪念，就在网上先后两次以五万元的价格招募凶手准备去伤害自己的前男友，伤害的程度是要达到“双手粉碎性骨折”。结果，事情在策划和准备阶段时就被警察及时发现并制止了。（资料来源：新浪网新闻频道，2018-07-18）。

人有七情六欲，如果不对此进行节制，就有可能酿成灾祸。人们在经历消极事件时确实很悲伤，而且这种悲伤会持续很长一段时间。在所有的情绪中，悲伤情绪持续得更久，它的持续时间要比生气、害羞、震惊和厌恶等消极情绪更长[40]。但如果人们任凭这种消极情绪操纵自己的行为，就会做出不理智的事情。人要对自己的行为节制，在悲伤、难过和痛苦时要节制，在快乐、成功和高兴时也要节制。节制这一美德也是对所有美德本身的一种节制，凡事不可过，这也是中国文化中最推崇的一种精神和品质。

自我控制这种积极品质还是人未来发展的一个重要预测指标。心理学史上有一项著名的“棉花糖实验”（The Marshmallow Test），这个实验是斯坦福大学的心理学家沃尔特·米歇尔（Walter Mischel）做的，他在斯坦福大学附属的必应托儿所（Bing Nursery School）招集了一些 3~5 岁的孩子做被试。当这些孩子被带到实验室之后，他们前面的桌子上会有一颗棉花糖（也可以是诱人的巧克力或孩子们爱吃的糖果）。研究主试告诉这些孩子，他正好要出去有点事，一会就回来，如果孩子能等主试回来后再吃面前的这颗棉花糖，他就会额外再获得一块这样的糖；但如果在这一过程中吃了这块糖，那他就不会再获得额外的糖了。然后实验主试就出去了，房间里只剩下孩子们各自面对着自己桌子上的棉花糖。研究者就想看看有多少孩子能自我控制住，又有多少孩子自我控制不住（自我控制的时间一般在 20 分钟到 30 分钟左右）。实验结果表明，大概有三分之一的孩子都能自我控制住，等主试回来以后再吃那块糖。

然后，米歇尔等人对这些孩子进行了四十多年的追踪研究，他们发现那些在必应幼儿园实验中自我控制能力更好的孩子（和那些在实验组控制不住自己的孩子比）在进入青春期之后，更能不为诱惑所动，更容易集中注意力，更加聪明、独立、自信，更能够应对压力。这些孩子的规划能力也更强，当被激励的时候，他们更加有能力去向目标发起冲击，做事也更加用心，面对挫折或失败时不会轻易做出妥协或放弃，而且在美国高考（SAT，美国高中学生申请大学必备的一项测试）中的测试成绩更好。其中特别提到，那些坚持最短时间的孩子（最差的三名）比起那些坚持最长时间的孩子（前三名），SAT 分数整整差了 210 分。

当这群孩子成年后到 40 多岁时，米歇尔等人又对这些人的大脑进行了扫描，他们发现那些自我控制力强的人的脑前区回路有着非常显著的激活，而其他那些人则没有这种激活。那些自我控制力特别强的人，他们的前额叶皮层区域更加活跃，而这个区域恰恰是用来有效解决问题、创造性思考、克制冲动行为的。相比之下，那些延迟能力较低下的人，他们中脑的皮层更加的活跃，尤其是当他们试图去控制自己对情感热烈的、诱人的刺激的反应时，这种情形更明显。中脑这个区域处在大脑深处更加原始的部分，与人们的欲望、快感以及成瘾有关。目前的研究仍然还在继续，米歇尔等人期望这个实验能持续几代人，看看自我控制力的差异到底会对人们的生活和未来产生什么样的影响。

第六大美德：卓越（把自己与他人或全人类相联系在一起的态度、要求及相应的能力）

这类美德包括的积极品质比较多，主要有：（18）欣赏美与优秀；（19）感激；（20）希望、乐观和对未来的胸襟；（21）精神追求、信念和信仰；（22）宽恕和宽容；（23）玩兴和幽默；（24）热情、激情、热心和精力充沛。

卓越的本义是不一般、不平凡，比同类人或周围人都更高超，但卓越同样一定要有正向价值，这个价值指向一定要对人类和整个社会有利。卓越不能仅仅只是为了满足自己的好奇心、私欲或其他一些个人目的而不平凡。不平凡并不一定就是卓越，不平凡有时候在一定意义上就是一把双刃剑，初衷好不一定代表结果好，所以不管做什么要有积极的价值观和人文精神，不能肆无忌惮、为所欲为。

卓越一定与众不同，但与众不同并不是卓越，现代人讲究自由，许多人（特别是年轻人）总想在行为或穿着打扮上与众不同，越奇越好。但过分的标新立异只会招致人们的吐槽，有时候甚至违法。

实际上，生活中太追求与众不同的人可能有一定的自恋问题，有研究就发现自恋的人会更爱购买那些使自己显得与众不同的产品，比如购买限量版的小电器，购买刻有自己名字的皮件等。唯一性和特别性是自恋者最大的爱好，因为他们心目中总想突出自我，购买东西时其象征意义远大于其使用价值，用稀缺性来突出自己的独特性。

当然，适当的打扮可以体现自己的审美能力以及表现自己的美，尤其对女性来说，打扮还会提高自己的自尊水平，因为人们在研究中发现女性自尊内容中的最大一个部分来自于她的外在容貌，所以女性精心呵护自己的容貌其实是在呵护自己的自尊并提升自己的卓越水平。据英国曼彻斯特大学（Manchester University）的一项有关销售的调查显示[41]，嘴唇是女性身上最具魅力的面部特征。在与女人见面的前10秒钟，男人平均会花一半时间注视她的嘴唇。如果这个女人涂口红，那就更吸引男人的注意了。在前10秒钟的时间内，男性平均喜欢粉色唇膏6.7秒，红色唇膏为7.3秒。这项研究证明嘴唇是女人身体中最性感的一个部位，在人类性吸引中起着关键的作用。这项研究同时表明，红色嘴唇和感知到的吸引力仍然是密不可分的，红色唇膏最有吸引力。不过，男性的自尊主要来自于社会的价值评判和地位，也即社会成就，所以，男性要显示卓越最好要做出卓越的社会成就来。

另外，卓越还体现在对别人的好要敏感一点，而对别人的不好则要钝化一点，这实际上就是人们常说的要宽容待人。

第 2 章

理解积极心理健康

积极心理学兴起之后，经过几十年的发展，已经开始影响到社会和人们生活的多个方面，如经济学、社会学、教育等领域，同样，积极心理学也影响到了心理健康领域。所谓积极心理健康就是指以积极心理学的观点为基础的心理健康，指个体在生活过程中能主动追求幸福并体验到幸福，同时又能使自己的能力和潜力得到充分发挥。

积极心理健康的主要观点

观点一，积极心理健康意味着真正的心理健康是从“0”到“+10”。

积极心理健康的这一标准意味着积极心理健康的目标不是从“-10”到“0”状态，而是从“0”到“+10”。“-10”是指人存在的各种问题，包括抑郁症、多动症等；“0”状态指没有任何问题的正常状态。把有问题变成没有问题，这是传统心理学的目标，也是传统心理学一直在做的事项（研究各种问题的机制），也确实取得了很大的成效。据统计，光是抑郁症的治疗，人们就发明了上百种疗法和上百种相关的药物。世界最著名的医学权威杂志《柳叶刀》（*The Lancet*）2018 年对已有的有关抑郁症的治疗方面的研究进行了元分析（即对这一领域以前已有的多项研究结果的效果进行综合分析和比较）[42]，这项研究一共涉及了 522 种不同的药物试验以及多种疗法。研究发现抑郁症既可以采用药理治疗，也可以采用非药理治疗，不过由于资源的不足，抗抑郁药的使用远比进行心理干预更常使用。在所使用的这些药物中，哪些药的效果会好一点而哪些药的效果又会差一点呢？研究发现五种最有效的抗抑郁药分别是：阿米替林（Amitriptyline）、阿戈美拉汀（Agomelatine）、依他普仑（Escitalopram）、米尔塔扎平（Mirtazapine）和帕罗西汀（Paroxetine）。而四种最没有效果的抗抑郁药分别是：百忧解（Fluoxetine）、氟伏沙明（Fluvoxamine）、瑞波西汀（Reboxetine）和曲唑酮（Trazodone）。当然，说这四种药效果不好并不是指它们是假药，而是指从研究的结果来看，它们的效果没有其他药物来得明显。

积极心理健康的目标是帮助人们从没有问题的“0”状态而达到繁荣昌盛的状态，也即是达到所谓的“+10”状态。这一目标意味着积极心理健康的内容应该是研究各种积极品质和积极力量的心理机制和相应的脑机制等，具体来说，就是指健康的人应该在平时的生活中要有主动追求幸福的意识和意愿，并且在生活过程中要经常切切实实体验到幸福。而当人们在各种活动事项中能体验到幸福时，人们的能力和潜力才能得到充分的发挥。

观点二，积极心理健康意味着恰到好处的积极。

特别要注意的是，从积极品质的角度来说，积极心理健康其实更意味着中庸，并不意味着越积极越健康。这一点和传统心理健康的观点不太一样，传统心理健康强调把问题去除得越彻底越好。而积极心理健康关注的是积极品质，它强调适当就好，并不强调把积极品质或积极力量培养得越高越好。这正如生活中最时尚好看的穿着可能既不是颜色上的特别匹配，但也不是两者之间的太离谱，比如衣服和裤子在颜色上完全一致并不一定最好看，但大红和大绿可能也不行，两者颜色之间的近色调（适量）可能最好看。

西方有一个所谓的金发姑娘法则（Goldilocks principle，西方文化中的一个故事。一个金发姑娘尝了不同的三碗麦片粥，结果发现她最喜欢既不太热也不太冷的那碗粥，也即温度刚刚合适的粥最好吃），人的积极心理健康也就像吃粥，当然是既不太烫也不太冷的粥最好吃，吃起来最舒服。

福乐（flow，有时也叫福流）就是匹配时所获得的一种积极情绪体验，只有当才能和外在的要求或挑战相匹配时，才会获得这种特别的积极情绪体验。如果才能高于外在的要求，就会产生厌倦等消极情绪，而当才能低于外在的要求时，就会产生焦虑等消极情绪。也就是说，好体验只来自于才能和外在要求相匹配时，而才能太高或太低都只会产生消极情绪。同样，控制感也不是越高越好，太高的控制感也会影响人们的快乐，会变得无聊和怀疑。

观点三，积极心理健康意味着人们在生活中应该有点积极错觉（积极偏向）。

积极心理健康还有另外一个重要的观点，真正心理健康的人都有点爱自夸[43]，也就是人们生活中常说的“爱吹点小牛皮”（心理学上所谓的积极偏向或积极错觉）。假如你是一所学校的老师或一个公司的职员，现在请你和同事一起各自给自己作一个评价：“在你们学校或公司的所有员工中，你的工作能力处于什么位置水平？最优秀、中上、中等、中下或最差。”你会选择上面五个等级中的那一个等级呢？我猜你可能会选择“中上”或者“中等”吧，

[43] 该章节中的一部分内容已经发表于《心理科学进展》（2010, Vol. 18, No. 8, 1290-1297）

其实你的所有同事中约有90%的人和你的选择一样，也就是说你们学校或公司中90%的人会认为自己的工作能力处于中等或中上水平，这显然是错误的自我评价，是一种偏向积极的错误。一般来说，如果一个单位的员工相对比较多（如100人左右），其工作能力分布大致应该是一种正态分布，不可能有90%的人的工作能力处于中等以上这一个区域。但事实上，人们的心理上就是这样的，也就是说，通常情况下人们在心理上对自我的认识总是有点自夸。

这种自夸在心理学上也叫作积极偏向或积极错觉（positive illusion），又叫作积极幻想或积极幻觉等，多数文献中还是称为积极错觉，因为错觉这个概念是生活中的常用概念，多数人有相应的生活经验，其意义也更容易为民众所熟知。

积极错觉这一概念很早就在学术界提出了，主要指个体在生活中或在面临威胁性情境、压力性事件时所做出的一种对自我、现实生活和未来的消极方面的认知过滤,而这种过滤是以歪曲表征的方式投射到个体的自我意识中。通俗一点说，就是指人们都有把坏事（或者不好的事、稀松平常的事等）往好的方向去想的心理倾向。积极错觉虽然是对现实的一种背离，但它实际上是个体心理的一种积极适应，因为积极错觉显示了个体对现实的积极把握和乐观知觉，同时也体现了个体对自我价值和自尊的一种保护[44]。

（一）积极错觉主要包括的具体内容

积极错觉的内涵较为丰富，从目前来看，积极错觉主要有三个方面的内涵（这同时也是积极错觉的三种主要表现方式）：不切实际的自我积极看法、夸大个人对现实的控制感和对未来的盲目乐观。

第一，不切实际的自我积极看法（unrealistically positive views of the self）。不切实际的自我积极看法主要是指个体对自己的行为表现、个体品质和处世态度等方面给予不切实际的积极评估，这实际上就是个体对自我的过度自信（overconfidence），也即俗话所说的喜欢吹牛。有研究者[45]曾发现个体容易在三个方面产生这种过度自信：一是估计自己的实际能力和工作表现时；二是在评估自己的各种积极品质时，个体一般会认为自己比大多数人的品质更好；三是在完成一些运气性任务时，个体会过度相信自己判断的准确性（尤其是在数字或机会的判断方面）。

尽管在现实生活中很少有个体能表现出对自我的绝对准确知觉，但多数人在认识自我时却似乎都表现出同一种积极取向——“优于大多数”（better-than-most）效应，即过分高估自我。心理学过去的研究表明，这种不切实际的自我积极看法已经成了许多人固定的自我认知方式，而且有蔓延到其他多个生活领域的情形。有研究者回顾了过去的一系列研究后发现[46]，多数个体在涉及积极品质、归因、学业成绩、自己所从事的事情或工作的重要性、人际关系等方面都表现出积极偏向，如个体更喜欢选择积极词汇来描述自己的人格特质[47]。在一些情况下，人们甚至能更轻易回忆出与自我相关的积极事件。这说明大多数人在对自我进行知觉时，可能在有意无意地忽视自己的缺点和错误，转而专注于自身的优点与特长。

如何测量个体不切实际的自我积极看法呢？

从心理学角度来看，积极错觉的测量基本上都采用问卷测量，对“不切实际的自我积极看法”的测量目前使用较为广泛的主要有“如何看待自我问卷”（How I See Myself Questionnaire，简称 HSMQ）和人际关系品质量表（Interpersonal Qualities Scales，简称 IQS）。

HSMQ 测验由泰勒、雷纳等人编制[48]，该问卷的内容较全面，共涵盖了 21 项积极品质（如学术能力、自尊等）和 21 项消极品质（如自私、自命不凡等）。不过也有人质疑 HSMQ 量表的有效性问题，认为这一量表可能在一定程度上会夸大不切实际的自我积极看法与心理健康间的关系。特别是对一些本来就很优秀的人来说，当出现他们认为自己具有较多积极品质和较少消极品质的结果时，这也许就是一种准确知觉而不一定是一种自我夸大，该量表有可能不能区分真实知觉和自我夸大。

IQS 量表包含的内容相对较少，主要涉及共 21 项积极品质（如耐心）与消极品质（如懒惰等）项目，穆雷（Murray）等人[49]就用这一量表做了一系列的研究，这表明该量表具有良好的结构效度和生态效度。除此之外，还有一些其他量表也常被一些研究者用来测量不切实际的自我积极看法，如自我特质量表、自我能力表现量表和过度自信测验等。

第二，夸大个人对现实的控制感（exaggerated perceptions of personal control）。积极错觉的第二个方面的内容是夸大个人对现实的控制感。这里所谓的控制感指的是个体自己能够做决定与采取有效行动并获得想要的结果和避免不想要的结果的自由。例如人们在驾驶汽车时，如果没有扣上安全带，就会想当然地认为当发生车祸时自己可以牢牢抓住方向盘而不至于受伤，或者想当然地认为自己驾车根本就不会发生车祸情形；有的人在开始吸烟时，总认为自己不论在何时如果做出戒烟决定都可以立即戒掉，自己一定不会上瘾的。美国心理学家曾经做了一系列赌博范式的实验研究，他发现多数人在情境中通常会把原本属于运气的成分而归结为属于自己可控制的范畴，也就是说，人们有高估自己的控制水平和低估运气所扮演的角色的倾向。

夸大个人对现实的控制感与不切实际的自我积极看法不同，前者强调个体高估自己对自我以外的现实或情景的掌控度（有时也称之为控制错觉），后者则主要涉及对自我所具有的各种特质和品质的过高评价。

影响夸大个人对现实控制感的主要因素包括五个方面[50]。第一，与即将要完成的技能的相关因素（skill-related factors）有关，比如被试在看到与即将要完成的技能有较为熟悉的材料时，可能会觉得更有把握完成任务。第二，是否有过成功完成类似任务的经验（success or failure emphasis，美国心理学家班杜拉称之为替代性经验）。实验中个体如果成功完成过类似任务，这种积极反馈会导致个体随后夸大自己的任务控制感。第三，对结果的需求程度（need for the outcome）。活动的结果如果能够满足个体的某些心理或生理需求，个体会觉得更有把握完成任务。第四，情绪（mood）状态的不同，对控制感的影响也不同。一般处于较高积极情绪状态时的个体更容易夸大自己的控制感，如心理学曾经的研究就发现，处于抑郁情绪状态下的个体对自我控制感的认知会更准确一些。第五，与现实生活的关联性（intrusion of reality）。被试知道实验中的情形不会真实地发生在现实生活中时，就会降低其控制感的夸大。

如何测量个体夸大对现实的控制感呢？

与不切实际的自我积极看法相比，夸大个人对现实生活的控制感方面的量表并不太多，此类量表的设计通常都采用让被试对积极和消极事件进行自我评估的形式。目前这方面的量表主要有积极和消极事件控制力知觉量表（Perceived Controllability of Positive and Negative Events，简称 PCPNE）和控制效能感量表（Efficacy of Control，简称 EC）。PCPNE 量表[51]中积极事件（例如收到一个心仪已久的礼物）与消极事件（例如试图自杀）各 10 项，该问卷的内部一致性系数和重测信度分别为 0.67 和 0.70。EC 量表[52]同样以积极与消极事件为题项，但该量表所包含的项目数量只有前者的一半，内容上也有一定的变化，其主要侧重于测量被试对恋爱关系的控制感。

第三，对未来的盲目乐观（unrealistic optimism）。积极错觉的第三个方面的内容是对未来的盲目乐观。主要指个体毫无根据地对自己的未来充满希望，并相信未来会出现更多对自己有利的事件和机遇。人类似乎具有一种活在希望之中的天性，总是相信现在要比过去好，未来又会比现在好，因此大多数个体在知觉未来的时候都倾向于认为自己在未来的发展一定要好于现在。不仅如此，大多数人还会认为自己的未来一定会好于他人的未来，而自己在未来所遇到的逆境、灾难则会少于他人。

研究表明个体对未来的盲目乐观也是一种普遍现象。在一项研究中[53]，当被试被问及在未来可能会遇到些什么时，这些大学生被试报告的积极事件（或反应）是消极事件（或反应）的4倍还多，但却又不能为这些乐观主张提供足够的证据支持。相反，如果让被试选择自己将来可能会面临的各种消极事件（包括遭遇车祸、成为犯罪受害者、找工作遇到了困难、生病或发生抑郁）时，绝大部分被试却认为自己不太会经历这些消极事件。

假如你现在是一个有孕在身的准妈妈，现在问你两个问题：如果你肚子里的孩子生下来成长到成年之前碰到车祸的可能性有多大？而你旁边那位有孕在身的准妈妈生下的孩子成长到成年之前碰到车祸的可能性又有多大？不用说，你肯定会觉得自己肚子里的孩子将来面临车祸的可能性要更低一些。而如果是好事情或积极的事情则会出现相反的结果。在一项由106位父母参加的研究中，让这些父母评估风险问卷中所涉及的每件事情（其中积极、消极事件各半）发生在自己孩子身上的可能性（与其他孩子对比），结果显示，父母认为自己的孩子更可能达到积极的结果和更可能避免出现消极的结果[54]。在另外一个大样本的调查中也发现[55]，绝大多数父母对自己孩子的未来都表现出明显的盲目乐观，总认为自己孩子的未来会好于他人孩子的未来。

怎样测量个体对未来盲目乐观的水平？

对未来盲目乐观的测量方法与夸大个人对现实生活的控制感相似，它也主要通过测量个体对积极与消极生活事件的风险评估水平或归因维度来反映个体的盲目乐观程度，不过多数量表还是以测量被试的风险评估水平为主。虽然同样采用了积极与消极事件为量表题项，但与夸大个人对现实生活的控制感不同的是，对未来盲目乐观的测量更偏重于测量个体心目中的未来取向。目前常用的量表有风险问卷（Risk Questionnaire，简称RQ）[56]，RQ问卷是伦奇等（Lench et al.）编制的，包含了24

个生活事件（其中积极和消极事件各半），问卷中的 14 项可能发生的事件（如肺气肿、癌症等）是与身体健康相关联的，而另外 10 项事件则主要与生活事件（如离婚、大学毕业等）相关；RQ 量表中积极事件、消极事件的内部一致性系数分别为 0.66 和 0.84。此外还有一些其他量表有时也被用来测量对未来的盲目乐观，如韩国一些学者选用《积极与消极事件检查量表》（Positive And Negative Events Checklist）[57]，该量表主要用来测量个体的归因差异。

随着对积极错觉研究的进一步深入，还有一些学者开始尝试将积极错觉的三个方面合在一起来进行测量，并编制了相应的测量工具，如卡蒂纳（Catina）等人编制了积极错觉的三维度量表[58]，不过该量表仅局限于应用在体育运动领域，并未推广至其他领域。

总的来看，目前对于积极错觉三个方面的测量更多的是从特质角度入手，通过采用问卷测量手段，考证人们是否存在积极错觉。不过这些问卷中分数的高低，有时候并不能代表偏离真实知觉的程度，即高分不一定就是偏离，也许属于正常范围之内。另外这些问卷都缺乏常模，同样也不能有效衡量个体积极错觉的程度。

（二）人为什么会产生积极错觉呢

从进化论的角度来说，人类既然有这种属性，就一定会有其相应的功能，具体来说，到目前为止，心理学发现积极错觉具有多个方面的价值意义。

首先，积极错觉是人本能属性的一种自然结果。人生来就具有两大最基本的属性，其中之一是每个个体都自动具有保持自我存在的属性。具体反应在社会认知领域就是指，凡是与个体自我联系在一起的东西，其价值就必然被高估，必然给予更多的注意，如果没有这种天性，就会威胁到个体自我存在的价值。

心理学上有一个所谓的禀赋效应 (Endowment Effect)，这一效应最早是由泰勒（Richard Thaler，美国芝加哥大学著名的心理学教授，2017 年获得了诺贝尔经济学奖）教授提出来的，他发现当一个人一旦拥有了某种物品，那么他对该物品价值的评估要比未拥有之前显著增加；或者同样一种物品，如果是自己拥有就会对它的价值评估更高一些，而如果是别人拥有，则对其价值的评估就会相对低一些。

禀赋效应的情景在生活中经常出现，比如一个人不小心丢了一百块钱之后的痛苦一定比他捡到一百块钱所获得的快乐来得更强烈一些（因为一百元在丢掉之前是他自己的，而捡到的一百元在捡到之前不是他自己的，因而丢掉的一百元的价值会显得更大些，带来的情绪影响自然也更大些）。许多人都曾有过自己是不是要搬家（换个房子）的纠结，明明现在住的地方很不方便，也知道没有什么大的发展前景，但就是不愿意离开这个地方，因为在这里住过很久了（已经和“我”建立了联系，是“我”的地方了），害怕到一个陌生的地方去，所以就一直拖着。有些青年男女在交往了一段时间之后发现对方并不适合自己，可是因为在一起已经有了一段时间（和“我”建立了联系），就还是硬着头皮结婚，结果从结婚开始就可能想着离婚，但也许到死也没有离成婚，只能不快乐地凑合着过一辈子。

即使在纯粹的认知领域，依然存在个体偏爱与自我相关的刺激（即反应时相对要更短一些，从信息加工心理学的角度来说，个体对一个事物的反应时越短，意味着对它更偏爱、更熟悉等），这在认知心理学领域被称为自我优势效应。比如把自己的面孔和其他人的面孔放在一起时，被试识别自己的面孔会比识别他人的面孔更快、也更准确。

其次，积极错觉在一定意义上是一种重要的应对方式。20 世纪 60 年代以前，多数心理学家（包括人本主义心理学创始人马斯洛等）都认为心理健康的前提是个体能够对自我、现实生活和未来做出准确知觉，即个体只有认知正确或精确才代表其心理健康。但在随后的有关研究中，人们却发现当个体在面对威胁性情境或压力性事件时，如果采用一种轻微歪曲事实且偏向积极的知觉方式时，反而会更有利于个体保持心理健康。如一些赌博者在赌博输钱后为了获得心理平静，也常采用积极错觉来应对自己的消极情绪，而这被发现是一个很好平复自己情绪的办法。一些研究者甚至发现积极错觉在一定程度上有利于个体的心理健康，如泰勒（Taylor）等人的一项研究表明，积极错觉与心理健康的多个指标都存在正相关[59]。另外有研究者[60]发现，不论儿童具有什么样的攻击性特质，儿童对与同学和朋友的社会关系的积极错觉都会增加其对同伴的积极评价并促进相互间的稳定关系，在另一方面，这也会降低儿童的抑郁情绪。甚至有研究者建议应直接将积极错觉纳入心理健康的标准，也就是说，如果你没有积极错觉，你反而心理不健康。他们发现积极错觉对心理健康的贡献至少包括三个方面：增加个体的生活幸福感或满意度、激发关心他人的能力和激发自我的创造力[61]。

罗宾（Robins）和比尔（Beer）曾经在 2001 年做了一个有名的纵向研究[62]，他们以大学生的真实生活情境为背景，重点跟踪考察了那些在进入大学前就对自己学业成绩持过度积极信念的大学生。研究发现这些具有明显不切实际的自我积极看法的个体却拥有相对更多的积极情绪体验。也就是说，在一定意义上，积极错觉增加了人们的主观幸福感受。

相反地，如果在生活中有意启动了个体的自我威胁时，个体的这种自我优势效应就会消失。比如要求被试判断呈现出来的一些具有消极特性的形容词（如愚蠢、邪恶、没有人性、下流等）是不是可以真实描绘他们自己的人格特质时，个体在这一过程中的自我优势效应就会消失，这一结果从反面表明积极情绪可能是影响自我优势的一个潜在变量[63]。这一现象在我们的生活中也很常见。每年近 6 月底的几天正好是中国高考分数的发榜日，如果你仔细打听一下参加高考的这些同学的分数，鲜有同学认为自己是超水平发挥，基本上都认为自己是没有发挥好（即使考得比较好的同学也会觉得自己还有可能考更高的分数），这次考砸了。这一心理其实就具有一定的自我健康保护作用，如果他认为自己是考砸了，即使这次高考的分数不高，他所受到的心理打击也会相对更小一些，因为他为这次失败找到了一个不损害自己根本的原因。

阿罗伊等人（Alloy）曾做了一个有趣且很有代表性的研究[64]，研究者首先用贝克抑郁量表（Beck Depression Inventory）对一群大学生进行筛选，分别把那些得分最高的若干名被试（群体中最抑郁的大学生）和得分最低的若干名被试（群体中最不抑郁的大学生）选了出来，然后把这些大学生混在一起，让他们在一个时间段内经历电灯的点亮与否分别具有不同的控制概率，即他们按一下电灯开关，电灯有时会亮而有时则不会亮，电灯的这个点亮概率由实验者预先设定（分别设为25%、50%和75%），但被试不知道这一概率具体是多少。

当被试经历了一段时间的打开电灯任务之后，研究者告诉这些被试："接下来你要完成100次打开电灯的任务，这一任务的性质和你刚刚经历的任务完全相同，请你评估一下自己有多少次能打开电灯？"结果表明，那些抑郁情绪得分高的被试大学生对自己的控制力相对有更清晰的认识（即自我评估的结果和研究者预先设定的概率比较接近），而抑郁情绪得分较低的被试大学生则对自己的控制力有着盲目的乐观（即自我评估的结果要比研究者预先设定的概率更高，并且存在显著性差异）。虽然阿罗伊从这一研究中得到一个有趣的结论："你抑郁，但你却会更聪明！"但实际上，从另一个角度来说，人们从这个研究中同样可以得到另一个结论："吹点小牛皮，心理可能更健康"，即具有积极错觉的个体的抑郁情绪更少，心理相对更健康。

再次，积极错觉可以帮助人们生活在希望里，从而为战胜现实中的困难提供勇气。一个孩子为什么愿意付出千般努力去学习各种知识、技能和生活态度，其根本原因是他对自己的未来抱有期望。多数时候，人们之所以愿意通过辛苦劳动而坚持使自己生活下去，主要是对未来充满了希望。其实绝大多数普通人可能并没有太多的政治资源、经济资源和人脉资源等，也没有特别高的智商或身体条件，更没有幸运相伴，相反每天只能干着那些平常而普通的工作。也就是说，事实上绝大多数普通人是不可能有一个特别美好灿烂的未来，也即普通人其实并不能实现特别美好的希望。那怎么办？幸亏人类有积极错觉，这种对未来的积极错觉可以为人们战胜各种生活困难提供勇气和资源。

恋爱中的人们就是活在希望里，这种希望一方面可以使得相互间的恋爱关系更稳定、更持久、满意度也更高，另一方面，这也可以使双方的冲突、怀疑和不安全感都得到降低。正是人们在恋爱中对对方都充满了希望，人们才形成了克服眼前生活中各种困难的坚定信念，并获得了安全感。古语有“情人眼里出西施”，这实际上是人们活在希望里的真实写照。美国心理学家穆雷（Murray）等人的研究表明，当人们沉浸在浪漫的情爱体验中时，他们常常会将现实想象成自己希望或愿望的那样，他们不会为对方的真实品质而感到失望，而是将自己理想的形象投射在对方身上，甚至会将对方明显的缺点看作是一种美德。在另一项研究中，穆雷等人分别以恋爱中的双方和结婚后的伴侣作为被试，要求他们各自描述他们自己和对方的各种积极品质及消极品质，结果发现，被试对恋人的品质印象显著性高于结婚后的伴侣，恋爱时个体对对方积极品质的评价甚至比对方自己自我报告的品质都要高。

当然事物是一分为二的，在研究中积极错觉也被发现存在一些消极特性。有研究者发现，积极错觉会让个体产生更多的攻击性行为。如在有关攻击性行为的研究中就发现，积极错觉唤起后的被试会出现更多的攻击性行为，表明积极错觉在一定程度上助长了攻击性行为[65]。生活中，人们也经常会在电视或报纸新闻中听到有关恋爱中出现由爱生恨，甚至酿成惨剧的事件。出现在恋爱初期或结婚初期的积极错觉，在短期内或许对恋爱有一定的积极作用，但随着恋爱或结婚时间的增长，这种积极错觉也有可能产生一定的消极影响。而且研究者在对特定特质被试进行研究时就发现多动症（attention deficit hyperactivity disorder，简称 ADHD）儿童更容易产生积极错觉[66]，尽管目前还没有确切的研究表明多动症和积极错觉之间存在因果关系，但这种高相关似乎也在一定程度上提醒人们要注意积极错觉的消极特性。

心理自我保护机制

很多人都经历过一些消极事件，但自己并没有刻意采取什么措施，也没有去寻求专业人士的帮助，但事情好像很快也就过去了，并没有对自己的心理健康造成什么坏影响，这又是什么原因呢？这是因为人有一套心理自我保护机制， 这种心理自我保护机制起作用时，人自己意识不到。但这里就有两个问题待明确，第一个问题，这个心理自我保护机制具体是什么？如何起作用？第二个问题，既然人人都有心理自我保护机制，那为什么有的人还会在消极事件中受到伤害呢？即为什么有时候这个保护机制又不起作用呢？

一、人有强大的心理自我保护机制

人的心理自我保护机制到底是什么？如果撇开大脑和神经机制，只从心理机制上说，人的心理自我保护机制的核心就是人的内隐情绪调节（Implicit

Emotion Regulation），尽管心理自我保护机制和内隐情绪调节之间可能存在一些差异（特别是概念内涵上有一点点不同），但其最重要的核心就是内隐情绪调节。在本文中，内隐情绪调节和心理自我保护机制意指同一个概念。情绪调节（Emotion Regulation）是人保持心理健康的一种最重要方式，它是指个体通过一些操作或活动来改变自己当前情绪体验的强度、持续时间和品质等，并在此基础上做出合适的情绪反应，即个体用一些方式使自己摆脱了难受的情绪状态，并能做一些符合社会要求或规则的行为反应。美国著名心理学家格罗斯（Gross）在情绪调节方面是全世界最重要的权威，他在这一方面进行了一系列开创性研究，并在大量的实证研究基础上编写了《情绪调节手册》（*Handbook of Emotion Regulation*）。格罗斯认为情绪调节过程既可以是有意识的，也可以是无意识的；情绪调节既可以对情绪过程的某一个方面产生单一影响，也可以对情绪过程的多个方面产生多个方面的综合影响。格罗斯提出的无意识情绪调节过程也被称为内隐情绪调节过程或自动情绪调节过程（automatic emotion regulation，AER），这其实就是人的心理自我保护机制（在本书中有时也被简称为自我保护机制）。相关的心理学研究[67]证实，情绪调节过程确实可以在无意识的情况下自动进行。那人的这种心理自我保护机制（也即内隐情绪调节）的过程到底是如何进行的呢？

（一）什么是心理自我保护机制

一般认为心理自我保护机制是在没有意识监控和外显意图的情况下改变自己情绪反应的品质、强度、持续时间等的一种情绪活动过程。也就是说，心理自我保护机制是由外在刺激物直接激活的（不需要人去有意开启），并且不需要意识的监控和察觉就能完成对自我已有的情绪的调节。因此，心理自我保护机制通常都具备三个明显特征。

第一，无意识性，即心理自我保护机制起作用的过程并没有被主体意识到，也就是主体进行了情绪调节而自己却根本不知道。如一个人不小心遗失了10元钱，他刚发现时可能感觉有点不舒服，但一天之后，他自己都已经忘记了这件事，情绪又变得和平常一样了，即使这时你重新提起这件事来唤醒他的记忆，他也会当作一件无关紧要的小事说给你听，情绪丝毫不受影响。如果你要问这个人，他是什么时候开始对遗失10元钱不感到难受的，他一定不会告诉你，因为他自己也不知道，这就是心理自我保护机制的最大特点。也就是说，人的心理自我保护机制发生作用的过程不需要意志努力（比如采取措施来克服困难等），是自动进行的，它不需要主体进行有意的加工。

第二，由外在刺激直接引起。一般是对个人有威胁性的消极刺激，如考试成绩不太好、没有找到停车位等，有时也包括与个体核心价值冲突的刺激。外在刺激是心理自我保护机制启动必不可少的条件，只有刺激事件发生之后，个体才有可能自动启动心理自我保护机制，如果没有外在刺激事件，心理自我保护机制也就无从谈起。这就是说，人不可能无缘无故地启动自己的心理自我保护机制，所以从某种意义上说，外在刺激本身就是人的心理自我保护机制的启动开关。

第三，具有目标导向。尽管心理自我保护机制发生作用的过程是无意识的，但它却能导向特定的目标。心理自我保护机制的无意识性指的是调节过程没有人的主观意图或主观努力，并不是指毫无目的性或目标性。有研究证实[68]，人的内隐情绪调节（心理自我保护机制）确实存在特定的目标，而且目标在不需要意识知觉到的情况下就能被激活并自动执行。实际上，特定目标激活之后，相应的情绪调节过程才会启动，而这时候心理自我保护机制本身才会作出判断：能不能达到或实现这一目标。

除了上面这三个最重要的特征之外，从功能角度上来说，心理自我保护机制还具有有效、快速、难控制等特点。相对于外显情绪调节来说，心理自我保护机制属于内隐情绪调节，是一种自动发生的，因而在情绪调节过程中会更有效，这是因为外显情绪调节过程需要意志努力，需要消耗一定的自我控制资源，而当个体的自我控制资源不足时，这种调节并不一定很有效；而心理自我保护机制起作用不需要意志努力，是自动进行的，在没有意识的努力和监管下就能完成，这一过程几乎不消耗自我控制资源，所以心理自我保护机制的作用过程更可靠且更容易发生。特别是当自我控制资源有限时，心理自我保护机制就更具有优势。不仅如此，情绪还是一个变化很快的心理现象，它常常在外在刺激作用的同时就开始产生，外显情绪调节的有意性经常跟不上这种变化，而心理自我保护机制的这种内隐情绪调节就会比外显情绪调节更容易且有效。

（二）人为什么会产生心理自我保护机制

首先这是人在漫长的进化过程中所形成的，正如人的生理在进化过程中形成了生理上的免疫系统一样，人的心理在人类的进化过程中也形成了和生理免疫系统相类似的东西。达沃尔（DeWall）等人[69]在研究中发现，人们在经历了严重的应急性社会排斥事件（如受到某种心理伤害）后，一般会自动产生朝向积极情绪、积极信息的情绪调节反应（即心理难受之后会自动向感受好的方向改善），这种朝向反应是一种无意识的自动加工反应，它使得积极情绪方面的信息在此时此刻更容易获得加工，这种情况尤其容易发生在低抑郁、高自尊的人身上。这表明人天生就有一种摆脱威胁性信息的心理过程，它是人为了适应环境而进化生成的。心理学家施瓦格（Schwager）等人[70]通过研究又进一步扩展了达沃尔的研究，他证明了积极情绪和消极情绪一样也具有反向调节效应，也就是说当个体体验到积极情绪之后，也会无意识地自动偏向于消极信息加工。如有研究发现[71]，处于恋爱关系中的个体会自动对有吸引力的异性进行贬损，自动降低这些异性的吸引力，从而保护了自己的恋爱关系并防止已经确定的恋爱关系受到破坏。这实际上告诉人们，人的心理自我保护机制一方面帮助人们战胜自己的不良情绪，但它同时也会把人从过于积极的状态拉回到平静，免得人们因过于积极而乐极生悲。所以，心理自我保护机制的工作原理就是一种自动情绪反向调节机制，即将人的注意资源分配到与当前的目标状态或情绪状态具有相反效价的刺激上，自动帮助当前情绪、情境的反向效价情绪或情境能更好地获得注意和加工。

概括起来说，人的心理自我保护机制的工作过程大致如此：外在或内在刺激会激活人的某种情绪，而激活了的情绪自动触发情绪加工的反向调节过程，即当前的情绪状态会激起注意力自动分配于相反效价的刺激信息。例如，当个体经历消极情绪时，心理自我保护机制会自动促使个体注意积极信息，这会有助于个体积极重评和减弱当前的消极感觉。反之，当个体正经历积极情绪时，心理自我保护机制也是一种很好的适应机制，它允许个体的注意转向那些消极信息，从而使个体对当前的自身状态有一个更平衡的真实看法。这种反向调节机制最终起到了有效的自我保护作用。当个体在体验积极情绪时，这种反向调节会自动中和当前的积极情绪，这有助于人们正确评价当前情境中的积极信息，防止发生冲动性行为；同样，当个体正在体验消极情绪时，这种反向调节会自动中和消极信息，这不仅帮助人们减弱了当前的消极情绪体验，方便人们找到远离威胁情境的途径和方法，还能防止人们因消极情绪体验而产生的痛苦，甚至出现的心理问题。

心理自我保护机制的存在不能仅仅靠个案分析或例子来说明，它需要有足够的证据，为了证明人的心理自我保护机制确实存在，心理学形成了一套相应的实证模式，这一实证模式过程主要分为三步：启动（或诱导）被试产生特定情绪、引发被试内隐情绪调节过程（即启动心理自我保护机制）、检测被试的相应指标。

第一步，启动相应情绪。启动被试相应的情绪就是指让被试产生你想要的情绪，这种情绪既可以是内隐的情绪，也可以是外显的情绪。目前在实际操作中常用的主要有以下三种启动类型：（1）语词类启动，即通过语词含义、意义来启动被试相应的情绪（就如你阅读了言情小说而产生了相应的情绪体验一样），例如通过让被试判断屏幕上出现的目标词的效价，或者按照目标词的效价进行与目标词的词汇匹配等来引发被试的情绪；（2）图片类启动，即利用图片的性质来启动被试相应的情绪（看过摄影展的人都会有体会，照片会让人动情），图片是实验研究中最经常用的情绪启动方式，它比较好控制，操作也简单，一般有积极、中性和消极三种图片；（3）视频类启动，这种启动和图片类启动有点相似，但它是多感官刺激，因而更有效、影响更深刻，它也主要是利用视频的不同性质来启动被试相应的情绪（看了电影或电视之后会让人产生相应的情绪）。

第二步，引发内隐情绪调节过程（即启动心理自我保护机制）。情绪本身不会进行调节，因此，还需要通过启用一定的任务要求来引发被试进行调节，目前的实验研究主要集中于采用以下几类任务。（1）利用意义匹配任务（match-meaning task）来启动内隐情绪调节。如研究者选择了 20 个褒义词语（积极词语）和 40 个描述自然风光的中性词语，在屏幕上会出现 3 个词，一个位于顶端中部的是目标词语，另外两个平行位于屏幕下部的是要辨别并匹配的词语，被试根据目标词语的类别进行按键匹配，同时收集被试的脑电（ERP）信号，然后进行比较。（2）评价性条件反射任务（evaluative-conditioning task）。研究者先在屏幕上呈现一些消极词汇或中性词汇，然后再呈现你亲人（如被试的恋人等）的名字，其中被试恋人的名字是用不同的字体写的（有时是粗体、有时是用正常体），被试的任务就是判断每 5 次呈现的自己恋人名字中有几次是用粗体字呈现的。在这一研究范式中，消词汇激起了被试的内隐情绪（内隐消极情绪），而任务要求则诱发了被试的内隐情绪调节。因为当一个消极词汇和恋人结合在一起，或者一个中性词汇和恋人结合在一起时，被试的反应如果不一样，就证明被试确实在进行了情绪调节。（3）策略启动任务（eliciting-strategy task）。这是一种相对比较简单的任务，主要是测量被试的无意识认知重评策略有没有被启动（认知重评是情绪调节的一种最重要和最常用的策略，如果你的言语或行为中出现了认知重评，那证明你一定在进行情绪调节）。被试被要求把几个词语组成符合语法的句子，然后比较实验组和控制组被试组成句子的含义是不是含有认知重评，如果组成的句子中间含有认知重评就证明被试已经在无意识进行情绪调节了。

第三步，检测相应指标。既然心理自我保护机制的作用过程不需要意识和主观努力，那研究者又怎样来确定被试真的发生了自我心理保护了呢？目前，一般主要有3种不同的方法来检测，分别是通过量表进行自我报告、行为反应和生理指标。（1）量表测量。一般情况下，通过量表进行自我报告的方法并不单独使用，这是因为被试自我报告的主观性比较强，为了增加实验研究的客观性，研究者一般把自我报告与其他另外两种检测方法结合使用。使用自我报告法时一般会多次测量被试的情绪状态，根据被试的情绪状态的变化来推测其内隐情绪调节过程是否发生。又因为自我保护机制发生作用的过程没有被个体意识到，所以被试可能无法直接报告自己的真实情绪，因而研究者一般采用间接测试而不是直接测试来测试被试的情绪。目前采用的内隐情绪测量的工具主要是《内隐积极和消极情绪测验》（Implicit Positive and Negative Affect Test，简称IPANAT）[72]，IPANAT是评估内隐情绪状态变量和特征变量的可靠且有效的工具，通过让被试判断相对中性的人造单词所表达的情绪程度，也就是用4点计分来判断该人造词分别代表 3 个表示积极情绪和 3 个表示消极情绪的普通形容词的程度，从而达到间接衡量被试的情绪状态。例如：判断假词“SAFME”分别与 happy（快乐的）、helpless（无助的）、energetic（精神饱满）、tense（紧张的）、cheerful（开心的）、inhibited（拘谨的）这几个词含义匹配的程度。相比外显的测量，IPANAT 与被试生理反应的联系更强。（2）行为反应检测法主要通过比较实验组和控制组被试行为的反应时、正确率等的差异，如有差异则证明被试存在情绪调节。如在视觉搜索任务实验中让被试判断积极或消极情绪词汇的位置，然后比较实验组和控制组被试的反应时和准确率情况；在人脸识别任务实验中让被试进行人脸识别并判断人脸的情绪，比较实验组和控制组被试之间的反应时和准确率情况等。（3）心理自我保护机制主要是一种内隐情绪调节，而内隐情绪最客观、真实的检测指标就是被试的生理指标，主要有被试的脑电变化和心率指标等。目前常用的工具有事件相关电位（event-related potential, ERP）和功能性磁共振成像（functional magnetic resonance imaging, fMRI）等。对于 ERP 成分一般主要检测 P300（即刺激呈现 300 毫秒后头顶部记录到的一个阳性电位）、枕叶负波、LPP、M170 等。

P300 与认知资源分配有关，更大的 P300 波幅意味着当前正在进行的任务分配了更多的认知资源；进行内隐情绪调节研究时，一个有效的方法就是看 P300 是否发生变化。

个体是否对高唤醒的愉悦和非愉悦刺激进行了加工可以通过该刺激呈现后 150~300ms 后大脑的颞—枕区负向电位的变化来检测，150~300ms 的枕叶负波反映了一个短暂的加工阶段，决定情绪刺激是否进行进一步加工。

LPP 即刺激 300 毫秒后出现的晚期正向成分，正常情况下情绪图片会比非情绪图片产生更大的波幅，如果刺激图片使被试产生了更小的 LPP 或二者差异不显著时，则可以推测被试已经在进行内隐情绪调节了，即他的自我保护机制在起作用了。

M170出现于刺激呈现后的170ms，M170反映了对面孔结构化成分的编码会受到面部情绪的影响。在内隐情绪调节的研究中，M170作为内隐情绪调节的指标有很强的局限性，只有在刺激是恐惧面孔时才有效（即只有在测量被试的恐惧情绪时才有效）。

人的心理自我保护机制是一个无意识过程，如果它真实存在，它就一定会有相应的大脑活动机制。经过研究者们的共同努力，利用fMRI工具，目前人们已经知道正常个体进行内隐情绪调节时（即心理自我保护机制启动时）会引起前扣带回皮层（anterior cingulate cortex，ACC）、腹外侧前额叶皮层（ventrolateral prefrontal cortex，VLPFC）、腹内侧前额叶皮层（ventromedial prefrontal cortex，VMPFC）这几个区域的血氧含量的变化[73]。前扣带皮层（ACC）位于大脑额叶的内表面，与认知和情绪调节密切相关，而杏仁核主要与情绪评价有关。腹外侧前额叶皮层（VLPFC）也是内隐情绪调节过程中被研究者关注的一个区域，VLPFC主要是在威胁刺激的认知评估中起到重要作用，用来抑制皮下结构（例如杏仁核）。除了VLPFC以外，另一个被广泛研究的区域是腹内侧前额叶皮层（VMPFC），有研究发现，这一区域与人的无意识情绪调节过程有关。现在一些研究发现内隐情绪调节的脑区激活可能具有单侧化特点，发现右脑在内隐情绪调节过程中扮演着重要角色[74]。内隐情绪调节脑神经活动的这一特点也比较符合目前有关大脑分区的研究，一般认为，从功能上来说，大脑右半球的重要特点是更多地处理情绪等具有无意识或自动化特点的心理现象；左半球的重要特点是处理认知等具有有意识或有目的特点的心理现象。

（三）心理自我保护机制发生作用的方式

目前较有系统的研究主要包括两种。

1. 内隐认知重评。认知重评是一种重要的外显情绪调节策略，那么认知重评是否也同样发生在内隐情绪调节中呢？这一问题的实质其实就是能否让认知重评在无意识情况下顺利进行。研究者摩卡贝尔（Mocaiber）等设计了一个非常巧妙的实验验证了这一问题[75]。他们在实验中使用一些残缺的消极图片来引起被试的厌恶反应，而被试被分为两组：一组被试被告知图片中的情景是虚拟的（简称 F 组），另一部分被试被告知图片中的情景是真实存在的（简称 T 组）。研究者将这些图片当作干扰物，被试的主要任务是判断图片周边的木棍摆放的方向是否一致。结果发现：（1）被试被告知图片是真实存在的条件下，厌恶图片相比于中性图片导致了被试判断的反应时变长，说明厌恶图片会干扰认知任务的进行，占用了被试的注意力资源；（2）被试被告知图片是虚拟（假）的条件下，被试对于厌恶图片和中性图片的反应时差异不显著，说明被试对厌恶图片进行了内隐认知重评，所以厌恶图片不会干扰 F 组被试认知任务的进行；（3）将 T 组和 F 组进行比较，T 组被试面对厌恶图片时，任务的反应时大于 F 组。这一实验结果巧妙地证实了 F 组被试确实存在内隐认知重评（这些被试自己没有意识到自己发生了认知重评）。后来的多个心理学研究都表明，人真的存在内隐认知重评，它和外显情绪调节的认知重评可以发挥相似的作用，但在减少消极情绪的主观体验方面，无意识的内隐认知重评不如有意识的认知重评有效，但在相关的生理活动方面，二者产生的生理变化基本是一致的。

2. 情绪标签。情绪标签是指对情绪刺激或情绪刺激所引发的反应进行言语表达或命名（既可以直接说出来，也可以在心中默默地说），即将情绪感觉诉诸言语。情绪标签过程其实包括了自我反思自己当前的情绪状态，然后用言语表达出自己当前的情绪状态，没有任何有意识改变自己情绪或认知的尝试。如生活中有些人在将自己正在体验的焦虑情绪感受表达出来之后，其内心焦虑情绪的真实感受会因此而变小一些。早期曾有心理学家质疑情绪标签不是一种情绪调节形式，认为根据情绪调节的定义，情绪标签缺少减少情绪体验的意图，也没有意识到情绪体验减少的发生，其实情绪标签的这些特点正好符合了内隐情绪调节的标准，是一种认知方面的内隐情绪调节策略。有研究发现[76]，与观看普通情绪唤醒图片相比，对情绪图片进行情绪标签，能显著减弱被试情绪的主观反应：既能减弱消极刺激引起的消极情绪反应，也能减弱积极刺激引起的积极情绪反应。通过对情绪标签、认知重评和注意分心等几种情绪调节方法进行对比，发现情绪标签能产生和认知重评、注意分心等差不多的效果，即情绪标签确实有情绪调节的作用，但被试自己在这一过程中却没有意识到情绪标签的作用。这意味着当个体感受到了自己正在体验的情绪并对它进行命名或表达时，这种情绪体验的强度就会因此而减弱。生活中这样的例子很多，许多人在面临了消极事件后经常会自言自语说明一下自己现在的心理状态或情绪状态，如“糟糕，我现在的心情糟透了，不能一直这样持续下去的”或者“我最近的这些状态好像有点兴奋过头啊”，这一过程其实就是人的心理自我保护机制在起作用的一种方式。

一般认为，虽然情绪标签行为本身可能需要一定的认知资源，如用言语表达或命名就需要一定的认知资源，但是就这一形式所起到的调节情绪这一过程而言，它是无意识、无意图的过程，是一种内隐情绪调节形式，因而它也是心理自我保护机制的一种方式。

除了上述这些方式之外，还有习惯化训练也是一种心理自我保护机制的有效方式，如研究者让被试接受外在的认知重评结构化训练，使之成为被试的一种生活习惯，这样被试在以后面对类似刺激时就会自动产生认知重评策略而不需要花费意志努力。这实际上是一种将外在的有意识的调节方式内化成个体无意识的、自动调节方式，这种内化后的模式也是非常可靠的，因为当认知重评作为一种外在调节方式时，它需要个体一定的认知或注意资源，甚至需要个体一定的意志努力，但当它转化成为一种自动化的习惯之后，就不再需要注意资源或意志努力了（就如你学会了骑自行车之后，一跨上车就能自动保持平衡向前骑了，而不用再去思考如何踩踏板、腰部如何保持平衡等）。这一过程也正是心理学所要完成且能够完成的一大任务：帮助人们学会认知重评，并把这种方式内化为自己的一种自动化心理操作。心理学就是要帮助人们不断地把外在的应对模式内化成个体内在的自动化模式，这样就扩大或丰富了个体的内隐情绪调节方式，从而提升了个体的自我心理保护能力。

所以，从一定意义上说，人们学习心理学的过程其实就是在不断提高自己的自我心理保护能力的过程，因为当人们学习了心理学方面的有关知识之后，就会在面对自己所体验的一些消极情绪时更敏感，更能够标签它，同时也会使人们有更多的应对方式。这一过程丰富了人们的心理自我保护机制的工作方式，从而直接提高了人们的自我情绪保护能力。如同医生一样，医生由于有了更多的医学和病理学方面的知识，一般对不健康的生活方式、不良嗜好、不良生活习惯等比较敏感，因而他们的身体自我保护能力也相对会更高一些。

2004 年发表在《通用精神病学文献》（*Archives of General Psychiatry*）上的一项心理学研究更是表明[77]，人的心理自我保护机制不仅能自动对外在的消极影响采取行动而使自己免受伤害，它甚至还会自动修补自我人格上的一些缺陷。该研究对 240 名被试进行了四年的追踪研究，尽管在这一过程中这些被试没有接受任何的心理治疗或其他任何形式的心理帮助，这些被试原先所具有的一些不好的人格类问题（如过度自恋和反社会）随着时间的推移都得到了不同程度的减轻，其减轻的速度大概是年均下降 1.4%。当然，在这一过程中要没有突然的意外打击或一些重大的失败事件的发生。

二、既然有心理自我保护机制为什么还会产生心理问题

既然每个人都有心理自我保护机制，那为什么还有人会产生心理问题呢？这是一个很有趣且十分复杂的问题，很难一下子说清楚。简单来说，这是因为人的自我保护机制在起作用时会受到许多其他因素的干扰和影响，因而保护机制的功效就会出现因人、因事、因时、因地而异。或者说，自我保护机制是在一定条件下才能起作用，在另外一些条件下，人们的心理自我保护机制可能就不起作用了（即心理自我保护机制所起的作用力太小而不能改变个体当时的情绪状态），人当然就会出现心理问题 。

心理自我保护机制受个体差异和情境条件的影响。人人都存在差异，这种差异既体现在个体的外在形态上，也体现在个体的内在人格特征上，对心理自我保护机制起影响的主要是人格特征差异而不是外形差异。人格按照不同的标准可以有很多的分类，如内倾型和外倾型人格、大五人格、A 型和 B 型人格等。库勒（Koole）在其研究中发现[78]，总的来说，行动导向（action orientation，这种人在生活中一旦明确了目标之后能迅速采取行动来达到自己的目标，即通常所说的行动派）类个体比状态导向（state orientation，这种人对自己要达到的目标或情绪状态反复或持续不断地思考而不是立即采取行动，即通常所说的理论派）类个体更容易进行反向加工（即自我心理保护的能力可能相对要大一些）。

这两种人在具体的情境条件下的表现也不一样，在高要求的情境条件下，在面对消极情绪启动时，行动导向的个体比状态导向的个体表现出更差的情绪启动效应，即在高要求下不太容易受坏情绪的影响；在积极情绪诱导中二者不存在显著差异，即两者都很容易受好情绪的影响。而在放松环境下，面

对消极情绪启动时，行动导向的个体比状态导向的个体表现出更好的情绪启动效应，而在积极情绪中两者之间无显著差异。这些结果说明，行动导向的个体更有效地进行了内隐情绪调节。根据人格系统交互作用理论，行动导向的个体在情绪控制方面更高效，是因为他们在大脑的执行功能和情绪系统之间发展了更强的联系，这些联系不依赖于外显的意识而形成内隐情绪调节[79]。

心理自我保护机制的功效还受个体当前体验到的情绪强度的影响。一方面，人的心理调节过程是一种对情境或者动机需求的适应性反应（通过修正外在的情境或内在的动机使自己适应当前的状况），只有当个体在追求目标的过程中出现困境时（如由于面临挫折、失败和成功等外在刺激所导致的情绪体验过大时），才会自动激发心理自我保护机制来调节而达到目标。即在这一过程中，情绪的反向调节过程只有在激起一定强度的情绪体验时才会被自动激活[80]，也就是只有当目前体验到的情绪强度超过了一定的阈限值时，才能激起自动的反向调节来平衡当前的情绪状态。例如，当回忆一个远期情绪性事件时，该事件已经变成一个既定事实，不能激起当前较强的情绪体验，所以就无法激活自动的情绪调节过程。另一方面，如果外在刺激所造成的影响太大了，超出了心理自我保护机制的能力范围，心理自我保护机制的作用也会消失（这时候个体的心理自我保护机制也在起作用，但作用力太小了，不能改变个体当前的心理状态），人们就需要外力帮助来使个体提高其心理调节能力。

而这一切变化的规律似乎和认知的最近发展区理论有相同的地方，心理也存在一个情绪变化的最近发展区。从结构上来看，个体的情绪根据平衡强度的大小可以划分为四个区域，分别是原始状态区（zone of primal fettle，简称 ZPF）、自我防御区（zone of self defense，简称 ZSD）、外力援助区（zone of outer help，简称 ZOH）和崩溃区（zone of breakdown in emotion，简称 ZBE），其具体如下面图 2-1 所示。

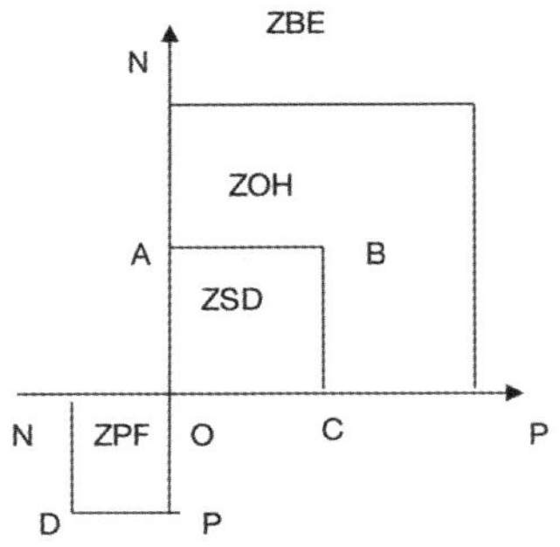

图 2-1 平静状态下个体情绪的最近发展区分布图

（注：其中 N 代表 Negative，P 代表 Positive）

原始状态区（ZPF），每个人生下来都有从父母那继承的一套神经构造类型，这种神经构造类型形成了人最早的情绪特质，这被称为情绪的原始状态区（类似于一个人的气质结构一样）。情绪的原始状态区主要由先天的神经构造组成，是人类进化的结果，处于最稳定状态。从功能上说，个体的原始情绪属于生存性情绪，也就是说情绪的原始状态区是人类在进化过程中为了获得生存、依据自然选择原则而保留下来的。

如果按特质类情绪的性质和强度的不同来对人进行分类，就可以根据原始情绪性质和强度的不同而将人分为三类：第一类是平静状态类个体，这类个体的情绪状态正好处于对角线 OD 上（见图 2-1），其情绪特点是积极与消极倾向的强度大致相当；第二类是偏消极状态类个体，这类个体的情绪状态处于图 2-1 对角线 OD 的左上方区域内，其情绪特点是积极倾向强度相对小于消极倾向；第三类是偏积极状态类个体，这类个体的情绪状态处于图 2-1 对角线 OD 的右下方区域内，其情绪特点是积极倾向强度相对大于消极倾向。但不管是什么状态，这个时期的个体的情绪状态是一种稳定结构，是人适应社会生活的基础，就好比人生下来会有高矮胖瘦，是进化而来的稳定结构。

自我防御区（ZSD），随着个体不断接触社会而会派生出一个新的情绪区域，被称之为自我防御区。一般情况下，出生后的个体都要和社会（包括人类社会和自然社会）接触（接受外在积极或消极事件的刺激），这种接触就会导致个体的情绪出现变化，从而由原来的稳定状态而出现不稳定，但人天性上有一种回归稳定的要求，这种回归力会促使个体通过各种调节活动使自己的情绪重新接近其先前的稳定状态。不过，总的来说，自我防御区内情绪的不稳定的强度相对比较小（即外在的积极或消极刺激所引起的情绪与其平衡状态时的情绪之间的强度落差不是太大），个体达到重新稳定需要做出的情绪反应相对较小，这一阶段回归稳定的过程主要依赖人的心理自我保护机制的作用。如生活中人们经常会碰到开心或不开心的小事，但不久之后，人们的情绪就又会自动恢复到早先的稳定状态，这就是人的心理自我保护机制起了作用。

外力援助区（ZOH）。外力援助区是在自我防御区基础上派生（derive）出来的，是由于外在刺激所导致的情绪与个体原有的稳定情绪状态之间的情绪落差更大了，即个体的不稳定强度更大了，个体的自我保护机制在这个时期已经不能起作用，而是需要借助外在力量（如专业人员、专业设备等）的帮助才能实现新的平衡，所以称之为外力援助区（Zone of outer help），这一区域是一个有意识的情感作用区。如果一个外在刺激所造成的情绪不稳定强度超出了个体的自我防御区而落在了外力援助区，个体已有的自我防御区就会因受力过大而发生解构，见图 2-2 所示的 $A_2B_2C_1O$ 区域（外在消极刺激所导致的消极情绪影响）和 $A_1B_1C_2O$ 区域（外在积极刺激所导致的积极情绪影响）。其中 A_2、A_1 表示纯消极情绪刺激和纯积极情绪刺激，B_2、B_1 则表示的是一种综合情绪刺激，但 B_2 的消极成分大于积极成分，而 B_1 的积极成分大于消极成分。个体天性上一定会倾向于重新回归稳定，但由于个体已经不能依靠自身的心理保护机制来自动达到稳定（因为个体原来的自我防御区已经处于解构状态，失去了自我建构能力），所以个体只能借助外在力量的帮助来重新恢复自己原来的稳定状态或重建一个新的稳定状态。外力援助区消极一端以个体所能承受的最大打击而不至于出现情绪崩溃为限，同样的，积极的一端也是以个体所能承受的最大快乐而不至于出现情绪崩溃为界。也就是说，只要外在刺激所造成的情绪不稳定强度落在这一区域之内，不管是积极的还是消极的，即使它们都会导致个体出现一定程度上的情绪问题，也不至于使个体完全出现精神崩溃。

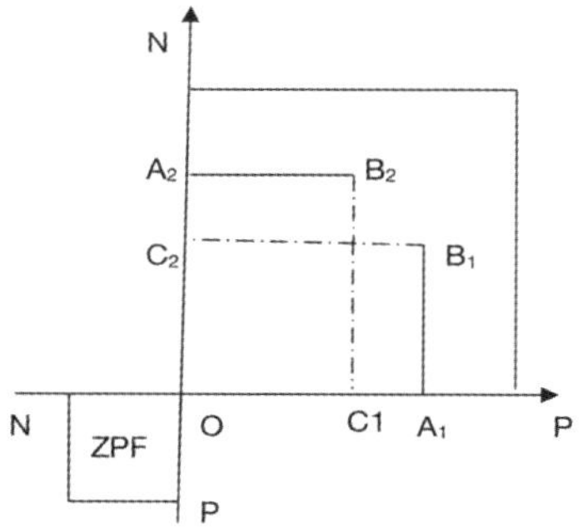

图 2-2 外界刺激状态下个体情绪的最近发展区分布图

（注：其中 N 代表 Negative，P 代表 Positive）

情绪崩溃区（ZBE）。当外在刺激所引起的情绪不稳定强度继续增大，人的情绪就会进入情绪崩溃区。个体如果受到这个区域的情绪刺激的影响，就将耗竭自己所拥有的所有心理资源，从而使自己处于混乱状态，出现各种严重心理疾病（如歇斯底里等），即人们通常所说的情绪崩溃。情绪崩溃个体的情绪稳定结构被解构了，因而失去了情绪稳定的基础，这种个体的最大特征是失去了正确或准确认知能力（包括对自我和周围的世界）。

情绪变化的最近发展区就是指情绪影响或变化存在一个最近发展区

（zone of proximal development，简称 ZPD），也就是说，个体在受到外在刺激而出现情绪问题 (emotional trauma) 时，心理学所能施加的外在影响可能具有一个特定范围。那怎样界定情绪变化最近发展区的范围呢？情绪变化最近发展区主要包括两个区域：一个是自我防御区，另一个是外力援助区。因此，情绪变化最近发展区的作用机制也就可以分为两种情况（下文均以外在消极刺激所造成的消极情绪问题为例）。

第一种情况，当一个外在消极刺激所造成的情绪问题的强度不是太大，主要处于自我防御区内，这种刺激只能造成个体出现暂时、短期的情绪波动，这时个体一般不需要他人帮助，时间就可以使个体自动恢复到原先的稳定状态，在这一过程中起作用的就是人的心理自我保护机制。人的心理自我保护机制发挥作用的过程是人自身意识不到的，因而个体的这一心理自愈过程也就基本不消耗或消耗很少的心理能量（现在也有一些研究证明，人的无意识情绪过程也会消耗少量的心理能量）。当然，强度处于自我防御区范围内的情绪变化也可以借助外力帮助来恢复原先的稳定，但这种外力帮助最终还是要通过个体的心理自我保护机制来起作用，因此，外力帮助的强度应该合适，即它的强度也必须落在自我防御区能接受的范围内。如果这时候的外力帮助太过强大（如一个人仅仅只是因为掉了五元钱而有点不开心，你却为了让他开心起来而给他一百元钱），这个外力本身就有可能会演变为心理问题源，反而会使个体出现新的心理问题（这个人到底是拿还是不拿这一百元？拿了后别人会怎样看？），也即外力起到了相反的作用。一般把这种过大外力起相反作用的现象称为过度救助（ultra-help），所以，当一个人面临一些小的挫折或失败时，他人不必太大惊小怪，否则就容易犯过度救助的错误。从以上的分析可以看出，心理自我保护机制能处理的心理问题强度主要在心理防御区内，它在一定意义上就是人的自我心理防御。

第二种情况，当一个外在消极刺激所造成的消极情绪不平衡强度（也即出现了情绪问题）处于外力援助区内时，由于这种情绪不稳定的强度足够大，它解构了个体已有的自我防御区，因此个体的心理自我保护机制就失去了作用（自我心理保护机制其实还在发挥作用，只是这种作用的力量不足以改变当时的情绪状态）。个体这时候如果想恢复其情绪状态的重新稳定，就需要借助外在力量的有效帮助，这里同样有一个问题很重要，即外在的帮助力量要合适。外力援助区内的情绪波动由于需要借助外力的帮助来恢复稳定或者重建一个新的稳定，这都是在个体意识状态下才能完成，因而要消耗个体已有的自我心理能量 (ego psychological energy)。一个人的自我心理能量是相对固定的，当一种外在影响消耗的心理能量过多，个体随后的其他活动就会受到影响，因而个体对消耗大量自我心理能量的活动天生就具有排斥力。也就是说，如果外力帮助与个体现有情绪状态之间的差距越大，个体消耗的自我心理能量就会越多，相应地，个体的反抗力也就会越强，这实际上是过度救助的另一种情况。

例如当个体受到外在消极刺激而出现了很大程度的消极情绪问题时，如果人们用相反效价的极大积极情绪来影响他，那这时候个体可能就会因要消耗较多心理能量而采取拒绝的态度，即人们的外力帮助可能会无效。反之，如果人们用相对较小的积极情绪甚至或是带有一点消极性质的情绪刺激来影响的话，个体由于只需消耗较少的心理能量而更可能接受这种外力帮助。所以，在某种意义上说，有时候去分享一个人的痛苦也是一种很好的帮助或安慰。因此，在情绪帮助过程中并不是越积极的影响就越有效，当然，也不是步子越小效果就越好，这里还存在一个效率问题。理论上说，外在心理帮助应该是情绪落差（外在刺激所造成的情绪影响和个体现有情绪状态间的差异大小）和个体自我心理能量消耗间的一个动态平衡。

一般来说，个体的心理自我保护机制主要在个体的心理防御区内起作用，但它和心理防御还有点不太一样，人的自我防御区一般不太会改变，但人的心理保护机制不是一成不变，而是经常变化的，特别是会随着个体经验的变化而发生变化。如当受到一个来自于外力援助区强度的情绪影响而出现了情绪不稳定之后，个体可以通过一定的外力帮助（包括专家的帮助、专用设备仪器或药品的帮助等）而使自己重新建立或恢复稳定，而在这一过程中，个体所获得的应对经验则有可能转化为个体的自我心理保护机制。也就是说，当个体以后再次面临相同或相似的情绪问题时，个体就有可能不再需要外力的帮助，而只需要依靠自己的心理保护机制就能恢复情绪稳定（所谓的心理变得更坚强了）。所以总的来说，这个社会上年龄大的人总是比年龄小的人相对有更好的心理抗压力，生活经历丰富的人比生活经历单调的人相对有更好的心理抗压力。乌立（Urry）等研究者在 2010 年的一项研究中发现[81]，老年人在情绪调节方面比年轻人能更有效地选择情境，更关注积极信息，因而能更好地调节情绪，幸福感相对也更高一点。

不过有一点需要明确：并不是个体每一次战胜不稳定情绪的经验都会转化为个体的心理自我保护机制，这一转化过程会受个体的先天情绪特质、自尊、自我效能感、先前的生活经历、外在的环境条件等多方面因素的影响，很多经验其实是不会转变为个体的心理自我保护机制，只有那些经过特殊训练而自动化了的经验才会最终成为个体的心理自我保护机制的组成部分。

当然，在少数情况下，也有反过来的情形发生，即个体的心理自我保护机制由于经受一定的外在影响而退化为需要外力援助。如当个体受到一个外在情绪刺激而出现情绪不稳定之后，尽管通过自我防御机制或者外力的帮助而重新恢复了情绪稳定，但个体却也因此而变得对这类相关刺激更敏感，即自己在面对同类或相似刺激时的自我保护能力反而降低了，这一过程就是个体心理自我保护机制的退化。

心理学在过去的研究中发现了所谓的敏化和钢化效应（sensitizing or steeling effects）。钢化效应是指先前的害怕体验、压力和逆境，使个体对今后类似消极经历的耐受性提高，所谓“见怪不怪”，钢化效应实际上就是人的心理自我保护机制因为经验的影响而得到了提升。比如说，如今社会上流行的户外拓展训练，就是通过预先的训练而使练习者获得一定的经验并使之习惯化，从而做到在真正面临各种问题时能从容应对。敏化效应是指个体先前应对的消极体验、压力和逆境等的经验使个体在今后面临类似的消极经历时变得更为脆弱，这实际上是个体的心理自我保护机制发生了退化。如生活中所谓的“一朝被蛇咬，十年怕井绳”就是最典型的例子，某些生活早期遭受过不良性伤害的女性，成年后会对男性与婚姻产生敌对情绪，这便是一种典型的敏化效应。

心理自我保护机制更主要是在情绪上对人起作用，但生活中很多人都是行为上发生问题，那心理自我保护机制是不是就对行为问题不能起作用了？心理自我保护机制是人类在长期进化过程中形成的一种机制，它对人产生的影响也是全方位的,其实当前很多行为问题越来越被证明更可能是情绪问题，例如对立违抗性障碍（Oppositional Defiant Disorder，ODD， 这是一种重要的心理障碍，主要表现为明显不服从、对抗、消极抵抗、易激惹或挑衅等行为特征）虽然是一种行为问题，但当代在心理学上更愿意把它看作是一种情绪调节异常，而不是一种单纯的行为障碍[82]。从心理学过去的研究来看，几乎所有的行为问题背后其实都涉及认知和相应的情绪问题。行为问题基本上都是涉及多个方面的综合问题，单纯的行为障碍几乎不存在，例如多动症（ADHD）是孩子多发的行为问题，但现在临床上已经把情绪调节异常作为多动症（ADHD）的核心诊断特征之一[83]，而且从矫治效果来看，从情绪入手常常效果更好，可能将更有助于对儿童不良行为的治疗。实际上，儿童的某些行为问题可能是对痛苦情绪的一种防御，人们可以引导孩子进行合适的情绪调节,而不只是将这些问题看作精神疾病或行为问题而进行药物治疗。在美国，有研究者在分析一个孩子将仿真玩具枪带到学校去的违法行为时，除了研究该孩子的心理、教育、家庭等因素外，还专门研究了该孩子的内隐情绪调节能力的缺陷（即心理自我保护机制的缺陷）[84]，结果发现恰恰是心理自我保护机制的缺陷更多地影响了这个孩子的行为。因此，有效研究并使用人的心理自我保护机制与人们的生活幸福有着密切的联系。

第 3 章

预防远比治疗更重要

“病”去如抽丝

人的心理和生理一样，都会因各种原因而产生问题（即通常所说的生病），一旦产生了问题，人的正常认知功能、情感功能和社会适应功能等都会受到很大影响，有时甚至还会危害到人的生命。如韩国著名男子演唱组合“SHINee”27 岁成员金钟铉（Jonghyun）于 2017 年 12 月 18 日被人发现死于其位于首尔的公寓中，据警察最后认定，金钟铉是在自己房间内烧炭自杀。稍早一点，美国摇滚乐队“林肯公园”的主唱歌手查斯特·贝宁顿（Chester Bennington）于 2017 年 7 月 20 日在美国加州洛杉矶家中上吊自尽，年仅 41 岁。2003 年 4 月 1 日，香港著名艺人、巨星张国荣在愚人节这天，从香港中环一家酒店的 24 层楼跳了下去，令人嗟叹、惋惜不已，时至今日，每年的愚人节仍有无数粉丝以各种方式悼念他，甚至还有少数粉丝不愿相信他已经离开这个世界的事实。以上这些明星之所以自杀，其共同之处就是心理上生了病，患上了抑郁症。

为什么心理一旦出了问题就会持续很长时间且不容易很快痊愈呢？这是一个很复杂的问题，它既涉及心理问题的症状界定、问题成因等技术操作层面，也涉及人们如何看待和对待心理问题的主观认知层面。

一、去除心理问题容易吗

心理问题一旦产生，不是人们想象得那么容易消除，原因如下。

第一，确定心理问题的症状是一件很困难的事，人们甚至经常会在这方面犯错。

什么才是心理问题的症状？很多人认为，只要一个人的行为和周围绝大多数人的行为不一样，那这个行为本身就有可能是某种心理问题的症状，这种基于经验的认识其实是不对的。因为就行为本身来说，每一个人的任何行为都是个性化的（细分之下都和其他人不太一样），即任何一个人的行为都具有独特性。那为什么有些行为就要被看作是问题的症状而另外一些行为就不会被看作是问题的症状呢？比如有一个年轻妈妈介绍说，她丈夫每天睡觉之前都要站在床上唱一首歌，不唱完一首歌绝不睡觉，她觉得她丈夫可能生了某种心理疾病。

她丈夫站在床上唱歌的行为是正常的还是某种心理问题的症状？这其实不好立即作出判断，她丈夫站在床上唱歌这一行为本身来说绝对是一个正常行为，不具有任何的问题意义，就如同你拿起筷子来吃饭一样正常，不会是什么心理问题的症状。生活中有些行为天然就含有问题意义，这是一种清晰的症状行为，人们很好辨识它，如自杀、自残、无缘无故地攻击他人等行为就天然具有问题意义，人们一看到就知道行为者可能具有某种心理问题。但生活中绝大多数看起来怪异的行为并不天然具有问题意义，要结合实际情况做出合适的判断，而这一过程有时候会十分困难，因为正常行为和异常行为之间的界线并不十分清楚。如果用一条直线来表示人所有行为的话，人们只能确定两个端点行为的性质，而在两个端点之内的行为从什么地方来划正常与否的标准就不太清楚了。

正常行为◄──────────────►症状行为

心理学家罗森汉恩（Rosenhan）[85]于1973年在《科学》杂志上发表了一项研究报告，报告的题目是《在疯狂的地方要保持理智》（On being sane in insane places）。罗森汉恩招募了8个心理完全正常的人作为自己研究的志愿者，其中有1名心理学研究生、3名心理学家、1名儿科医生、1名精神病学家、1名画家和1名家庭主妇，让他们去不同的精神病医院看病。所有的假病人们都按照统一要求在电话里和医生说了同样的指导语，来到医院见了医生后都说了同样的症状（谎言）："最近耳朵里能听到轰轰、砰砰的声音。"对医生说的其他都是每个人的真实情况（除名字之外）。结果所有人均被当作病人收入医院，并要求住院，除一人外，其他7个人都被诊断为精神分裂症。

这些人住入精神病医院之后，罗森汉恩要求所有的人不要再假装有任何疾病症状，要行为正常，并且要试图让医生相信他们已经是行为正常的人而释放他们，也就是说让这些被试要表现正常而尽快出去，不过在这一过程中每个被试都要把自己的经历记录下来以供研究之用。最终，这些假病人的住院时间从7天到52天不等，平均住了约19天。当他们从精神病医院出来时，他们的病历上都清楚标明了这些人的心理状况是"精神病恢复期"。

在这些假病人住院期间发生的一些事特别有意思。这些假病人在入院之前都曾被研究者要求把自己的经历（包括和医生的对话）记录下来，所以来到医院之后他们都要做一些笔记，但这种正常的记录行为竟被医生当作了这些人患病的另一个重要症状；甚至一些病人（包括假病人）在食堂门口等着吃饭的行为也会被当作精神病症状记录在案。更奇妙的是，当这些精神病医院的医生、护士和其他工作人员都没有发现这些人是假病人时（一次都没有怀疑过这些人可能是假病人），其中 3 个假病人所在医院里面那些住院的 35 个真病人(至少不是假装去看病的人)却不止一次地对这 3 个被试(假病人)表示怀疑，他们竟然说："你不是神经病！你是记者或者编辑，你们是来这里检查医院的。"这意味着在精神病的诊断上，精神病病人似乎要比精神病专家更权威一些，这也许是同理心在起作用吧。

研究结束之后，其中的一所诊断医院似乎对罗森汉恩的研究有异议，于是罗森汉恩就对这所医院的工作人员说，他在随后的三个月中会尝试派一位或多位假装的精神病人进入这所医院，如果医院能正确找出派来的假病人，那他就向这所医院赔礼道歉。这所医院在接下来的三个月中间严格对病人进行诊断，看每一个人是假病人的可能性有多大，并在十点量表上对每一个病人是假病人的可能性有多大进行标注。三个月之后，一共有 193 名被这所医院的至少一个以上的医生认为是假病人，但罗森汉恩却告诉这所医院，这三个月中间他实际上从没有派过一位假病人过来。这似乎意味着如果医生在主观上把标准严格一点，就会把许多真正的精神病人漏过去了，谁能确保这 193 名来医院看病的人都是假病人呢？这更能说明精神病人和非精神病人之间的界线非常模糊和不确定。

这一研究给人们以巨大的警示。第一，精神病症状的界定是一件很困难的事，会受许多因素的影响，如外在环境（是看病的医院还是日常的生活场所）、外在的要求和医生的主观态度等都会对心理问题的诊断产生重要影响，即使是专家，在一些条件下也有可能犯错，当然这也从另外一角度说明心智健全和心智不健全可能是相对的。第二，不能随便给他人贴上精神病的标签，一旦贴上了某种污名标签，人的许多正常行为就可能会成为这个标签的注脚而被曲解，这甚至有可能会使个体自己都怀疑自己。

不仅如此，有些所谓的症状本身也会随着人们认识的改变而发生变化，这更加剧了人们对心理问题界定的不确定性。比如在日常生活中，少数人会产生一种所谓的“濒死体验”（near-death experience，NDE），也即有些人会体验到的一种自己似乎能从自己的肉体之外的地方清醒地看到自己身体的特殊体验，有时也被称为“灵魂出窍体验”（out of body experience，OBE）。灵魂出窍体验的主要内容除了看到自己的身体之外，还包括如看到已故的人和一些从一般途径无法得到的东西，这一过程反复出现的明显标志包括如明亮的灯光和隧道等[86]。许多人都想知道这种体验产生的原因是什么？灵魂出窍体验是一种说起来就让人害怕的体验，包括一些研究者在内的许多人起初都认为灵魂出窍体验可能是一个重要的预测变量，即一个人有了这种体验意味着这个人可能快接近死亡了[87]（所以这种体验也被称为“濒死体验”），也就是说濒临死亡是造成这种体验的原因，这种体验甚至一度被一些人当作解释人死后有可能重新获得新生的证据。

但后来的一些研究发现这种体验在一些不面临死亡的人身上也会产生，特别是在患有某种心理疾病的人身上。于是人们开始围绕病人展开“灵魂出窍体验”的研究，但“灵魂出窍体验”并不是每一位病人身上都会出现，所以在最开始的时候，研究者只能进行个案研究，采用访谈的方法询问那些体验过“灵魂出窍体验”的病人，让他们描述在“灵魂出窍体验”出现时的情形和体验，并了解他们所患的病症，以期能找到出现 OBE 的原因。有医生发现，患有癫痫病的病人曾出现过“灵魂出窍体验”，而当病人的癫痫病治好之后，他就再也没有出现过“灵魂出窍体验”了，人们就推论 OBE 的潜在原因和机制可能是癫痫病灶。

但后来一些临床案例又发现，精神分裂症病人和科塔尔综合征（Cotard’s

syndrome）病人也会出现这种“灵魂出窍体验”体验，这样就产生了一个新的问题，癫痫症、精神分裂症和科塔尔综合征这三种病症之间在症状、病理机制等方面都不相同，“灵魂出窍体验”的出现究竟是由于这些病症直接诱发出来的，还是“灵魂出窍体验”与这些病症之间存在着一个共同的中介变量呢？

随着研究的进一步深入，一些研究者在个别正常人身上也发现了“灵魂出窍体验”，特别是一些身心健康的个体在放松、睡觉、冥想、偏头痛发作等情况下也有可能出现[88]OBE 体验，而且这种体验与身体静止不动且仰卧有关[89]。与此同时，研究者又在毒品吸食者身上发现“灵魂出窍体验”和氯胺酮（Ketamine）、大麻（cannabis）的使用之间存在正相关，即个体一生中这些毒品使用的频率越高其产生这种体验的可能性就越大，而在毒品吸食期间产生 OBE 体验的频率也会比平时不吸食期间更高。

这样，研究者就有了稳定的研究对象——那些吸食毒品的人。有研究者对一些吸食毒品后且产生了“灵魂出窍体验”的被试进行了测试。其中的一个实验很有趣，研究者给这些被试看一些人像图片，这些人像图片中的人物有些是面对镜头，另一些则是背对镜头，这些人的左手或右手会随机戴上一只手套，研究者让这些吸食了毒品的被试判断图片中的人像的哪只手戴了手套。结果发现，在背对镜头条件下的正确率要显著高于面对镜头条件下的正确率，这种情况（有时也被称为大麻效应）和正常人完全相反（所有正常人都是面对条件要好于背对条件，因为背对条件和被试当时的状态是一致的），但却与四肢瘫痪和躯体感觉丧失的病人所具有的趋势一样，这意味着“灵魂出窍体验”这种体验可能是由于人的大脑的某一个区域受到了损伤（或暂时性损伤）而造成的。一些濒死的人可能就是由于大脑的某一区域先于生命中枢死亡而导致其产生了“灵魂出窍体验”。

那“灵魂出窍体验”是不是一定要在大脑损伤情况下才能产生呢？有研究者又对这一问题进行了新的探索[90]。他们设计了一个实验，让被试在虚拟空间里产生视觉—躯体感觉一致性冲突，从而来干扰被试的自我和身体之间的空间一致性感觉。结果发现，在视觉与躯体感觉冲突时，被试就会感觉到在他们真实的身体面前好像有一个虚拟的身体在看着自己，在对自己躯体的位置定位时会错误地把他们自己定位在身体边界之外的位置，这意味着这些被试被成功诱发了“灵魂出窍体验”。随后的研究也表明[91]，当正常的被试体验到他们自己是处于一个与自己的真实身体不一样的地方时，他们就会否认这个身体是自己的，并不再把他们知觉为自己的一部分了，这个结果显示了在环境中的自我定位表征和自己身体的多感觉表征之间存在着依赖关系。在这些实验基础上，人们才发现“灵魂出窍体验”其实就是个体自身幻视现象的一种变体，并没有什么特别的含义，但这一过程却让很多人付出了多年的辛勤劳动。

另外，有一些心理问题的症状则和人所具有的一些个体差异特征混杂在一起，那就更不容易分辨。如儿童自闭症是一个严重问题，如果父母能早期发现并早期应对，这对孩子的后期恢复训练有很大的好处，自闭症越早矫治，恢复效果就越好。但自闭症在早期儿童身上不太容易发现，这是因为有些孩子天生不太爱说话或和人交往，有时候你不知道孩子不太爱说话到底是一种性格特征还是一种自闭症症状。一般认为，1~2 岁的自闭症幼儿常常具有下面这五个早期征兆：（1）经常重复玩同样的或有限的东西，如玩具、物品等；（2）叫他名字而孩子的响应较少，或者干脆不理你；（3）脸上缺少社交性微笑（见到谁都没有什么快乐的表情）；（4）平时不太爱说话和唠叨，也很少自言自语；（5）很少使用手势与人交往或表达自己的意思。如果一个年轻父母就根据以上这五条来对照一下自己的孩子的话，你可能会吓了一跳，因为好像很多自闭症的早期特征都和你孩子的行为特征有点接近，这意味着儿童自闭症的早期界定就比较困难。

不过，如果你的孩子在一周岁（12 个月）时还依然没有社会指向，比如不能清楚分辨父母和家人的身份、不能分辨简单日常用品的功能、行为常常没有目标性、不会分享微笑和其他面部表情、具有不正常或重复性的身体动作（如双腿、手臂和手的反复僵硬动作）；一岁半后（18 个月）还不会说话（包括自言自语），对与父母待在一起不感兴趣，不愿意主动吸引父母的注意力，不会和父母或家人点点头或挥手告别等，那你最好还是谨慎一点，应该带孩子去医院作一个医学评估，因为自闭症的核心是言语和社交技能障碍。

中国人好八卦明星的私生活，一个明星出轨事件可以霸占新闻头条许久（不知道这种好八卦行为本身是不是也是一种心理问题），许多人认为明星伴侣之间的这种欺骗也是一种病，并且觉得男骗女的情况更多。其实，从已有的研究证据来看，男女伴侣之间双方都会发生欺骗，男骗女和女骗男之间没有数量和质量上的显著差异，两者发生的概率差不多，大概有 40%~76% 的伴侣之间会发生欺骗（据美国的统计）。对于一些情景性欺骗，人们可能无法预料，但具有什么样人格特征的人相对更容易发生欺骗行为呢？有研究发现，具有“回避依恋风格”（avoidant attachment styles）特征的人更容易产生欺骗，具有这一特征的人感到和他人相互之间太亲密了会不舒服，不太愿意粘着自己的另一半，这些人的独立性较高。那从这个角度来说，回避依恋风格到底是一种心理问题的症状还是一个人的人格特质呢？这确实不太好分得清楚。

第二，心理问题形成的原因常常是多方面的。

心理问题的成因既有客观环境的原因，也有个体自身的原因（包括遗传、生活经历、性格等），有时还是这两个方面交织而起作用，因此，人们要想在这纷繁复杂的原因中对症下药绝不是一件简单的事。

多数情况下，人们一般认为心理问题的最初主要是应激所导致的，也即人产生心理问题的一个重要诱因是受到了应激源的影响而产生了应激。但事实上，就应激的本质来说，应激并不一定就必然导致问题，因为应激本身只是有机体的内在稳定状态（简称内稳态，homeostasis）受到威胁时出现的一种反应。

从客观刺激角度来说，外在刺激源需要达到一定的量值才会成为应激源，如果量太小（或太轻）了，即使刺激被个体知觉到了，个体也不一定就会产生应激，如看到了一条距离很远的毒蛇，不太会产生应激。现在，心理学经常在实验里人为制造应激，这些外在刺激就都相对较轻，其形成的应激后果一般很容易消除。目前在实验室情境下诱导急性应激状态的范式主要有四类，分别是：经典的冷压测试（Cold Pressor Test，CPT）、社会性评价冷压测试（Socially Evaluated Cold Pressor Test，SECPT）、特里尔社会应激测试（Trier Social Stress Test，TSST）和马斯特里赫特急性应激测试（Maastricht Acute Stress Test，MAST）。其中，社会性评价冷压刺激范式是当前心理学研究中用得比较多的，其指标相对更敏感，它是以冷压刺激测试为基础，融合了社会性评价内容，即被试将手腕浸泡在0~2℃冰水中的同时，会由一名异性主试对其表现进行同步考察，并告知被试其面部表情会被录像，之后会请专家对其表情进行分析（虚假消息），从而使个体产生应激状态。

> 应激源既包括人们生活中面临的威胁性外在刺激、突发性的重大事件等，也包括生活中的一些意料之外的大的积极刺激，如《儒林外史》里面范进突然中了举人而疯了，好在他丈人胡屠夫一巴掌又把他打回了正常。

应激无处不在，人们每天都要经历不同程度、不同类型的应激。根据应激源对机体作用时间的长短，可以将应激分为慢性应激和急性应激。慢性应激是指个体经受长期而持久的紧张状态，如患了一种久治不愈的病；急性应激是指机体受到突然刺激发生的应激，如遭受了突然的失业打击等。相对于慢性应激而言，急性应激的持续时间短、强度大。一般来说，慢性应激是由急性应激在一定条件下转化而来的，当一种急性应激随着时间延长而没有消除时，它就逐渐转化为慢性应激。

从个体自身角度来说，个体的应对能力（coping capability）、基因因素（genetic factors）等个人因素都会对应激情境下个体的表现产生影响[92]。不过在这些影响因素中，人们发现个体对待应激的主观态度不同居然也会影响应激的功效。克鲁姆（Crum）等人最早提出了所谓的“应激心向”（stress mindset）概念，是指个体对于应激本身的性质或功效所持有的信念及看法，主要分为“应激有利”心向（stress-is-enhancing mindset）和“应激有害”心向（stress-is-debilitating mindset）两种类型。具体而言，持“应激有利”心向的个体通常主要把注意力放在应激所带来的积极功效上，认为应激能够带来一些有利结果，诸如更好的活动表现成绩、更具创造性、身体更健康等。而持“应激有害”心向的个体则把注意力集中在应激所带来的消极功效上，认为应激会损害个体的行为表现和身心健康。

应激心向相当于个体对应激的一种信念、看法，不过应激心向并不等于人们对应激的评价。对应激的评价是指对应激源是否会引起应激反应，会引起多大程度的应激反应的评价；应激心向是指对应激本质的认知，即认为应激是对人的各种活动方面有提升作用还是减弱作用，这些认知是人们评价的基础。当一个人评价某一个特定应激源（刺激）能引起应激反应时，他既可以持应激有利心向也可以持应激有害心向。个体持应激有利心向会认为应激起促进作用，经历应激会提高和发展自身的心理素质，使自己的生活变得有意义，这样当个体经历应激时，个体的主要动机就会是欣然接受应激；而持应激有害心向的个体，认为应激会发挥削弱作用，经历应激会使个体焦虑、痛苦，并影响正常机能发挥作用，这样当个体经历应激时，个体的主要动机是避免和管理应激，预防不利后果，因而个体更可能采取避免应激本身的行动。

事实上，即使从生理机制来看，应激本身就有好处和坏处，应激一方面能显著影响人的认知功能，降低了人的正确或准确认知世界的能力。处于应激条件之后，个体的肾上腺髓质（adrenal medulla）分泌的肾上腺素快速增加，下丘脑—垂体—肾上腺轴（Hypothalamo-Pituitary-Adrenal axis）中肾上腺皮质释放的皮质醇显著增加，这些激素很容易与糖皮质激素受体（glucocorticoid receptor）、盐皮质激素受体（mineralocorticoid receptor）结合，而这两种受体大量存在于大脑的海马和前额叶区域，也就是说，急性应激产生的激素会作用于人大脑的前额叶皮层（PFC），而该区域控制着人的工作记忆等功能，由此可知，急性应激一定会影响人的认知功能。而在另一方面，人在应激时分泌的激素也会进入血液之中，从而使人的心率、呼吸以及血糖水平提高以便使机体能更好地应对威胁性刺激，这时候个体的应对能力会得到一定的提升。

其实不仅仅只是应激，心理的其他方面也有类似的结果，只要改变了个体的信念，结果往往就会大不一样。例如阿隆森（Aronson）等人[93]在研究中给实验组被试观看了大脑如何在生活中建立新联结、在智力挑战任务中这种联结又如何可以得到强化等的视频，这些被试被告知他们的智力是可以改变的，会随着努力工作而得到提升，这样实验组被试就会被诱导而持“智力可塑”心向；控制组被试则被诱导为智力是不变的，即持“智力不可塑”心向。最终结果表明，实验组被试（相比于控制组）在接下来的任务测试中就取得了更好的学业成绩，活动中展现出更大的学习兴趣。相似的结论在德维克等人[94]的实验中也得到了证实，被试的信念被操纵后，智力可塑心向组被试在随后的学习上更努力、更自觉，学业成绩也得到了相应提高。

不过除了个体的主观因素对应激的功效会产生影响之外，任务的性质和难度等也会对应激的功效产生影响。在低负荷任务水平下（指相对比较容易、比较轻松的任务），应激对任务完成的质量或效率没有什么影响，而在相对较高负荷任务水平下（任务难度比较大、需要较多的认知资源参与），应激就会影响工作的效率和质量。所以对个体来说，当你发现自己处于应激状态时，就不要去尝试做那些困难任务，而应该去选择做一些相对比较轻松、有趣的任务，应激对你生活的影响就会相对较小一些。

第三，心理问题常常伴随着生理问题，这加剧了去除问题的难度。

人的心理问题一旦形成了，其实也就是定型化了，这种定型化意味着人在生理和大脑神经系统上也发生了一些相应改变，因而要想重新恢复原来的状态就会非常困难。从一定程度上说，人的神经活动影响或决定了人的行为，但人的外在行为也会在一定程度上重塑人的神经元结构或通道，这种环路通道或结构一旦形成，要想改变就会很复杂和艰辛。

自从麻省理工学院的研究者 2012 年在《自然》杂志[95]以及随后在其他杂志上发表了一系列有关重塑记忆的研究报告之后，他们就成了学术界的名人，到各种高级别的学术会议上分享他们的研究成果。研究者首先让老鼠感受到冷冻的恐惧，然后寻找并标志出老鼠大脑中恐惧记忆的神经活动位置，接下来在以后的时间里只要通过特定的蓝色激光来激活这个区域，老鼠的恐惧记忆就会被重新唤起，而激活其他区域则不会产生这种恐惧感。

他们随后于 2013 年以老鼠为研究对象做了另一个类似的研究，发现老鼠在外在事件的影响下一旦形成了抑郁问题，其大脑的神经元再生就变慢了，这代表老鼠的心理变化和其生理变化基本上是同步的。而如果激活老鼠的快乐记忆，就可以让老鼠脑中产生更多的新生神经元，这也缓解了老鼠的抑郁。研究过程大致如下。

步骤一，研究者首先让老鼠产生一段愉快的情景记忆，即让一只公老鼠和一只母老鼠待在一起，当它们俩开始有吃有喝并自由恋爱时，其各自的大脑就会开始制造快乐。当它们制造快乐时，研究者通过某种生物加化学的特别技术让正在制造快乐的神经细胞发出某种颜色的光，于是就知道了哪些神经细胞是负责制造和储存这段快乐记忆的。随后研究者把蓝色激光开关接到公老鼠的这些神经元上，这时候只要发射蓝色激光，这些神经元就会被激活，公老鼠就会回忆起他和母老鼠之间的快乐时光。

步骤二，让这只公老鼠变得抑郁。研究者把这只老鼠关在一个黑暗且狭窄的小管道里，让它自由的需求得不到满足（接受挫折和失败），要不了多久这只老鼠就抑郁了。老鼠抑郁一般有两个特征，一是倒着挂起来后不再挣扎，没有了求生的欲望；二是对以前爱吃的东西也不太想吃了，当然也包括不想谈恋爱了，对母老鼠不感兴趣了。

步骤三，研究者打开之前植入的蓝色激光开关，把老鼠之前快乐记忆的那部分大脑神经元激活，这时这只被倒吊着的老鼠居然开始挣扎，这意味着本来变得抑郁而没有生活积极性和主动性的老鼠又开始积极求生了，出现了明显的生活热情。研究者发现，一开始这种治疗效果只是短暂的，蓝光开一下，这只被倒吊着的老鼠就反抗一下，蓝光没有了（即老鼠的那部分神经元不被激活了），被倒吊着的老鼠就又不挣扎了。但如果连续对老鼠那部分神经元进行“蓝光激活”5天，研究者发现，5天的治疗效果可以持续24小时。也就是说，这只被蓝光持续激活了5天的老鼠在随后的24小时内假如再被倒着吊起来，即使不打开蓝色激光去激活老鼠的那部分神经元，它也会出现挣扎行为，即抑郁行为缓解或消除了。这似乎告诉人们，如果能激活过去生活中的快乐记忆，就会显著减轻抑郁，而且这种减轻的效果有可能是长久性的。研究者还进一步发现，激活老鼠的快乐记忆，可以让老鼠大脑中产生更多的新的神经元，这代表大脑的发展速度变得更快了，加快了新陈代谢，从而能帮助人们更热情、更积极地享受生活。

研究者在这个实验中还额外设置了一个对照组，另外一只经历同样抑郁处理的倒霉老鼠不是用蓝光来激活那部分神经元以便唤醒其过去和母老鼠的美妙记忆，而是当公老鼠很抑郁地被倒着吊在那里的时候，在笼子里放进那只曾经与他在一起制造快乐的母老鼠，试图通过重新制造快乐体验（或用刺激唤醒记忆）来让这只公老鼠摆脱抑郁，但结果失败了。这说明一旦抑郁之后，这只老鼠曾经的最爱也激起不了它的兴趣，也唤不回来它曾经的努力和积极。

2015 年，世界著名的美国《临床精神医学杂志》（*Journal of Clinical Psychiatry*）发表了一篇很有代表性的元分析研究报告，研究者在回顾了 29 项已经公开发表的有关抑郁研究的成果后发现[96]，抑郁症不仅是心理疾病，同时还伴随有各种生理健康问题，例如多个研究已经发现抑郁会影响人身体的排毒功能等。总的来看，一个人一旦患上了抑郁症，那他就更有可能患癌症、心血管病以及突发性早逝等身体疾病。所以抑郁是一种系统性疾病，会影响整个人，包括人的身体和心理。

二、提升或恢复正常生活功能与去除问题同样有效

心理问题的症状难确定，那心理问题的去除（治疗）又怎样呢？其实心理问题的去除就更难了，这是因为形成心理问题的原因非常复杂，而且许多问题属于综合问题，是多方面因素综合影响的结果，要想去除已经形成的心

理问题（即心理治疗）因而就特别困难。而且多数心理问题还伴随着生理问题，这使心理治疗难上加难。2018年2月有一个来自《实验医学杂志》(*Journal of Experimental Medicine*）的好消息，阿尔茨海默病（俗称的老年痴呆症，是老年人常患的一个比较严重的心理问题）首次在老鼠身上被逆转了，这增加了一种对抗这种疾病的药物的希望。研究者减少老鼠大脑中一个关键酶的水平（BACE1）就能减少淀粉样斑块（amyloid plaques）的水平，而淀粉样斑块则与老年痴呆症紧密相连，人大脑中淀粉样斑块越多老年痴呆症状越严重。这一操作过程最终使老鼠的大脑完全摆脱了淀粉样斑块的缠结，老鼠的认知能力得到了显著性改善，这是科学家第一次能够清除这些蛋白质缠结的大脑。但问题是这一过程要施加到人的身上，还需要漫长的等待，因为人是比老鼠更复杂的一个系统，必须要小心评估其安全性。

从过去心理疾病的实际治疗情况来看，一旦患上了心理问题，心理治疗中相当一部分的疗效其实是安慰剂效应，大概至少有35%左右的病人在吃了安慰剂后会获得满意的缓解，也就是说三个病人中至少就有一个是因为吃了安慰剂才好的。就以对人类心理健康影响最大的抑郁症来说，有人对抑郁症治疗的实际数据进行了分析，对常用的抗抑郁药氟西汀（prozac）进行了研究，发现这个药所具有的安慰剂作用大约是药本身效果的两倍[97]。安慰剂（placebo）早先在医学上一般指由本身没有特殊药理活性的中性物质如乳糖、淀粉等制成的外形似药的制剂，然后把它给不知情的病人作为药吃下去而改善了病人的状况，但从广义上讲，安慰剂还包括那些本身没有特殊作用的医疗措施如假手术等。安慰剂的作用会因不同的人和不同的病症而有所差异，人们很早就在药物的使用上发现了它的作用，因而有关药物疗效一般都应该要考虑自然康复现象、安慰剂现象等。

精神病学家保罗（Paul）[98]曾把一些在公众场合公开说话会感到很焦虑

的学生随机分成三组，其中的实验组学生接受了针对这种焦虑症状的抗焦虑治疗，即吃抗焦虑的药物，而一个阶段（两年）之后有 85% 的人得到了明显改善；第二组学生被告知也是吃的这种抗焦虑的药，但实际上只是给他们吃小苏打胶囊（假药），这一组学生有 50% 的人得到了改善；第三组学生则不接受任何的治疗，两年之后大概有 22% 的人得到了明显的改善。这一研究表明，大学生在公众场合表现焦虑这一问题的自然康复率是 22%，安慰剂的作用为 28%（50%−22%），抗焦虑药的作用为 35%（85%−50%）而不是人们通常认为的疗效达到了 85%。实际上，就严格意义上来说，心理治疗的所有疗效都应该用这种严格对比法来进行验证。

在中国曾出过一件非常荒唐的事，即“鸡血疗法”，从公鸡（特别是身强力壮的小公鸡）身上抽出新鲜的鸡血，然后不经过任何处理就直接注射到人的肌肉中。这种行为说说都可怕，可在二十世纪六十年代的中国的许多地方（特别是上海地区）风靡一时，一时间，神州大地的许多医院门口，大群大群的人每人怀里抱着一只公鸡排着长队，等着医生帮他们打鸡血。据说打鸡血可以治疗的疾病包括：高血压、偏瘫、不孕症、牛皮癣、脚气、脱肛、痔疮、咳嗽、感冒等，而且据说没病的人打了鸡血之后会精神健康、心情乐观、视力增进、抵抗力强、不怕冷、性欲旺、睡眠佳、大便畅等。这在现代医学看来简直是荒诞的事，但怎么就会有那么多人相信呢，甚至包括当时的许多高级领导人都相信，这实际上就是安慰剂效应。鸡血当时是由护士直接注射到人的肌肉组织，而不是静脉血管，所以一般不会有太严重的后果，因为鸡血是异种蛋白，一旦进入人的体内就会让人体免疫系统开始出现排异反应，从而导致人的皮肤发红、心率加快等排异症状。这种排异反应被很多人知觉为自己精神的改善，从而坚信打鸡血对自己的身体是有效的。人的这种排异反应会因个体差异而有所不同，有些人可能没事，而有些人却会出现休克或死亡，如果碰巧有些人因自身免疫系统的功能强大没有出现休克或死亡而同时其某些问题也碰巧好了，这就使打鸡血这种行为以讹传讹。其实类似的现象在中国一些地区目前仍然存在，如香灰治病、仙水治病、把煎中药后的药渣一定要洒在路中间（据说药渣只有让万人踩踏了，那么药的效果才会更好）、猪牙治病等许多民间偏方。

安慰剂甚至可以强到让人上瘾，也就是说，有些人必须通过吃安慰剂才能健康地生活下去，不吃却反而会生病。美国曾有两个心理学研究者做过这样一件事：他们在电视上做了个广告，说他们经过多年的研究发明了一种重要的心理治疗方法“清晨击头治疗法”，宣称每天早晨起来用他们特制的、经过医学测试的橡胶槌敲打自己的头部十分钟，就会一天精神百倍、神清气爽。这种槌子不能在商店里买到，只能到他们指定的地点邮购，10.95 美元一个。结果发现，要不了多久时间，不光有许多人买了，还有许多人患上了“槌子综合征”，也就是说，如果这个人每天早晨敲打自己的头 10 分钟可能没什么事，但如果哪天早上忘记敲打了，那这个人的这一天就会很难受，这意味着这些人已经对橡胶槌敲打头部上瘾了。后期在两个心理学研究者主动说明了“橡胶槌敲打”只是一项心理学研究、所谓能达到的什么疗效都是骗人的真实情况之后，依然有许多人不愿意相信“清晨击头治疗法”没有效果，甚至还有许多人怀疑这两个研究者是因为受到了美国政府的迫害而被迫说“清晨击头治疗法”无效。他们主动写信来告诉研究者他们愿意出来作为证人来证明“橡胶槌敲打”真的是一种有效的心理治疗法，因为这种方法确实治好了他们的许多疾病。

为什么安慰剂会起作用呢？主要有三个方面的原因，第一个最重要的原因是人本身具有很强的自愈能力，人在进化过程中形成了强大的免疫系统，它才是对付各种疾病的最重要武。其次是人的心理体验本身具有不确定性，人对于自己现在的感受到底怎么样其实是说不清楚的，每个人都会被自己的感觉所欺骗，即多数时候你说不清楚自己内心的真实感觉。第三个原因是人要为自己的行动或行为找到一个合理的理由，人一旦做了某种行为，就一定会为这种行为进行辩解或寻找其合理的理由，如自己报告说这个行为无效则有可能会被他人或社会认为愚蠢，从而威胁到自身在这个社会中的存在和发展。如一个女孩子买了一种滋养皮肤的化妆品，一旦她买了并使用后，即使没有什么大的效果，她多数情况下也会告诉其他人，这种化妆品效果不错，以此来显示她之前购买这种化妆品的行为比较聪明和理智，因为如果她告诉别人说这种化妆品效果不好（或没有效果），那她就有可能会遭到其他人的贬低性评价，而这对她在这个社会的生存和发展等都是个威胁。

即使药物真的对心理疾病产生了效果，但这种效果并不总是正向作用，多数情况下，药物都同时伴有一定的负向作用，也许在治好了一种疾病的时候却又不经意间导致产生了另一种心理或生理疾病。雷特纳（Ratner）等人于 2018 年在《行为学和脑科学政策透析》（*Policy Insights from the Behavioral and Brain Sciences*）杂志上发表了一项回顾性研究，他们发现像布洛芬和对乙酰氨基酚（在美国俗称泰诺 Tylenol，而在其他地方叫扑热息痛 paracetamol）这样的经典止痛药对降低人们的各种疼痛很有效果，这些药在世界各地很风靡，属于非处方止痛药。但这些药在降低了人们的疼痛的同时也会降低人们的同情心、减弱人们的情绪强度并改变人们处理信息的方式。研究者发现，这些药也可以用来进行心理治疗，当女性服用布洛芬和对乙酰氨基酚时可以降低由受伤害所带来的痛苦，如被友人或男友背叛而引起的痛苦等，但这种药也同时让女性变得更麻木，阻断了正常的情绪表达。

再以抑郁症为例，抑郁症对人有巨大的负作用，由西班牙格拉纳达大学（UGR）领导的一个国际性研究团队开展了一项国际合作研究，他们首次系统地证明，抑郁不仅仅只是一种精神疾病，它还会导致人产生氧化应激的显著改变，它应被视作是一种全身性疾病，因为它影响到了人的整个机体。该研究在回顾了29项重要的心理学研究成果后发现[99]，抑郁症不仅是心理疾病，还会影响人的生理健康，例如身体的排毒功能等，这导致抑郁症患者更有可能患癌症和心血管病甚至早逝，所以抑郁其实是一种系统性疾病。但对于这样一种严重影响人身心健康的心理问题，人们对它的治疗其实可以用束手无策来概括（多数治愈的可能是安慰剂作用），而且治疗的背后可能有一连串的副作用。

抑郁的机理到底是什么？《神经科学和生物行为评论》（*Neuroscience & Biobehavioral Reviews*）2015年刊登了安德鲁（Andrews）等人的一项研究，50多年以来，人们（包括专家和普通人）一直认为抑郁症可能和大脑中较低的血清素（5-hydroxytryptamine）水平有关，最常用的抗抑郁的药如氟西汀（Fluoxetine）、帕罗西汀（Paxil）和舍曲林（Zoloft）都是为了提高大脑中的血清素水平，但事实上，最新的研究发现，抑郁症其实可能正好相反，抑郁症和大脑中较高的血清素水平无关，也就是说，人们50多年来治疗抑郁症的方向搞错了，而且更严重是有可能正好搞反了。

但不管是大脑中的血清素水平高了还是低了才导致抑郁症的，至少说明了血清素和抑郁症有关系。血清素是一种古老的化学物质，是体内产生的一种神经传递物质，存在于一些植物和菌类中，一些如色氨酸（一种氨基酸）、Ω-3脂肪酸、镁和锌等都可能参与合成血清素。血清素密切地调节着人许多不同的生理过程，会影响人的胃口、内驱力（食欲、睡眠、性）以及情绪等。如果从控制或调节血清素的角度来治疗抑郁症，尽管方向可能是对的，但当人们用一些化学的方法有意识地干预血清素在人大脑中的变化时，至少从进化论的角度来看，这肯定也会在另一方面对人造成一些伤害。

从现在已有的一些抗抑郁的药来看，抗抑郁药可能弊利共存，有些时候还有可能弊大于利。根据 2012 年的一项研究综述[100]，就抗抑郁药物对人全身的影响来看，虽然抗抑郁的这些药物可能有效地缓解了个体的抑郁症状，但它们同时有相当大的副作用，这些副作用主要包括：有可能导致了性刺激和性功能问题（这些药物也会影响男性精子的发育），有可能导致便秘、腹泻、消化不良和腹胀等消化问题，有极大可能导致影响儿童生理正常发育和生长的问题，还容易加剧老年人中风和异常出血的问题。更有三项研究直接表明服用抗抑郁药的人死亡率反而相对更高，一项研究甚至发现抗抑郁药可能增加了个体 33% 的死亡风险。所以人们在治疗抑郁症时就需要考虑这些药物所带来的负面影响，当然这些负面影响可能与其潜在的有益效果是相关联的，但一定要衡量一下这些负面清单的影响是否超过了这些药物所带来的益处。

所以，尽管人们已经在临床上有多种对抗抑郁的办法（包括药物），有些方法甚至已经显示出可以有效改善抑郁状况，但实际上，到今天为止，人类可能还没有找到真正消除抑郁的有效方法，有点悲观地说也许永远也不一定能找到。世界最著名的医学期刊《柳叶刀》2018 年上的一项研究表明，多数治愈的抑郁都有可能回复到原来的状态，研究对目前比较流行的持续对大脑进行磁刺激来消除抑郁的方法进行了跟踪，其方法主要是研究者对抑郁患者的大脑进行持续 3 分钟的磁刺激（repetitive transcranial magnetic stimulation 简称为 rTMS，是通过改变磁场而使电流在大脑的一个较小区域流动，是临床常用的治疗抑郁的一种方法），一般都可以减轻患者的抑郁症状，但在绝大多数情况下，这种改善只是一个短期效果，患者在一定条件和一定时间之后又会还原到原来抑郁的状态。

现在心理学领域的多数人认为，心理治疗既是一门科学，也是一门艺术，或者说是用科学的壳包着很多艺术性明显的内容。从这一角度来说，人们面对心理问题或疾病，并不只有“治愈它”这一条路或一个方向。心理治疗也可以建立在帮助有心理问题的对象在不良心理状态下如何发挥其正常心理功能上，即建立在培养个体固有的积极品质和积极力量的基础上。心理健康的目的在于发挥人正常的认知或生活功能，所以，人们在面对心理问题时，或许可以采取忽视问题而把工作重点放在培养其正常生活和发展的能力上的策略。

冬季奥林匹克运动会有一个项目叫冬季两项（Biathlon），这一项目由越野滑雪和射击两种不同特点的项目结合而成，它要求运动员身背专用小口径步枪，每滑行一段距离进行一次射击，最先到达终点者即为优胜者。成年组一般要越野滑雪 20 公里，中间会有不同姿态的 4 次射击。如果运动员在射击时脱靶一发（没有击中目标），就必须额外在场地上比别人多滑雪 150 米，这对比赛成绩是致命的。射击的要求大概是要求运动员能射中 50 米开外的一个高尔夫球，平时经过训练的人基本都能达到，但在越野滑雪之后，精疲力竭、浑身湿透不舒服且有极大压力的情况下，必须射中 50 米开外的靶子目标，这对运动员是一个挑战。不过，从过去几届冬奥会的实际来看，那些经过训练的运动员基本都能命中目标，这说明人在训练之后，即使在生理极端困苦状态下也能达到平时的正常水平。那心理健康为什么不学习一下冬季两项呢？通过一些特殊的训练来帮助人们在某种困苦状态下依然能表现出正常的心理功能（包括认知功能、情感功能）和社会适应功能等。

许多国家军队的特种兵训练也是如此，训练者总是有意地给学员设置各种险恶的情境使其忍受折磨，如缺乏食物、没有合适的工具、让其身心疲惫不堪等，然后要求这些特种兵们这时候能够表现出一个士兵应有的正常能力——把敌人一枪毙命。许多特种兵经过刻苦的训练之后基本都能达到这个要求。所以，在对待心理疾病这个问题上，人们也许不应该完全把重点放在消除其已经具有的不良心理状态本身（因为从目前来看也许还没有有效的办法来消除导致这些问题产生的根源），而是要放在如何帮助人们有效处理自身的不良心理状态（如抑郁等），并使自己处在这种状态时仍能很好地表现出正常的心理功能。

人在自己身心正常时表现出正常的认知和情感等心理功能并不稀奇，这只不过是人展现了自身的一种自然属性。帮助人们在自己面临一些心理问题时却依然能展现自己正常的心理功能，这才是心理学要做的工作。如何才能让人在困难状态时展现正常的心理功能呢？这实际上有两种办法：一种就是常规的消除问题的办法，只要把心理问题去除之后人的正常心理功能一般自然就会恢复：另一种办法则是通过培养人的积极品质和积极力量，使这些品质和力量在问题状态时依然能展现出正常的功能。

林肯和丘吉尔都是相当程度的抑郁症患者，但他俩即使在抑郁的心理状态下也能表现出勇气、慷慨、努力、正直、尽责心等积极品质，所做的贡献是世人皆知的。丘吉尔自己曾说：“我心中的抑郁就像一条黑狗，一咬住我就不再放松。”也正是因为丘吉尔的这一说法，现在人们通常给抑郁起了个别名“黑狗”，安东尼·斯托尔甚至写了一本书的名字就叫《丘吉尔的黑狗》。抑郁症摧毁了很多人，但林肯和丘吉尔却没有被抑郁症所产生的痛苦湮没和打倒，而是在这种痛苦状态下发展出了不平常的坚韧品质、创新意识和创造力，因而他们所患的抑郁症并没有影响他们成为世人铭记的伟人。

如何发展人的积极品质和积极力量呢？具体内容参见下面的“增强心理体质”这一部分。

如何预防更好

一、打心理疫苗预防

2018年发生的疫苗事件震惊全国，党和国家领导人亲自批示彻查。之所以如此轰动，就是因为疫苗有其特殊性，一旦出问题就一定不是个小问题。

疫苗是指用各类病原微生物制作的用于预防接种的生物制品，它的研制一般要花很长时间，也就是说，疫苗本身其实就是病毒或细菌，只不过这些病毒或细菌经过特殊处理之后不能复制了。疫苗是用来接种的，疫苗接种就是将疫苗制剂接种到人或动物体内，使接受方获得抵抗某一特定或与疫苗相似病原的免疫力，以产生对抗该病原或相似病原的抗体，从而使接受方获得抵抗该疾病的能力。这意味着，如果疫苗是假的（当然假也有各种假的情形，一般因为保管不善而导致的假疫苗多数意味着无效果），那接种到人身体之中后可能不仅仅只是无效果，有时甚至会起到相反的作用。

从功能上来说，疫苗大致分为两类：预防性疫苗和治疗性疫苗。预防性疫苗的接种者为健康个体或新生儿，治疗性疫苗的接种者为患者。已有事实证明，控制传染性疾病最重要的方法是预防，而接种疫苗又是最重要的预防措施，威胁人类几百年的天花病毒在牛痘疫苗出现后便被彻底消灭了。所以，接种疫苗是现代科学发展的一个重大胜利，它对保护人类健康起到了巨大的作用。

人的心理健康也是如此，心理健康最重要的方法是预防，在心理问题还没有产生之前就将它消除。心理和生理都一样，一旦产生了心理问题，治疗将是一个漫长而又艰难的过程。保持心理健康最好的预防措施是什么呢？最好的预防措施同样是接种疫苗，只不过是接种心理疫苗。所谓心理疫苗就是指把个体将来生活中可能面临的一些挫折和失败预先让个体体验，从而使他在将来一旦真的面临这些消极事件时能产生较强的抗体，从而免于被这些失败或挫折打倒。

在这里有两个问题需要明确，第一个问题，心理疫苗具体指什么？第二个问题，如何接种心理疫苗？

第一个问题，心理健康中的心理疫苗到底是什么呢？

心理疫苗其实就是人生活中会遇到的各种挫折或失败。许多人为什么会产生心理问题，最重要的一个原因就是因为生活中遭受到了挫折或失败，而且在遭受挫折或失败的过程中自己还失去了控制感。这一机制在塞利格曼早期的习得性无助实验中早已证明了。那什么是挫折和失败呢？为什么同样一件事发生在一个人身上是挫折而发生在另一个人身上又不是挫折呢？这要从人的需要说起。

人在生活过程中会产生许多需要（需要是指人意识到缺失并且有一种从缺失到不缺失的心理倾向），按照马斯洛的经典说法，人大概有五种层次不同的需要，由低到高分别是生理需要、安全需要、归属与爱的需要、尊重的需要、自我实现的需要。

生理需要是人们最原始、最基本的需要，如吃、喝、拉、撒等，这些需要关系着人的生命和生存。也就是说，生理需要是不可缺少的人的最基本需要，是人进化过程中形成的具有自我保护和种族保护价值意义的需要。安全需要比生理需要相对高一个层次，是一种保障性需要。一个人在吃饱喝足之后，都会产生人身安全、财产安全、免受不公正待遇等需求。归属与爱的需要指个体在前面两个需要满足之后会对友情、爱情产生需要，渴望得到家庭、某个团体、朋友、同事的关爱和保护等。尊重的需要指个人的能力和成绩能得到社会承认，受到别人重视，并能获得一定的社会地位和相应的待遇等的需要。自我实现的需要指个体实现自我理想、抱负，充分地发挥自己的潜力，成为心中所期望的完美形象的需要。马斯洛认为人的需要从低到高有一定层次性，但这一过程不是绝对固定不变，需要的满足过程是逐层上升，但这些需要不可能完全满足，层次越高的需要满足的比例就越低；人的行为一般由当时的优势需要决定，但有时候人也可以克服某种需要而表现出与优势需要不一致的行为。不过，各层次的需要之间互相依赖，同时存在又彼此重叠。

当然，心理学现在更愿意简单地把需要分为自然性需要和社会性需要，或者物质需要和精神需要，但不管怎么分，人的各种需要受环境、个体差异等因素影响比较大。因而当一件事情发生之后，这件事情是不是挫折或失败主要看个体在这方面是不是有需要或者需要的量有多大。比如某位老师在暑期学校校长职位调整中没有被选为校长，如果这位老师对校长这一职位没有需要或需要比较小，没有做校长这件事对他就谈不上是挫折或失败；但如果他对这一职位有巨大需要，那这一事件对他就是一个挫折或失败。所以简单来说，挫折或失败其实就是人的需要没有得到满足或者只满足了部分。

例如，有些粉丝因钟爱的明星自残或危及生命，让很多人觉得不可理喻，其实是因为这些粉丝有追星这方面的强烈需要（这也是一种社会性需要），当这种需要没有得到满足，他们就会承受巨大的挫折和失败，这些挫折和失败最终打倒了这些粉丝。追星这种社会性需要和想当官的社会性需要并无本质区别，只不过前一种需要只是少部分人有，而后一种需要则是很多人都有。

第二个问题，如何接种心理疫苗呢？

由于不同的人有不同的需要，所以，心理疫苗从理论上说也是因人而异的，因此，如果要确定一个人的心理疫苗的具体内容，首先就要确定这个人的需要是什么，其当前的优势需要又是什么等，然后围绕这些需要进行有意识的挫折或失败训练，即人为地制造一些生活中将来可能会遇到的失败或挫折，让人们学习相关的处理方法和技能，从而提高抗挫折能力。

现在社会上比较流行所谓的拓展性训练，这些训练既有针对孩子的，也有针对成人的，不过总的来看针对孩子的居多。一些学校或社会机构利用寒暑假开办了很多拓展性训练，其中的很大部分内容就是人为制造很多困难，让参加的人来体验，从而形成相应的抗体，这实际上就是心理免疫的一种方法。

2018 年，库（Kuo）等人在《心理学前沿》（*Frontiers in Psychology*）上发表了一个有意思的研究报告，研究者让九到十岁的孩子在外面的自然环境状态（实验中包括草地、公园、森林、野地）下上课（周围有许多干扰源），结果在易受干扰条件下学习了一阵之后，这些孩子和另外一些一直在安静环境条件下学习的控制组孩子相比，其注意能力（专注力）反而更高了，其注意广度甚至扩大了一倍。而且人们发现，让孩子适当在有干扰的环境下学习反而更能激发这些孩子的学习动机，规范这些孩子的学习行为。

现在有些家长在高中时严格管教孩子，不许孩子玩游戏、玩手机，包办孩子的生活，甚至直接插手孩子间的纠纷，这实际上意味着剥夺了孩子接种心理疫苗的机会，反而不利于孩子未来的发展。

怎样才能让孩子不手机上瘾呢？好办法一定不是严格禁止孩子玩手机。浙江金华有一个孩子，中学时父母从不让他玩电脑，就是一门心思学习，最后孩子参加全国物理竞赛获得了一等奖进了中国科学技术大学。进了大学之后，父母管不到了，而孩子的自律性又没有养成，孩子就开始持续旷课玩游戏，后来发展到父母去学校陪读，但结果四年后还是因数门功课不及格而延期毕业。

腾基 (Twenge) 等人于 2018 年初在美国心理学会重要期刊《情绪》（*Emotion*）杂志上发表了一项研究，该研究发现，最快乐的孩子和最没有手机瘾的孩子是那些每天看一小时左右电视（包括玩手机游戏）的孩子，如果超过了这个时间，孩子的快乐水平就会下降。这一研究结果来自于一项对超过 100 万美国 13~18 岁孩子的调查而获得。只要超过了一个小时，在电子屏幕（包括手机、PAD、游戏机和电视等）前花的时间越多，快乐反而会越下降，甚至会一直降低到出现痛苦。而且该项研究发现，和20世纪90年代相比，从2012年以后开始，这些十几岁孩子的自尊水平、生活满意度水平和幸福感水平都像石头一样往下落，这主要是因为从2012年开始智能手机等产品得到了极大的普及[101]，而学生花在电子屏幕前的时间越来越多。所以，太过保护孩子其实就是剥夺了孩子接种心理疫苗的机会，这会削弱孩子未来对一些问题的免疫能力。

2014年美国罗切斯特大学（University of Rochester）的心理学研究者罗杰（Rogge）做了一项研究，他想找到一种办法让美国夫妻的离婚率下降一些。于是他选择了一些被试，让实验组被试每个月看五场和两性有关的电影，电影主要描述一些情侣、夫妻间各种冲突的形式，以及解决的过程和各种方法等；而控制组被试则随机看时长相等的一般电影。三年的追踪发现，实验组被试在这三年间的离婚率从24%显著地下降到了11%，这一结果提示人们，心理疫苗确实可以防范或减少消极结果的发生。

所以从一定意义上说，有选择地让孩子或成人看一些相关的电影其实对保持心理健康是有效的，因为看电影就是接种心理疫苗的一种方式，电影会让人有身临其境的感觉，会让人陷入相关的故事情节中而间接提高其生活经验。不仅如此，有研究发现，电影院对人的心理健康——尤其对成年男人的心理健康有较大的影响。通常情况下，女性要比男性更容易受电影的影响，所以很多男人都想不通女性为什么会经常因为电影情节而哭泣——那不就是一场演的戏嘛！不过在仔细观察之后人们发现，在看同样内容的影片时，男人在影剧院的环境下相对更容易流泪（和在通常条件下观看时相比，如在家里电视上观看），而女人则不存在这种差异。这一结果现在一般用男性文化和女性文化来解释，即在日常生活中，人们总觉得男性通常是“强文化”，应该在坚强、勇敢、大方等品质上更高一些，而女性则应该是“弱文化”，她们和温和、柔弱、善良等更相关一些，因而男性平时在他人面前时相对就会表现得比较坚强，受了委屈或挫折等也不轻易流泪（而社会文化允许女性在日常生活中可以随时随地释放她们的压力和悲苦）。但这些压力积多了也需要释放，而黑暗的电影院环境恰恰就是一个很好的发泄场所（流泪了也没有其他人看到），男人们会把在电影院里多流的那些眼泪归因于受电影情节的影响，其实这多出来的几滴眼泪可能是他日常生活中的委屈和挫折等的释放。所以，电影除了具有一定的交际功能和娱乐功能之外，还具有心理疫苗接种和日常心理压力释放的功能（尤其对男性）。

除了看电影、电视等之外，心理疫苗接种的方式还有如阅读（特别是阅读一些名人传记）、听励志故事、参加力所能及的劳动、演心理剧等，现在有些地方会组织一些领导干部去监狱现场接受教育，这其实也是一种接种疫苗的方式。但不管是什么方式，这一思想的核心在于帮助人们在挫折中学会抗挫，在困难中学习克服困难，通过亲身经历一些“处理过”的挫折或失败，获得相应的抗体。

不过接种心理疫苗这种方式应该要注意一些问题，首先，要注意平衡“量与质”之间的关系。这是因为心理疫苗本身就是一种挫折或失败，而挫折或失败有许多种，有些适合做疫苗，有些则不适合，有些挫折施加到人身上的强度可以大一些，有些则只能小一点。比如从动物实验来看，如果一只猴子从小就经常遭受父母或他人的呵斥、攻击，那它长大后也很容易形成攻击他人的特征。打骂不能培养出挨打骂的承受力，却反而会培养出爱打骂的性格，所以具有打骂、污辱、中伤、暴力等性质的所有行为都不适宜作为心理疫苗。有研究发现，一个孩子如果被父亲嫌弃（或看不起），这要比被母亲嫌弃（或看不起）更能够伤害孩子的人格特征（当然儿童期如果被父母抛弃，都一定会极大影响孩子的人格健康发展），会让孩子变得没有安全感或焦虑。这种影响会持续到孩子的成年期，甚至一生，使他们出现如社会交往问题、社会信任问题等。

据说有些驾校的培训师傅喜欢骂学员（也许和路怒有关），笔者自己的学车经历和见闻也印证了这一种说法，结果培养出来的司机可能是不守规矩的司机，这和学员在学习时常挨骂不知道有没有关系。

其次，挫折必须经过有效处理，使其对人没有伤害性，也即要把挫折本身所具有的毒性和危害性去除掉,所以在真实的生活中可以多运用一些模拟、类比等方式。比如让孩子学会对抗悲痛，可以让孩子从家中饲养的小动物去世等情形中学习。

再次，要循序渐进和因材施教。人的心理有一个适应过程，一下子就经历过大的挫折有可能会直接就把人击倒了，而且每个人的个性、性别、年龄等都应该要考虑在内。

二、增强心理体质

预防心理问题的一个重要方法是帮助人们接种心理疫苗，但和人接种生理疫苗一样，接种心理疫苗也有一个最大的缺点，那就是这种措施只能针对某种特定问题才有效，如破伤风疫苗只能保护人不受破伤风病菌的侵袭，但一定不能保护接种者免受流感病毒的侵袭。但世界上的病毒和挫折有无数，人不可能针对每一种病毒或挫折都用接种疫苗的方式来对付，即使想这样做也不可能做得到。

那么有没有一种方法可以起到综合的保护作用呢？也就是让人们在各种病菌、病毒面前都能有效应对呢？这其实是可以做到的。从生理角度来看，人们只要通过一定的方式（比如通过适当的体育锻炼、合理补充营养、进行适当的作息安排等）来提高人的体质，当个体的身体体质强健了，其对抗各种疾病的能力就会大大增强，也就可以有效对抗各种病菌和病毒的困扰和侵袭。心理方面也如此，人们同样可以用提高心理体质（下文简称心质）的方式来帮助人们战胜各种挫折和失败。

那什么是人的心理体质呢？要说清楚这个问题，还是先来看一个生活中的实例。拿起一个充了气的排球或篮球，然后用手指或其他东西去挤压这个球，这个球就会形成一个凹坑。如果球的弹性很好（也即充气很足），那随着你手指或其他外力作用的消失，这个凹坑就会自动恢复到原来平整的样子；但如果球的弹性不好（也即充气很不足）或根本没有弹性，这个球就不会把挤压所形成的凹坑有效地恢复到原来的平整状态，那这个凹坑就会一直存在那里，时间长了凹坑还会定型化，即这个凹坑以后永远也恢复不了原先的平整，而是会在球的表面留下一些不可磨灭的痕迹。所以，外在的挤压刺激到底能对球产生多少后续影响主要取决于这个球的弹性如何。

人的心理就如同一个充了气的球，球的弹性就是人的心理体质（心理学上有时也称为心理弹压），而所遭受的外在挫折或失败就像是手指或外力对球的挤压。如果人的心理体质很好，即使受到外在影响而产生了心理阴影（凹坑），但伴随着外力的消失，这种心理阴影随后也就去除了（凹坑弹回原来的样子了）；但如果人的心理体质不够好，那外力形成的心理阴影就会一直去除不掉，时间长了同样也会在人的大脑中留下印记，从而构成了心理问题。实际上，从一定意义上说，形成心理问题的最大原因并非是外在的挫折和失败本身，而是由挫折或失败所造成的阴影一直在心头挥之不去。反之，人即使受了很大的挫折或失败，但只要能很快忘记它们，那心理基本不会出现什么严重问题，一些人在挫折或失败之后之所以出现心理问题主要在于他们一直在头脑中反复咀嚼自己所遭受的创伤。

球的弹性主要由气压决定，那构成人心理体质的具体内容又是什么呢？

构成人心理体质的主要内容则是人的积极品质，就是本书第二章中所提到的6大美德及其所属的24项积极品质（这24项积极品质是目前为止发现的，其实随着社会和心理学本身的发展，这些积极品质的数量会变得越来越多，这种研究模式其实和心理问题的研究模式基本一致，最近“网瘾”就已经被正式当作一种新的心理问题）等。从人类群体角度上说，人之所以能进化到今天这个地步，它主要就在于人类美德的推动，人类在那些最黑暗的时代正是依靠美德才走到了今天。所以美德其实是人类进化的核心，也是人类未来进化征途中唯一有可能保留下去的东西，它当然更是社会进步的标志。而从个人角度上来说，一个人选择了智慧，也就选择了理智和自由，它就能对抗因循守旧、保守和消沉等；选择了勇气，也就选择了希望和坚持，就不会再半途而废或欺骗说谎；选择了爱，也就选择了接受他人和被他人接受，就不会再小气或斤斤计较；选择了正义，也就选择了文明、忠诚和职责，就不会阿谀奉承或歧视他人；选择了节制，也就选择了一种谦虚和自我控制，就不会狂妄自大或骄横跋扈；选择了卓越，也就选择了练达与成熟，也就选择了成功与辉煌，就不会甘于平庸和自私。

受到外在的挫折或失败之后，有些人之所以会长时间在心理上留下阴影，其根本原因就是这些人相关的积极品质水平不够高。比如，假定有一个人不小心遗失了1000元钱，这种意外一般都会令当事人感到不太舒服，但如果这个人的“大方或慷慨”这一积极品质很高，他就会很快忘记了这件事，因为较高水平的“大方或慷慨”有足够的弹性把外在消极事件（丢钱）所造成的“当事人心里感到不太舒服”这个不良心理弹回去；但如果这个人的“大方或慷慨”这一积极品质不够高，他就有可能老是处于“心里感到不太舒服”，为了摆脱这种不舒服，他就会不断谴责自己、埋怨他人或抱怨环境等，而越谴责、埋怨或抱怨（产生了练习效应），他就越不可能摆脱这种“心里感到不太舒服”，当这种情形持续了一定的时间之后，这种“心里感到不太舒服”

就会在人的心理上定型化，这样心理问题就形成了。

所以，从一定意义上说，人们所面临的失败或挫折就是上面所说到的那个挤压球的外力，人的积极品质就如同这个球的弹性，构成了人心理健康的核心成分——心理体质，而人的心理其实是这两者相互作用之后的结果。人作为环境中最具活力的一分子，外在消极事件是人必然要经受的，是再怎么努力也避免不了的(人通过努力可以减少消极事件的发生,但不能完全避免)，但消极事件并不必然导致人出现心理问题，消极事件影响的大小主要取决于一个人的积极力量的大小。所以，积极品质或积极力量其实在人的心理健康建设中担当了消极事件影响的缓冲作用。

一项新的研究发现[102]，如果一个人能对年龄采取积极的态度（比如忽视年龄增长可能产生的副作用，而是刻意看到年龄增长所带来的积极作用，这属于积极心理学所提出的智慧美德），就可以有效降低人们患老年痴呆症一半左右的概率。即使对于那些拥有抑郁最强遗传风险基因的人来说（即抑郁高风险人群），这样做同样可以使患抑郁症的可能性低 49.8% 左右（和原来不这样做的自己比）。而对那些没有抑郁基因风险的人来说，这样做则可以减少这些人患抑郁风险约 43.6%（和原来不这样做的自己比）。根据生理检测结果，对年龄采取积极的态度可以有效减少大脑中导致老年痴呆的蛋白数量，从而减少这一风险。这是一项经过 4 年多追踪研究所获得的结果，该研究共调查了 4765 名年龄 60 周岁以上的老人，平均年龄约 72 岁，其中约 91% 的对象是白人，约 26% 的对象受过完整的大学教育。在这一研究中对于年龄的积极态度主要采用多题目量表测量，如“我觉得我越老就越没有用了”（从非常同意到非常不同意，5 点量表打分，非常同意打 5 分，非常不同意打 1 分）。

在对幼儿的研究中也发现，一个幼儿如果在大方这一积极品质上的得分较高，那他在随后的行为测试中因失去某一物品或金钱所遭受的心理痛苦就相应更小一点。沃尔特·米歇尔于2015年曾在《棉花糖》这一书中告诫人们，要帮助孩子在人生早期就形成好的智慧，认识到自己一定会有需要自己做出选择的时候，而且每一种选择就会带来一种结果：好的选择会导致好的结果，而坏的选择则导致坏的结果。

有心理学家对美国退伍军人管理委员会的650名病人进行了长期的研究[103]发现，病人的积极态度与他的良好的身体活力呈正相关，而与他的身体病痛状况呈负相关，总的来说，具有积极态度的病人的身体健康状况相对较好。在另一项研究中，研究者对300名心脏病病人进行了跟踪研究[104]，结果发现：在做了心脏搭桥手术后，乐观品质高的病人再次进医院做手术的人数比例远远低于消极悲观的病人。一些美国心理学家还做了一项长期的宏大研究，他们用《明尼苏达多相人格测验量表》对800名男女进行了测验，从中筛选出乐观品质的人和悲观品质的人，并对他们进行长期观察。30年后，心理学家对这些研究对象的各方面状况做了一个系统的分析研究，他们发现具有悲观品质的人的总的身体状况要比整个团体平均数差，他们的死亡率明显高于团体平均数，接受医院治疗和心理治疗的次数也大大多于团体平均数，而具有乐观品质的人的情形则正好相反。

积极品质也就是人们通常所说的长处，消极品质也就是人们所说的短处，积极品质不仅是人保持心理健康的基础，同时也是一个人价值的核心体现。社会曾流传一个很有趣的、由美国管理学家劳伦斯·彼得（Laurence J. Peter）提出的木桶理论（Buckets Effect / Cannikin Law），即一个桶能装多少水并不由其长板决定而是由其最短的那块木板决定，所以这个理论有时也叫短板理论。这个彼得先生是管理学上一个著名的消极先生，他的成名作《彼得原理》曾引起了社会各界的极大争议，他在这本书里提出了一个极为消极的有关职业晋升的瓶颈问题。他认为这个社会是由各种层级构成的，每个人在这个层级组织里都会因工作出色或资历提高等原因而不断地得到晋升，这种状态会一直持续到这个人不能胜任为止。从另一个角度来说，也即无论一个人多聪明、多有才智，也无论你如何努力进取，这个社会最终一定会有一个你不能胜任的职位在等待着你，而且你也一定会达到那个职位，所以，人的生活最终很可能是会因失败而告终，这就是著名的彼得原理。

实际上，彼得的木桶理论并不正确，他只是从短板（消极）角度来看待问题，如果从长板（积极）角度来看问题，情况就完全不一样。其实你只要把一个桶向长板的方向斜倒过去，这个桶就一定可以装更多的水（也许只是多了几点水），所以从这个角度来说，一个桶能装多少水是由其长板决定的，桶的价值应该由其长板决定。

木桶的价值由其长板决定，那人的价值到底是由其长处还是短处决定呢？其实人的价值也和桶一样是由其长处决定。2014 年 8 月 12 日，浙江省邀请奈保尔先生到杭州公开演讲，接待规格极高，媒体都在宣传他。印度裔的奈保尔出生于特立尼达和多巴哥，定居英国后开始写小说，先后多次获奖，特别是 2001 年获得了诺贝尔文学奖。由于他在获诺贝尔奖时的不恰当感言，急得当时的颁奖主席赶紧辩称：“我们评奖只看他的作品，不管他的人品。我们爱他的作品，但绝不和他交朋友。”奈保尔的短处相当多，但他在文学界的价值依然获得了肯定。

数学大师格罗腾迪克（Alexander Grothendieck）于 2014 年 11 月 13 日去世，他无礼（曾于 1970 年的国际数学家大会走上讲台去夺下他人的话筒不让其说话）、狂妄（1988 年他拒绝接受克拉福德奖，The Crafoord Prize，一项几乎与诺贝尔奖齐名的世界性科学大奖，奖金为 50 万美元）、没有学历（没有正规的学历文凭）、没有国籍（是个彻底的无政府主义者）、反对法国政府和国防部（主动退出巴黎高等研究所等一切和军方有关的机构和项目，后来干脆去欧洲西南部的比利牛斯山做了个隐居者），但就是这样一个充满出格行为和短处的人，他却因为在数学领域的长处而获得了全世界的尊重，去世时世界上各大洲的主要国家都有专门报道来纪念他。

所以，如果要想做一个有价值的人，仅仅只是努力改正自己的缺点还远不够，一定要努力发展自己的长处。当然，对一个人来说，缺点也一定要改正，但人不能把全部精力或主要精力都放在改正缺点上，实际上，人的缺点只要改正到不违法就可以了，人不需要（也不可能）成为一个没有缺点的人。

如何来提高人的积极品质呢？这其实是一个很宏大且特别复杂的问题，但有一点非常清楚，那就是人们首先必须把积极品质的心理机制搞清楚了，只有按照积极品质变化的心理机制去做，才能做到事半功倍。目前，世界上有很多优秀心理学研究者都在寻找如善良、尽责、谦虚等积极品质的机制，不过相应的进展比较慢。就目前来说，人们已经发现了一些积极品质培养的相关做法，本书只能列举有限的几种做法，但要声明的是，这些肯定不是培养积极品质或积极力量的全部。

第一，获得成功的体验能显著提高积极品质。

浙江大学的胡海岚教授及其团队在2017年7月15日的《科学》（*Science*）杂志上发表一个研究报告，题目是《胜负经历重塑丘脑到前额叶皮层环路以调节社会竞争优势》，她第一次为人们揭开了勇气这一积极品质变化的脑神经机制。老鼠和人一样也有稳定的等级制度，它的等级是通过各种争斗形成的。一旦形成等级，这种等级会呈现线性规律"一鼠压一鼠"。研究者首先让体型相近的两只老鼠相向（从玻璃管道两头向中间走）通过一个只能容一只老鼠通过的玻璃管道，当两个老鼠在玻璃管道中间面对时，就会发生拱撞行为，其中一只会把另一只拱出去，通过这种方式就可以对老鼠进行等级分类（被拱出去的老鼠的等级就会低）。然后研究者在低等级老鼠的前额叶皮层的神经元中嵌入光敏感蛋白基因，并将光纤植入这群神经元的上方，这样蓝色激光就能激活这群神经元。当这只低等级老鼠再次和之前战胜过自己的高等级老鼠在管道里相遇时，研究者打开激光，使这只老鼠的前额叶皮层激活，结果这只低等级老鼠不再退后，而是焕发出了新的战斗力，直到把比它等级高的老鼠拱出了玻璃管道，实现了逆袭。而且更为神奇的是，当这只低等级老鼠只要在辅助条件下连续赢得六次比赛，这只老鼠随后就能不再依靠辅助条件而自主战胜之前比自己等级高的老鼠。这表明勇气的脑神经机制主要在前额叶皮层，而生活中的胜负经历能重塑丘脑到前额叶皮层环路，从而调节社会竞争优势（即增加了勇气）。研究还发现，这种胜负经验换到一个新的环境中也依然有效：研究者把四只老鼠放入冰冷的笼子里，笼子里只有一个角落是温暖的，而那只实现逆袭的老鼠依然能霸占那个唯一温暖的地方，把其他老鼠都赶到其他地方去。

类似的实验结果在另一个有关老鼠的实验中也出现了。研究者分别把两只老鼠放入两只大水缸里，老鼠为了不被淹死就只能一直在水缸里游泳。游了五分钟之后，研究者在其中一只老鼠的水缸里放入了一块飘浮的救命木板，这只老鼠就赶紧爬上木板休息，而另一只水缸里的老鼠依然在奋力游泳。又过了两分钟之后，研究者同时把这两只老鼠捞出来（同时捞出那一块木板），让它们休息恢复体力。当这两只老鼠重新恢复了体力之后，又重新把它们放入刚才各自的水缸里，这次不再管它们，一直到这两只老鼠被淹死为止。研究者统计了这两只老鼠在水缸里坚持游泳的时间（到它们被淹死时坚持在水缸里游泳的时间长度），结果发现第一次在水缸里游泳曾经碰到过救命木板的老鼠的游泳时间显著性更长。这意味着老鼠之前的成功经历使这只老鼠变得更坚强，对未来充满了更多希望，因而它们的坚持性好，有更强的韧性。

这个实验说明：过去曾经的成功经验在这些老鼠身上起到了作用，发展了它们的积极品质。

第二，要从小就开始，越早越好，但积极品质的培养在什么时候都不晚。

从小就要帮助儿童形成积极的习惯，使他们形成一种积极自动化。从儿童不到一岁时就要开始积极训练，看护人就可以使用注意力分散策略把孩子的注意力从痛苦的感觉上移开，转而帮助孩子关注那些令人愉快的刺激物和活动。经过一段时间之后，年幼的孩子就有可能学会控制自己的注意力，并且习惯于通过自我注意力分散来达到减轻自己的痛苦，这是发展儿童心理执行功能很重要且也是最基本的一步。

童年期的发展是孩子一生的基础，而且童年期孩子本身也处于一生中的易变期，这时候用一些方法培养他们的积极品质会事半功倍。东南大学著名学者韦钰是中国工程院院士，曾任教育部副部长，她在一次报告中讲到了一个很有趣的问题，她说："据美国一位教授调查，中国的孩子比外国孩子少笑 50%，对此，很多教师觉得没什么。其实这是个大问题。孩子学习时有一个好的情绪，脑子消耗的能量少，他可以集中精力学进去。没有好的情绪时，往往就学不进去……目前我国很多儿童没有一个快乐的童年，他们承受着不该有的压力，少了欢笑，少了梦想……[105]"尽管韦钰院士在其报告中没有给出具体的参考文献，甚至没有给出这个美国教授的姓名，但我相信她不会没有根据地信口开河，她一定是看到过这个研究的，这意味着积极的童年是孩子积极人生的基础。

2012 年 11 月 19 日出版的《美国国家科学院院刊》（*Proceedings of the National Academy of Sciences of the United States of America*，缩写 PNAS）上发表了一篇由英国学者扬·伊莫纽尔·德尼夫等人的研究报告，该报告仔细分析比对了美国一项著名的纵向研究"美国国家青少年健康纵向研究"所测量的数据（该项研究始于 1994 年），结果发现，一个人如果年少时具有较高的快乐水平，则长大了就会赚更多的钱。研究发现年少时最抑郁的个体和最快乐的个体相比，到了 29 岁时他们之间的年收入会相差约 8000 美元；那些 16~18 岁时最抑郁的被试，他们到了 29 岁时，其平均收入比同年龄群体的平均收入少 30%；而 16 到 18 岁时最快乐的那些人，到了 29 岁时，其收入则比同年龄群体的平均收入高了 10%。在 21 岁大学毕业时的幸福感如果低 1 分（幸福感总分共 5 分），那 29 岁时的收入会减少约 2000 美元。在这个数据库中有 6000 名个体的兄弟姐妹的相关数据，于是研究者把这些数据单独拿出来进行了比较，结果和前面所获得的结论完全一致。这意味着年少时更积极的孩子，将来能挣更多的钱，积极品质在一定意义上具有了资本的意义。

第三，练习正念（mindfulness）也是提高积极品质或积极力量的一种好方法。

“正念”（也有人称为“心智觉知”）这个词最早来源于佛教中的巴利文“sati”，意思是“觉知”“注意”和“记住”（有点类似于中国古代的打坐），并于 1921 年首次被翻译成英文“mindfulness”。正念可以简单地定义为“即时觉知”（moment-by-moment awareness），意即把注意保持在自身，从而使自己产生一种不再依附于任何特定观点的心理自由状态。卡巴金（Kabat-Zinn）是世界公认的正念大师，也是这一领域的权威，他在二十世纪九十年代初就提出，正念是一种有目的、不评判地将注意力集中于此时此刻的一种特殊的方法。可见现代意义上的正念内涵十分丰富，它既可以用来描述一种心理状态或心理特质，也可以被看作一系列与自我调节、元认知和接纳相关的心理过程，还可以作为一种集中注意力的方法或一种培养正念的训练方法（mindfulness training，MT），如正念冥想（mindfulness meditation，MM）等。

从卡巴金对正念的描述中可以看出，正念有三个核心要素。（1）“有目的”——目的性，正念的目的其实就是要达到的目标，它对于人为什么做正念训练、正念能达到的效果，如能改变的方向和强度等方面的检验提供了一个标准。（2）“集中注意力”——注意性，注意集中是正念的核心，它强调的是在正念训练过程中，要对个人身心的变化作清晰体验以及对外在环境保持高度注意；要注意当下，只有注意了才会认识到问题，才会有改变的可能性。（3）“不加评判地”——态度，这是指以一种接纳、善意、开放的态度对待内在和外在体验，不对这些体验进行价值评判（如好或者坏）。

过去很长一段时间，正念在西方主要被广泛应用于各临床机构，形成了许多以正念为核心的心理疗法，如正念减压疗法（Mindfulness-Based Stress Reduction，MBSR）、正念认知疗法（Mindfulness-Based Cognitive Therapy，MBCT）、辩证行为疗法（Dialectical Behavior Therapy ，DBT）和接受与承诺疗法（Acceptance and Commitment Therapy ，ACT）。这些疗法在临床上都取得了一定的疗效，如人们发现练习正念可以有效缓解慢性疼痛，可以辅助治疗癌症、类风湿性关节炎和纤维肌痛等疾病，还有研究发现，练习正念对缓解抑郁、焦虑症状以及防止抑郁复发等也有一定的作用。

但近年来人们发现，正念练习在提高人们的积极品质方面也有重要作用，可以提高情绪调节能力、保持情绪稳定性、增强主观幸福感和提高生活质量等。如有人通过研究发现[106]，正念冥想练习之后个体的大五人格（大五人格是当代心理学界公认的、最有效描绘人格特质的模型）特质会出现变化，其中的外向性、开放性这两项品质的水平得到了明显提高，而神经质这一品质则显示了较低的水平，而且练习的时间越长，这种效果越明显。外向性特质与人的积极情绪体验相关，其水平越高，相应体验到的积极情绪就越多，而开放性则与人的想象力及好奇等积极品质相关，这意味着正念冥想训练可以提高人的积极情绪，并使人的积极品质得到一定的增长。

正念冥想促进了人的元认知知觉，并且通过增加工作记忆容量来增强个体的注意能力，而这能促进人的情绪调节能力（如增加认知重评的可能性等），因此正念能增加积极情绪。当个体面对一个压力事件时，正念强调关注意识的变化过程而不是意识到的具体内容，这种转化可以扩展注意的范围并增强认知灵活性，个体就可以对压力性事件进行积极的认知重评，重新定义或构建压力事件，并最终引发能缓解压力的正性情绪的增加和积极品质的提升（怜悯、信任、自信和勇敢等）。

正念之所以能够增加人的积极体验和积极品质，主要是因为正念强调关注即刻经验。过去的研究表明，一般以注意正在发生的事为特征的活动，都能够在一定程度上产生客观的愉悦感。正念过程其实是一种对世界和自我的再感知，这种再感知强调从意识的内容转向于对意识本身进行加工操作，强调减少即时情绪对个体的控制以及随之产生的自动化或习惯性反应。再感知模型认为，训练个体对所有心理现象保持短暂易逝的态度，可以对不愉快的内在状态产生高度的容忍，从而对情绪进行调节，这也从另一个方面增强了个体的幸福感。正念的这一把人们从不健康的自动化思维、习惯和行为模式中脱离出来的过程，一方面培养了人的认知灵活性和开放性，同时在另一方面也帮助人们形成了以自我支持为重要内容的行为规则。正念冥想一直被认为能够促进人们的共情，经受过正念训练之后，人们对他人的观点和态度会变得更敏感，同时也更宽容。除此之外，正念冥想还能提高人们的同情或怜悯、宜人性、责任心、生命活力、自尊、自主感、乐观等积极品质。

正念训练作为一种能有效促进个体身心健康以及帮助个体追求从容幸福生活的方法，正被越来越多的学校、社区和家庭采用。在学校教育中，正正念训练有助于提升学生的积极品质，形成积极乐观向上的学习氛围，让学生在快乐中成长。在家庭中，正念训练能促进夫妻关系、亲子关系的和谐发展。在社区关系中，正念训练同样能够帮助人们建立积极的社区关系，并使人们从中获得积极情绪体验与幸福感。

尽管正念的这些积极作用正逐渐得到广泛的认同，但正念在发展过程中也不可避免地产生了许多问题。一是正念概念的界定不够清楚。由于正念的概念源于东方佛教，这一古老的技术在发展过程中不断受到外来文化的吸收和融合，直至被西方主流心理治疗方法所吸收，才产生了一系列基于正念的心理操作技术和方法。在这一演变过程中，正念出现了源于东方而兴盛于西方的状态，导致正念的内涵和外延都发生了许多变化，以致正念概念一直备受争议，到目前学术界还没有达成一致意见，严重影响了正念技术的标准化。二是由于没有统一且明确的操作性定义，对正念的测量也就不能统一。现在主流的正念冥想、正念减压疗法、正念认知疗法等的应用虽然得到了广泛的接受和认可，但对于正念发生作用的内在机制和脑机制的研究还有所欠缺。

第 4 章

生活中要做出开心快乐的样子

消极真的一无是处吗

从外在表现来看，人的消极主要包括情绪和行为两个方面。当代心理学的一个重大任务就是帮助人们去除消极，使人们走向积极而获得更大繁荣，这一主题不仅使心理学有了意义，同时也让人们的生活有了明确的目标。但为什么人会出现消极情绪和消极行为呢？人所拥有的这种消极真的一无是处吗？

其实这个世界是对称的，人的积极和消极就如同一张纸的两个面，它们在一定意义上是相互支撑的，谁也离不开谁。所以，只要人们还想要快乐，那消极对于人来说也就无可避免。

一、消极也是人生命和生活中的一个组成成分

人是进化而来的，人在进化过程中发展出了各种情绪及相应的行为（包括行为倾向），即产生了某种情绪就一定会

产生相应的行为（包括行为倾向）。如果把情绪分为积极和消极，那相应的行为（包括行为倾向）则可以分为接近行为（积极行为）和逃避行为（消极行为）。在早期，人类的祖先要在和比自己凶猛得多的野兽的争斗中求得生存，而人类在这种争斗中并不占有生理上的优势，跑、跳、攀爬、搏斗、角力等方面都不如很多动物，消极情绪因而就天然具有了更好的适应能力。如当人们在野外碰到了一只老虎时，人们就会产生恐惧这种消极情绪，并同时伴随着逃避这一消极行为（包括行为倾向），这种情绪和相应的行为（包括行为倾向）就可以对人类的存在起到保护作用。

从进化论的观点来看，消极情绪是一种适应性情绪，是一种关联自我存在的情绪，可以这么说，没有消极，也就没有人类自身。人们不难想象，早期的原始环境，人类要面对许多无法想象的危险和挑战，由消极情绪所导致的攻击、驱逐、逃跑等行为会更具有生存价值，因而相应的情绪也就得到了优先进化。而积极情绪对应的行为（或行为倾向）主要是接近类行为，接近等行为可以帮助人们拥有更多资源（包括社会资源和自然资源），从而变得能力更强大，因而积极情绪属于发展性情绪，即人类因消极而存在，因积极而不断发展。发展总是建立在生存基础之上的，因此，积极情绪的进化通常要晚于消极情绪。所以，人不仅仅一定会有消极情绪，而且消极情绪及其行为模式还有可能得到了优先发展。

尽管精神分析在许多正统心理学研究者的眼中从来没有一席之地，但实际上，精神分析理论中有关无意识的概念却一直是正统心理学的一个重要研究主题，不过现代心理学研究无意识的方法要更科学，已经和弗洛伊德时代完全不一样了，但今天的一些心理学研究结果却依然有意无意地证实了精神分析关于无意识和消极关联更紧密的观点。

2017 年有一个心理学研究很有意思，法国的几个研究者在实验室条件下研究了 230 名被试[107]睡眠时说梦话的情况，他们发现绝大多数人在睡觉时不太说梦话，但也有一部分人说梦话。调查结果表明，大概有超过 2/3 的成年人曾经说过梦话，但只有 6.3% 的人每周都至少说一次梦话。说梦话没有男女性别差异，女性说梦话的时长、次数和人数等都基本和男性差不多。而且说梦话有家族性，意味着可能有一定的遗传基因。研究者最关心的是这些说梦话的人到底在梦话中说了些什么内容，经过分析，研究者发现，大概有三分之二的梦话内容根本不可辨识，这里面多数就是类似于含糊不清的喃喃自语。在对那些能辨识清楚的梦话分析后发现，梦话的语法比较正确，其表达方式一般和被试清醒时一样，这意味着人们在睡觉时大脑的某些区域可能还像人们清醒时一样在工作，相应的脑扫描也确实证实人在睡眠时大脑的有些部分还依然在工作。

在梦话的具体内容方面，研究发现，大部分梦话所涉及的内容是和别人争吵、赌咒发誓或粗话之类，也即梦话所涉及的词汇相对比较消极，据统计，被试在梦话里说粗话或消极词汇的数量大概是这些人在平时清醒状态时的 800 倍。为什么会出现这种现象呢？人们认为这是人的大脑在无意识地加工那些外在威胁性信息而导致的结果。也就是说，即使在无意识状态下，人似乎也在优先加工消极的东西，首先对那些消极信息做出反应。

卢森堡大学的一些研究人员正在用机器人帮助泛自闭症儿童（Autism Spectrum Disorder，简称 ASD，这是根据典型自闭症的核心症状进行扩展定义而形成的一种广泛意义上的自闭症，既包括了典型自闭症，也包括了不典型自闭症）。从表面来看，从机器人那来学习人的交往技能似乎有悖常识，但实际上，这种方法很有效，因为机器人可以去除人在交流时所表现出来的一些消极东西（如消极的表情、动作、音调等），这会让自闭症儿童感到自在和舒适。研究发现，人在与他人交流时会无意地出现很多重复性行为，如摆手、摇头等消极行为，这些动作会让自闭症儿童不舒服。而机器人只有纯粹的社交方式和技能，不会伴随有其他的一些因交流不畅时而出现的消极行为、消极情绪等，这样儿童就可以学得更好。所以对于自闭症儿童来说，机器人似乎比人天生就少了些消极品质（最有耐心的老师也比不了机器人的耐心），因而它更可能帮助自闭症儿童。

所以，人一定会有或产生消极，消极关联了人自身的存在，而且人的消极也在某种意义上是对自身的提醒或警示，从而确保人们采取合适的行为措施。因而，人们如果从积极的方面来读，那些生活中常有的消极情绪或消极心理就有了另一种完全不同的意义，它们或许在以另一种方式来帮助人们变得更好。如果把人的心理比作一幅水墨画，积极应该是这幅水墨画的实写部分，消极就像是这幅水墨画中的那些虚描部分，即消极常常是以背景的形式衬托着画面的和谐和完整。

焦虑是生活中常有的一种消极情绪，过大的焦虑会对人的认知或行为表现产生消极影响，人们也会因焦虑而倍受心理煎熬，甚至出现莫名其妙的烦躁，焦虑还会让人容易失眠或睡眠质量下降，这些都意味着焦虑似乎是一种不折不扣的消极情绪。但从另一个角度来看，焦虑也是人生活中的一个警报，当它出现时，其实是在提醒生活中一定有什么地方出了问题，得小心应对。所以焦虑也包含了一些很有价值的成分，它告诉人们在应对或处理即将发生的事情时，可能还有一些地方没有做好充分的准备。所以，焦虑意味着对自我的关心和善意提醒，要是没有焦虑，人们有可能会犯更大、更多的错。

无聊是失落或寂寞时产生的一种情绪，是人对生活没有兴趣或兴趣不高的前奏。但从另一个方面来说，一个人产生了无聊也表明他对现状的一种不满足或反抗，体现了对生活意义和价值的追求。事实上，如果一个人很好地适应了平庸和平凡，他就不会对凡人琐事产生无聊，相反会因整天无所事事而过得很滋润。不甘于墨守成规和满足现状的人才会对无所事事的现状无聊，所以无聊背后很可能孕育着一颗追求卓越的心。

妒忌是一种典型的消极心理或情绪，它会让人失去理智，严重的甚至会导致出现某些情绪障碍。但妒忌也表明人们有自己明确的生活要求和生活目标，不是浑浑噩噩地过日子。妒忌同时也意味着人们比较关心周围的世界，重视自我的价值，内心深处有一种向好向上的强大心理动力。妒忌具有典型的层次性和范围性，这是因为人的心理具有“锚定效应”（Anchoring effect），人们只是在同一个层次里或相近范围里产生妒忌，如果个体觉得对方和自己不在同一个层次一般就不会发生妒忌。例如一个普通老师一般不会妒忌谁去做校长，因为他自我感觉离校长的层次相对比较远，只有那些副校长们才有可能会妒忌那个做了校长的人。同样一个离个体距离很远的人也不会引起妒忌，一个中国人一般不会妒忌在遥远的美国有一个人中了 1 亿美元的大奖，但如果他村上有一个人中了 100 万的大奖，他就会产生妒忌。所以，人们如果想减小自己的妒忌情绪，就可以通过加大和对方的距离以及拉开和对方的层次差异来实现。

无助感是一种消极心理，意味着生活的主动性、积极性不够，而且无助感还会抹杀人的创造性和上进心。但无助感背后隐藏着个体吃一堑、长一智的学习能力和自我调整能力，意味着有较强的适应环境的能力。

压抑（内向）是在一定压力下的一种自我收敛，意味着没有思想自由，不能释放自己的情绪。压抑曾被弗洛伊德看作是人产生心理问题的一个最重要原因，他认为人长期压抑自己的各种欲望而没有得到及时释放就会形成各种心理问题。但从积极的角度来看，压抑展示了人的收敛和寻找安全的能力，如果一个人能很好地压抑自己的情绪或脾气，表明这个人就有很好的自我保护能力，压抑在一定意义上说是安全的前提。当一个人面对比自己能力、技能、职位、地位等方面更强大的个体时，他只能也只有通过压抑自己来达到保护自己。

悲伤是一种痛苦体验，里面包含有爱、遗憾、失望、难受等多种成分，长期处于悲伤情绪之中，会让人的身心受到伤害。但悲伤也体现了人性的成熟，是精神升华的表现。从功能上来看，悲伤过后人也会因此变得更坚强、更有韧性。

愤怒是一种由极度反感而导致的紧张且不愉快的情绪，常常与攻击等行为联系着。这是一种古老的原始情绪，几乎所有的动物都有这种情绪。但愤怒背后也蕴藏了人的自尊、自重等力量，体现了人的自我保护、求生和获得资源等方面的能力。

自卑是由于低估自己的能力、才貌等而引起的一种具有收缩性质的情绪，意味着低自信和低自尊，而严重的自卑感本身就是一种心理缺陷。精神分析大师奥地利精神病学家阿德勒（Alfred Adle）的观点与众不同，他一直认为攻击并不是因为个体的自尊所引起的（如我觉得我比对方高人一等就攻击对方），而是个体感到自卑而引起的，攻击其实是一种对自卑过度补偿的具体表现。但自卑也表明人们对自己的不足和缺点有敏感性，因此自卑对自我认知和自我学习就起到了激励作用，是一种自我成长和提高的力量来源。

所以总的来说，消极情绪尽管会影响人们的生活，但它也是人们生活的一部分，人们没法全部去除或不要它，只能尊重它。当一个人的积极品质足够有力量，并同时对这些所谓的消极情绪给予足够重视，非但不会被这些消极情绪所击倒，相反还能发掘出其所包含的那些积极成分，并有效利用这些成分来为其生活服务。

不过有一点需要明确，情绪不是行为本身，尽管某种情绪可能会伴随着某种相应的行为，但行为反过来并不代表情绪本身。有些消极行为如诋毁、诽谤、破坏、攻击等就是行为本身，这些行为并不一定代表了相应的情绪（如有些人不是因为有了消极情绪而攻击，而是为了获得积极情绪而攻击或破坏），因而，消极行为背后不一定关联着消极情绪。

二、如何接受消极的东西

一项对 1,300 名被试的研究发现[108]，从长远来看，接受自己已经有的消极情绪是解决自己情绪问题的最好方法，那些较能接受自己不良情绪的人反而获得了更好的心理健康状况。人们发现，如果一个人形成了接受自己消极情绪的习惯，这个人实际上反而会较少体验到负面情绪，而这一过程会带来更好的心理健康。从持续六个多月的研究来看，那些做得最好的人恰恰是让自己的不良情绪成为一件可接受的寻常事的人，这些人很少刻意地对自己已有的消极情绪进行好或坏的价值判断或批评。

为什么接受了自己消极情绪的人反而较少体验到消极情绪本身呢？这是因为如果一个人对消极情绪采取一种接受的态度，就不会对这些消极情绪本身加以太多的关注，它们很快就会成为过去。反之，如果不接受已有的消极情绪，人就会不断地对自己已有的这些消极情绪进行价值判断（这样好或不好），并且不断地强烈对抗自己的消极情绪，这种过度价值判断的过程会导致消极情绪越积越多，形成所谓的情绪垃圾堆，这样个体反而体验到了更多的消极情绪，其抑郁状态反而变得更厉害。例如，当一个人因为考试不及格而产生了难受，如果他自己觉得考不及格了就应该难受呀，这很正常，那这种因考试不及格而产生的难受情绪反而会很快消失了；反过来，如果这个人觉得自己考试不及格之后不应该这样难受，这个人就会对自己的这种难受情绪作价值判断，并觉得自己因考试不及格而难受不对，觉得自己应该坚强一些，并尝试用一些办法或策略来对抗这种消极情绪，这一过程反而又产生了新的难受情绪：为自己已有的难受而难受。

当然，接受并不意味着赞同，更不是对消极情绪的屈从，这就如同“我不赞同你的观点，但我誓死捍卫你表达你自己观点的权利”。接受只是一种行为上的认同，不以不同寻常的方式来看待它的存在，即对已存在的消极就让它存在的意思。比如一条河或一座山就存在那里，人们并不会因为它们挡了自己的去路就心烦意乱或坐立不安，因为人们心理上已经接受了它们的存在，人们思考的是如何在河上架一座桥和在山中间挖一个隧道。所以，接受也包括人们依然要想办法来应对它，不让它来破坏自己的生活质量。而赞同则是一种全方位的认同，不仅是一种行为上的认同，还包括认知和情感上的认同。

例如，当你正在经历抑郁时，你要知道这其实不是你的什么错，这是一种很常见的情况。从本质上说，抑郁不过是人们对某些令人不安的情况产生了一些躲避反应，这就如一个人觉得外面下雨了，他就需要在室内待上一段时间避避雨，这很正常，不是什么大不了的事。如果一个人觉得自己的生活也开始下雨了，他的心当然也需要在安全的地方待上一段时间。不过待在室内避雨不是永久之计，雨停了还是应该要走出室内到大自然中去，即使雨一直不停，人们也应该要想办法（如带上雨具等）去融入这个世界，去开创自己的生活，实现自己的梦想。所以，当人们因为一些令人不安的事件而让自己退出正常的生活世界之后（封闭自己），在一开始可能会感觉比较好，但这不是一个长期的解决方案，人还是要想办法让自己重新融入世界，重新找到生活的快乐。

人们如何才能有效接受自己的消极情绪和消极品质呢？接受过程大致可分为三步。

第一，了解并评估自己的消极。

接受首先要求人们要确定自己未来的目标和现在的目标是什么，然后根据这些目标来对自己具有的消极情绪及消极品质等进行评估，评估主要有如下两条最重要的途径。

第一条途径是让专业人员来检查自己的心理状态，比如寻找专业的机构或人员运用合适的量表、问卷、仪器设备等工具来对自己进行评估。其实人的心理也应该像人的身体一样，要定期（或不定期）体检。这种体检不仅可以及早发现问题，而且可以帮助人们对自己理解得更深刻、更全面。人在生活过程中，不可避免地会因各种外在事件的影响而形成一些心理问题，如果能及早发现，就可以及早采取一些措施。一般来说，在心理问题没有定型化之前就采取一些针对性措施的效果会更好，当一种刺激已经在大脑中形成了一种特别的联结之后，要想改变就会变得更困难。

不过进行心理体检的工具一定要权威，并且一定要由专业人员进行。体检一般可以包括下面这几个方面：有关人格方面的测量（围绕大五人格方面的测量一般比较经典，大五人格也是世界比较公认的分类）、情绪状态的测量、行为特征的测量、各种心理品质的测量、生活事件的测量、幸福感和生活满意度的测量等。这里特别要强调，平时的心理体验不仅要测量自己的各种心理问题， 同时也一定要体检一下自己的各种积极品质，即在知道自己哪里出了问题或可能出问题时，也要知道自己哪些方面比较好，哪些方面做得特别优秀。所以心理体检一定程度上是对自己各种品质和力量的一个综合测量。

另一条途径是自我评估。这一点和人的身体体检不太一样，人的身体体检主要依赖专业人员和专业设备，每个人的标准也都差不多，如血压、呼吸、心跳等都有一个相对的固定值，而心理的好坏更主要是一种主观体验，而每个人主观体验的差异很大（体验的感受力差异大），没有一个统一标准，这种体验的好坏只有体验者本人最清楚，因而每个人都既可以是体验的亲身经历者，同时又可以是体验的测量者和评估者。

很多人都觉得自己是最了解自己的那个人，但事实上你可能错了，人们对自己各种品质的自我判断存在着一定的差异。2010 年有一项发表在《人格与社会心理学杂志》（*Journal of Personality and Social Psychology*）上的研究特别有意义[109]，研究发现，个体对自己的智力（intelligence）、吸引力（attractiveness，对异性和他人）和创造力（creativity）这三项积极品质的自我评价最不准确，而对自己的焦虑（anxiety）和悲伤（sadness）这两项品质的判断最准确。这意味着人们更善于判断自己消极的内心感觉和感受（特别是对苦很敏感），而对与外人比较的东西则不太容易准确判断。也就是说，自己可能是自己感觉到的那个人，但自己可能不是自己描述中的那个人。

人们在对自己进行品德评价时都存在一种积极效应，多数时候描述自己时更可能像在描绘一个有自己参与的故事而不是叙述事实，这时候绝大多数人都倾向于认为自己是个聪明的人、有魅力的人和有天才特性的人（和其他人比），存在积极效应。不过也有例外，当一个人在对自己的容貌进行判断时则要相对更准确一些，这可能是因为容貌属于外显明显的特征，人们经常可以通过镜子看到，不像人格特征那样是隐藏着的。

因而，人们在进行自我评估时要克服这种“自我积极效应”，比如打分时只以当下的感受为主而不去作仔细思考、评价的次数多一些、把各种量表的题目混在一起做（让自己不清楚每一道问题到底是测量的什么问题）、不去事后看量表中的每道问题自己作的选择、不和他人商量或讨论相关量表中的题目等。

第二，把自己生命和人格中任何已经存在的消极与自己生命中那些精彩和骄傲建立联结，从而使消极被赋予积极的意义，这一过程叫作主动联结意义价值（Extend Meaningful）。

德国著名心理学家、哲学家费希纳（Fechner Gustav Theodor，1801 年 4 月 19 日—1887 年 11 月 18 日）1833 年获德国莱比锡大学的教授职称，但这时他患了抑郁症：出现了诸如无力、失眠、无食欲、怕光等症状，只能每天听母亲为他读书。他也尝试过吃泻药、电击、蒸气、拔火罐、编谜语、写诗歌、散步等各种疗法，但都没有效果。后来他自己做了一个梦，梦见上帝选择他作为使者为其他人解开这个世界的奥秘，梦中上帝还告诉他因为他是上帝派来的使者，所以有一个与众不同的特点。当他醒来后，他把自己和周围人仔细作了一个比较，发现只有他自己有抑郁症而周围其他人都不抑郁，因而他认为抑郁是他作为上帝使者的标志，这样他的抑郁症就具有了一种自我陶醉的尊贵感。这样他的抑郁对他生活的影响就变得比较小了。莱比锡大学早在很多年前就宣布费希纳是个病人，并每年付给他一笔退休金，结果费希纳活了 86 岁，共拿了四十多年的退休金，直到 1887 年才去世。

生活中这样的例子很多，比如诺贝尔经济学奖获得者、美国心理学家、普林斯顿大学教授卡尼曼（Daniel Kahneman）通过研究发现，女人在所有事件中最讨厌的事情是做家务，即做家务时的感觉最差。但如果一个人把做家务这件事和其生命中最有意义的东西结合在一起时（如觉得自己的孩子在干净的房间里开心地活动、自己最亲的人吃了自己做的饭高高兴兴去上班等），她就会欣然接受做家务。所以，生活中热爱做家务，甚至把做家务看作是一种离不开的习惯的人大有所在。

生理上的某种缺陷问题有时也可以用这种方法来处理，如有的孩子耳朵上多了一块肉，家长很早就要去寻找各种证据让孩子觉得这多出来的一块肉意味着自己的独特，代表了如善良等品质（把它和孩子已有的积极或潜力联系在一起）。再有如女孩脸上有一颗痣，但如果大家都说这是一颗美人痣（赋予了积极的价值意义），这颗痣就不会成为困扰女孩生活的东西；反之，如果大家都说这颗痣是“寡妇痣”（赋予了消极的价值意义）的话，那这颗痣就一定会成为这个女孩生活中的心病。有些人脸上有两个酒窝，但由于大家都认为酒窝代表了美和好，因而许多脸上没有酒窝的人甚至会人为地在脸上造两个酒窝；但如果大家一致认为酒窝就是一种残疾，酒窝意味着一个人比别人脸上少了两块肉，是一种残疾或疾病的标志，这时候酒窝就会演变成了一种痛苦和悲伤。

这种赋予意义价值的方法适用于很多方面，如自己性格特征方面的缺陷和不足、生活中已经发生了的挫折和失败、失眠、身体上已经发生的病或疼痛、童年期的艰辛痛苦和创伤、现在正体验着的抑郁或无助等情绪状态，等等。

当然，赋予价值意义的过程要注意筛选各种关系，不能生拉硬配，更不能歪曲事实，甚至捏造理由去欺骗自己或他人，而是要以事实或科学的理论为根据，寻找正确而充足的理由。生活中有些人提倡的所谓“阿Q精神”并不属于这一范畴，阿Q精神的本质在于歪曲事实而获得快乐，是一种类似于醉酒后扭曲现实而产生的快乐。

第三，采取行动。

接受的关键在于行动，通过一定的行动不仅可以衡量自己对这些消极的接受程度，同时也可以通过行动本身来丰富自己的应对经验。行动是改变消极最重要的一环，它一方面给消极提供了改正的实践机会，同时也让个体有机会更深刻地理解消极的含义以及发展自己相应的积极品质和积极力量。行动可以让人保持活力，行动也可以探索个体隐藏的内在动机，行动还可改变或塑造个体的外显身份。

行动主要可以分为两类：一类是和事件本身无直接关联的行动，即采取行动来提高自己的一些基础性的积极品质，开拓自己的视野或知识等，如通过练习正念冥想来使自己变得更平静，更宽容：另一类是和消极事件或情绪本身相关联的行动，主要指提高自己与消极相关联的积极品质或积极力量方面的行动。

如当个体意识到自己有孤独的倾向时，可以主动参与公众活动，有意识地多与他人接触，也可以在公共场合中主动关联他人（如在餐馆时可以主动和边上人说“这个宫保鸡丁真不错”等）。个体采取行动之后并不意味着一定就能获得他人或外界的积极回应，因而个体在行动中就要积极地看待他人的反应，试着从积极或中性的角度去解释对方或外界的反应。人们在行动中会不可避免地面临挫折或失败，这时候一定要学会不要从负面角度来看待问题，如“我们之间天生就是不可调和的”“对方这是在故意耻笑我”，当人们消极地看待他人的反应时，就会自动选择自我保护，从而退缩回自己原来的消极状态。

这里要注意，行动一定要选择一个对自己相对安全的场所，不能期望在任何场合你的行动都能获得积极的回应。如孤独倾向的人可以主动去参与一些志愿者活动，帮助老年人打扫卫生等，这样就比较容易获得好的回应。而有抑郁倾向的个体可以去幼儿园帮助孩子，或主动去公众场合做义工等，这些行为就比较合适（有抑郁倾向的人要避免和人讨论政治、学术等问题）。

行动结束后可以有意识地对自己的行动进行一下小结，如找个时间把自己的行为和他人的反应都一一列出来，同时再把自己的所有念头和想法列举出来。对那些消极的想法进行一一校对和严肃审查，多问几个为什么。如“真的是这样吗？”“所有的人都这样吗？”或“他是故意这样对我说话吗？这话让我来说会是什么效果？”让自己在自我回答或思考中感受到自己想法的荒谬和一些不成熟的成分，并寻找到一种合适的方式进行练习，以便在下次合适的机会中可以使用。在行动中一定要解决消极的自言自语，这种方式会让人们对消极失去敏感。

行动不一定要发生在现实的环境，也可以充分利用社交网络。社交网络用得好，可以提高人们的行动能力，因为网络可以让人的手变得更长、腿走得更快、眼睛看得更远等。当然，网络只是一个工具，上面可能是一个虚拟世界，上面所展现出的并不一定是真的。但人们应该真诚而善意地利用这个工具，要在上面真实地表达自己，真诚而善意地与他人交往或采取相应的行动。不能把网络当作生活的目的，在网上故意塑造完美无缺的高大上形象来吸引别人的注意，这反而会使自己在现实生活中变得更消极。

在某些时候，行动甚至可以直接改变人的一些心理问题。如心理健康专业人员就通常使用行为激活疗法（Behavioral Activation Therapy，简称 BAT）来治疗抑郁症，这种方法虽然是从认知行为疗法（Cognitive Behavior Therapy，简称 CBT）演变而来，但它比认知行为疗法更容易掌握。行为激活是 20 世纪 70 年代早期由彼得·勒因森（Peter M. Lewinsohn）及其同事为治疗抑郁障碍而设计的一种以行为为核心的治疗方案。其理论假设是，愉快刺激的减少（即强化的减少）或者厌恶刺激的增多导致了抑郁的发生和发展。

行为激活疗法的特点主要在于行动，没有太多的自我思考，通过行动来调整和改善人们的主观感觉。这种方法要求人们详细地把过去某一段时间的行为记录下来（也可以记录后面将要面临的行为），然后把注意力集中在这些行为的作用和结果上（如让个体分析自己的这个行为是有效的还是破坏性的），通过分辨行为的性质之后，就可以帮助个体在随后采取积极的行为而不是消极行为。在这一过程中，可以设想行为过程中可能会碰到的困难以及可以用什么方法解决等，同时进行心理演练，分析可能带来的结果，从而帮助人们在多个行为方案中选出积极的行为方案。简单地说，这种疗法就是帮助个体找到合适的行为，然后进行心理演练，即激活个体内心那些尘封已久的积极行为方式。

BAT 虽然是一种心理疗法，但它其实也可以成为人们的一种行动方式，人们可以借此来培养或改变自己的行动。这一过程大致如下。（1）人们通过对自己已有行动或行为的监控和分析比较，确定自己的哪些行为与消极有关。（2）明确自己最重要的生活意义（即自己的价值观），并将这种意义和价值链接到自己的行动（指那些与消极有关的行动），这样人们就能在接受的同时并有动力去采取这些行动。（3）分析那些总是和你的消极相关联的行动，特别是那些和消极关联在一起的习惯性活动，然后主动避免去那些会产生消极行动的现场。（4）选择那些令人愉快的行动，在进行一定的演练之后，主动在自己的日常生活中引入这些行动，同时也尽量使自己待在那些能让自己产生愉快行动的场合。

尽管从时间上看，今天总会变成明天，但生活变化的可能性通常很低，多数时候生活似乎是静止的、平淡的，并且不断地重复，绝大多数人也似乎已经习惯于已有的旧节奏。所以，如果人们能在自己的生活中主动采取一些积极的行动，这种变化就会引起人们内心对未来的渴望和兴奋，甚至会重新点燃一个垂死的生命火花去接受一个令人兴奋的新挑战，并为之做出最大的努力。从错觉角度来看，由消极转化而来的积极，人们获得的幸福快乐会更甜，所以，从一定意义上说，消极也许已经为人们未来的更好幸福打下了基础。

通过人的行动或行为来直接改变人的意识，并让新的意识来影响人们的新的生活，如此循环下去，这在现在可能是让自己心理变得更健康的一种最好方式。当然，随着生命科学的不断发展，将来人们也许可以直接操纵人的意识，人们通过操纵脑电波、神经元等的活动给一个人灌注一大堆东西，使人变得积极、正直和高尚，但事实上这个人可能只是静静地坐在那里什么也没有做。不过要真到了那样的年代，人就成了一种设计的产物，人们或许可以根据相关标准来有意设计出想要的人（产品）。

开心地笑一会儿试试

一、你知道具身认知吗

许多人喜欢心理学是因为心理学对人们的生活有用，最近有关微表情方面的研究就比较流行，因为人们发现自己可以借助微表情来读懂对方的心思（意识），比如通过对方的眼球运动、四肢运动、脸部肌肉活动等来读懂对方。相关的心理学研究发现[110]，如果在一个公共场合，有一个人总是盯着你的头部和胸部看，他或她可能有点喜欢上你了，有想和你进一步发展关系的想法；反之，如果他或她只是盯着你的脚或腿看，那可能意味着只想和你成为一般的朋友。当然，这一过程还存在性别差异，如果一个男人只是看一个女孩的头而不看她的胸部，那可能是对她并不真感兴趣，仅仅只是逢场作戏；而一个女性只看一个男性的头部而不看其胸部则意味着愿意和他成为朋友。

微表情研究是根据一个人所表现出来的自然行为来推断其心理状态，但如果人为控制一个人的行为，那这个人会不会就一定能产生与这个行为相匹配的心理呢？心理学的研究告诉人们：这个可以做到！这就是心理学所谓的“具身认知”（embodied cognition）。

什么是具身认知？在这个问题上有许多看法，有些看法之间还有着明显差异。如有的人认为认知是情境条件下的产物，只能发生在现实世界中，而且随着时间的变化而变化，因而认知是具身的；有的学者认为具身认知意味着认知信息储存在人们的身体里，以便在人们需要时供人们使用；还有人认为认知是行为动作的结果，认知的根本目的也只是服务于行为等。不过如果把这些观点综合来看，具身认知其实就是指人的生理体验与心理状态之间有强烈关联，生理体验可以“激活”人的心理感觉，反之亦然。比如人们在心情开心的时候会微笑，微笑后人的心情也会趋向于变得更开心。

所以，简单描述的话，具身认知就是指人先做了什么行为动作，然后就会产生和这个行为动作相匹配的心情状态。尽管具身认知理论在许多方面受到一定的质疑，但它在心理健康领域却很有用，也很有价值。

具身认知本身是一个很早就有的心理学概念，近年来随着一些有影响的心理学实验的出现，这一理论也越来越受到人们的关注。

心理学家斯台普和斯确克（Stepper & Strack）俩人早在 1993 年就做了一个有趣的具身认知实验[111]，他们以大学本科生为实验被试，实验时欺骗这些被试说这是一个人类工效学方面的实验（绝大多数心理学实验都不能让被试知晓实验目的，一旦被试知晓了实验的真实目的，实验效果就会打折扣），希望研究不同的身体姿态对完成一种复杂任务的影响。实验组被试有两组，实验一组的被试被要求采用一种所谓的“工效学姿势”（低头、耸肩、弯腰）去完成任务，实际上就是让这些被试做出一副垂头丧气的样子去完成任务；实验二组被试被要求采用另一种所谓的工效学姿态（挺直腰背、昂头抬胸）去完成任务，实际上是让这些被试做出一种趾高气扬的样子去完成任务。所有被试之间都被隔离起来独立完成任务而相互看不到。任务完成之后，所有被试都被告知他们出色地完成了任务，可以获得相应的酬劳，并被要求对他们当时的心情（感受）作一个评分（7 点量表评分），其中有一个问题是问他们是否为刚才出色地完成了任务而感到骄傲。结果发现，在实验一组与实验二组之间在骄傲情绪体验上出现了显著性差异，第二组被试体验到了更多的骄傲情绪。而其他方面的情绪体验的差异不多。这一实验结果说明，情绪可能具有具身认知的特点，人们如果先做出了某种身体行为，就会产生相应的情绪体验。

还有研究[112]也证实了情绪具有具身特征。他们让被试对一些具有典型情绪色彩的名词（如婴儿、鼻涕等）进行情绪效价判断（这些词是不是具有喜悦、愤怒、开心、难受等特征），然后在被试判断的同时用肌电扫描仪记录下被试面部肌肉的活动情况，他们发现被试在进行判断时，面部肌肉首先做出一些微小的活动，似乎被试先以身体的肌肉活动表现了某种情绪效价（如积极和消极），然后才产生了认知上的判断。但如果被试不被要求对这些名词（如婴儿、鼻涕等）进行情绪效价判断，而只是做出该词语的首字母是不是大小写判断时，这些被试的面部就不再有相应的肌肉活动，这说明情绪作为一种心理状态是在身体反应之后产生的，是先出现了面部肌肉活动，尔后才产生了相应的情绪体验。

真正让具身认知这一理论声名鹊起的是钟成波等人于2006年发表在《科学》[113]杂志上的一项具身认知研究，提出了所谓的“麦克白效应”（Macbeth Effect），即西方人（美国人）在做了不道德行为之后，偏爱通过身体清洁行为（或行为倾向）来减轻自己在不道德行为后产生的不道德感，并认为这是个体的一种心理补偿机制（psychological mechanism for restoring threatened morality）。按照具身认知的观点，身体运动经验与个体内在的、抽象的心理过程具有紧密联系，因此，当个体做了不道德行为之后，其不道德情绪就会被唤起，而个体在进化过程中已经倾向于将不道德情绪体验与不洁净的身体经验相联系，当个体希望消除自己已有的不道德情绪体验时，就会产生清洁身体的要求与行为倾向。换句话说，通过一定的身体清洁行为，个体已有的不道德情绪体验就会得到相应的缓解或消除。

不过，具身认知也具有文化的属性，比如中国人和西方人的文化不同，西方是一种原罪文化，西方人做了不道德行为之后会产生罪恶感，因而需要洁净行为来减轻或消除这种罪恶感（似乎洗一下就把罪恶洗掉了）；而中国人是面子文化，林语堂先生曾认为，有三个女神统治着中国，分别是面子、命运和恩惠，而在这三个女神中，林先生认为面子比命运、恩惠更有力量，比社会制定的各种法规更受尊敬，所以中国人做了不道德行为之后不觉得这是一种罪，而是觉得这是一件丢了面子的事。任俊、高肖肖等人的研究[114]就发现，中国人在不道德行为之后产生的是保全面子的行为，而保全面子不能依靠洗，要靠掩盖和隐藏，也即面子文化下的中国人做了不道德的事之后首先想到的是掩盖和隐藏。在中国，失面子会让人感到羞耻而不是有罪，而羞耻常常只有在他人知道了以后才会发生（如你不穿衣服没有被任何人看到，你就不会感到羞耻，但如果被别人看到了，你就会感到羞耻），这就导致东方人在做了不道德行为之后会直接将丢面子的事情掩盖起来，以此来维持自己的良好形象。从这一角度来说，心理在某种意义上可以说是文化的产物，个体都是基于各自所处的社会文化环境而进行社会性活动，从而形成相应的心理机制和行为模式。

具身认知有没有相应的神经基础呢？具身认知可能涉及多种神经活动，完全的神经机制可能很复杂，但迷走神经 (vagus nerve) 肯定在其中起着重要的作用。迷走神经为第 10 对脑神经，是脑神经中最长且分布最广泛的一对神经。迷走神经从躯体到内脏都有分布，属于副交感神经系统，与交感神经系统拮抗性地调整人体的心率、呼吸、腺体分泌及肝、肾上腺等重要器官的血流量分布等。迷走神经在人体的颈部、胸部、腹部都有多条分支，参与人体许多重要器官的功能调节。如当人们采取昂首挺胸的时候，人们的迷走神经就会被有效打开和舒展，从而使人们的心跳、呼吸等都做出了相应的反应，而这种反应也同时产生了相应的情绪体验。所以，人们做出昂首挺胸姿态总比做出低声下气姿态时的感觉更好，同时心情更愉快。在世界范围内，人们总是把庙宇修在高高的山上，教堂要修得宏伟高大，大户人家的房子都要修一个高大的门楼，因为这种高大上可以让人们在看它们时打开迷走神经，从而产生一种愉快和敬仰的感觉。人们甚至在晚上抬头看星空的时候，也会感觉到更多的开心、更多的良善和更多的积极，这是因为这种扬着头部的姿态打开了迷走神经。

积极心理学家芭芭拉·弗雷德里克森（积极情绪扩建理论的提出者）曾长期研究了佛教强调的冥想，她发现仅仅六周的短期冥想训练就会对迷走神经产生积极的影响（即产生了更多的积极心理），而这会显著提高人的心理和生理健康状况，因为迷走神经在人体的机体健康以及个体对别人的爱与同情等心理品质中起着重要的作用。

具身认知对人们的生活有很大的意义，特别是在孩子的教育过程中。教育的本质意义就在于使人成人，这一过程当然要注重提高孩子的认知，在提高其认知的情况下培养孩子相应的情感和相应的行为（或行动），也就是心理学上常讲的所谓知、情、意、行过程。但实际上，孩子的教育又不是一成不变的，特别是作为家长来说，家长对孩子的教育几乎全部是融合在生活过程中，多数时候人们并不能清楚地区分什么是教育、什么是生活。因此，家长对孩子的教育可以借助具身认知的方法，着重在生活中让孩子形成积极的行为，使孩子通过行为来逐渐产生相应的心理和认知。尽管智商和个体的遗传素质关联非常大，甚至有所谓的 70 定律（美国明尼苏达大学的一项研究发现，智商的 70% 可能来源于遗传），但事实上智商也会因环境的影响而发生变化。有一位名叫弗林的学者发现，美国人从 1932 年到 1978 年间的智商水平平均每过十年就大约增加了 3 分，这一现象被称为弗林效应，这一效应后来被发现在其他一些国家或地区也存在。弗林效应肯定不是基因的结果，因为在这一过程中美国人的基因并没有发生什么大的变化，这只能是后天环境的影响（特别是教育和食物营养等所起的作用），所以父母应该有意识地给孩子创造一个有利于他成长的教育环境。为此，我们在这里提出两条相应的家庭教育建议。

建议一，为孩子建立积极的家庭（或单位）文化。英国学者伯恩斯坦概括了现代社会两种典型的家庭文化编码：层级型家庭文化编码和独立型家庭文化编码。

层级型家庭文化编码具有一些明显的特征，家庭各成员角色之间有明确的分工界线，各成员间角色的渗透性较弱，所谓“演什么像什么”，成员与成员之间具有一定的阶层性，不同成员的角色地位是天生形成的而不是自己去争取获得的；整个家庭呈封闭性状态，外来的或异己的东西不易进入。这种家庭文化强调规则。

而独立型家庭文化编码则表现出了另一种特征，家庭成员间角色界线比较模糊，没有明显的权威结构，成员间角色相互渗透性强，家庭呈现出开放性状态，容易吸收或包容新的东西，这种家庭文化编码相对更积极。这种家庭文化强调行为。

家长要让自己的家庭形成这种独立型家庭文化编码，因为这种独立型家庭文化会在行为上鼓励孩子的自主性和独立性，让孩子在家里能充分表达自己的意见并得到尊重等。

但实际上，现在的父母更关心孩子的学习，家庭的一切活动永远只有一个主题，除了学习还是学习，威斯博德（Weissbourd）在一个“日常关心”（Making caring common）的项目中发现，孩子取得好成绩带给父母的自豪感要三倍于孩子帮助了别人。父母鼓励的不是孩子的积极行为，鼓励的是孩子的学习结果。所以，威斯博德提出了从行为入手来培养善良孩子的五个建议：A. 鼓励孩子关心他人并将此作为评价孩子的优先标准；B. 创造机会，让孩子练习如何关心和表达感激；C. 鼓励孩子去关注各个阶层的人（别总盯着同学）；D. 做孩子的行为榜样或示范；E. 帮助孩子学会管理自己负性情绪的一些行为方式，如学会认知重评调节技巧、做深呼吸、默数 1~10 并重复等。

建议二，让孩子有独立的行为空间，使孩子自己从行为中学习行为。家长只是做孩子的顾问或咨询师，而不要去做孩子的经理人或经纪人。

2017 年，有一个来自日本的名叫“旅行青蛙”的放置类小游戏比较火，这款游戏玩的方式非常简单，游戏的主角是一个有着大嘴巴、大眼睛的绿色小青蛙，而整个背景画面只有两个，一个是小青蛙居所的室内，另一个是室外。小青蛙爱好旅行，但旅行的时间、地点都不固定，不由玩者控制。小青蛙在家里的活动也只有看书、吃饭、做手工三种，这些活动同样是随机的，不由玩者控制。小青蛙居所的室外有一小块地会长出三叶草，玩者在游戏中唯一能做的就是经常收割一下三叶草换成钱，然后帮小青蛙买一些简单的食物和用品，其他时间就只能等。总的来看，整个游戏过程玩家大部分时间除了等还是等，没法做出任何事来影响小青蛙在家的活动或在外旅行的活动，只能有空时打开手机看看小青蛙有没有回来，顺便收割一下三叶草。外面玩的小青蛙偶然会寄回几张照片，玩家可以通过照片上的图景来猜测小青蛙现在可能在什么地方旅行。这样简单的游戏居然火了，这一方面说明许多人有打发日常生活中碎片时间的需要，另一方面是小青蛙自我活动的巨大空间让玩家产生了一种不可名状的情感，如牵挂、爱和思念等，正是这种空间距离才使得这一游戏吸引了众多的玩家。

当代家庭教育的问题不是家长不关心孩子，而是家长太关心孩子，这种过分关心剥夺了孩子自由行为的空间，孩子的行为几乎都是爸妈让他这样做的。其实，家长只需要为孩子创造足够的社会机会和相应的保障条件，然后为孩子设定一个积极的目标，至于孩子的具体行为方式就让他像“旅蛙”一样。这里要注意，家长一定要和孩子一起为自己的行为制订一个带有积极意义且比较可行的目标，有研究发现，在活动或学习过程中设定一个目标能显著提高个体的动机和相应的行为表现[115]。这一效果在男性身上要比在女性身上体现得更明显，男性被试在设定目标后更有相应的反应。研究中，研究者给被试 15 个要完成的题目，一组设定目标至少要完成其中的 10 个，另一组则不设定目标。在控制了完成时间这一因素之后，结果发现设定目标组比没有设定目标组的被试多完成了约 35% 左右（正确答案），也就是说，设定目标之后被试在完成时间和正确率上都有了显著的进步。

二、生活要过出幸福的样子

这个世界有各种各类的工作，不同的工作有不同的特性，有些工作特别容易让人郁闷，如保险推销员和律师（不是贬低这些工作，其实这些工作是人类社会必不可少的，是社会文明和进步的重要力量，只是从工作的性质上说，这些工作更容易让人产生郁闷）等。但也有一些工作性质本身就容易让人产生满意感，芝加哥大学的一些研究者就对人们日常生活中不同工作的幸福感进行了研究，他们调查了 27,587 名被试后发现[116]，牧师工作可能是世界上最幸福的职业（可能是因为他们天天给人讲美好、善良等积极的原因，当然牧师工作也就容易让人产生满意感）（87% 的牧师报告对自己的工作非常满意）。接下来是身体康复理疗师（不包括医生，满意率约为 80%）、消防员（满意率约为 78%）。以上是前三位最满意的工作，其他依次为：教育行政管理者；画家和雕刻家；老师；作家；心理学家；特殊教育老师；工程师；办公室领导或主管；债券和金融服务销售员。

让人最不满意的工作是（一些工作不一定是具体的某一种工作，而是相关联的一类工作）：泥瓦工；侍者或服务员；除建筑工之外的其他体力劳动者；调酒师；手工包装工；运输、储存和原料处理工；饰品或服装营业员；

收银员；厨师工作及相关人员；客户代表；屠夫；家具销售人员。

从这个研究的结果来看，体力劳动者的工作满意度相对更低，这意味着付出大量体力可能会让人心烦，让人产生不满意感。其中建筑工人对自己的工作最不满意，这一工作具有典型的责任和压力比较大、消耗体力多的特征。另外也发现满意感低的工作的报酬相对比较低，可见金钱可能在工作满意度和幸福感上具有一定的作用。总的来看，这次调查发现，大概有 47% 的人表示对自己的工作很满意，33% 的人对自己现在的生活状态感到很幸福。

如果你不幸就在做一份幸福感相对较低的工作，那了解具身认知一定会对你开心起到很大作用，它能帮助你获得和提升该得到的幸福。如果你很幸运地有了一份相对幸福感较高的工作，但这也并不就一定能保证你会感到幸福，幸福还涉及许多方面的因素，因此，具身认知相关的内容也依然会让你获益匪浅。

美国堪萨斯大学有个名叫塔娜·克拉夫特的研究员做了一项有趣的研究，她想看看人在平静状态时做出开心快乐的样子到底有什么作用。在研究中，克拉夫特博士把 169 名大学生被试随机分成了三组，第一组和第二组被试在实验过程中做了同一件事——“用嘴巴轻咬一支铅笔”。实验一组用牙齿轻咬一支横着的铅笔，而嘴唇不允许碰到铅笔；实验二组被试用嘴唇轻含住一支竖着的铅笔，而牙齿不能碰到铅笔；第三组控制组被试则保持表情平静。所有被试都被要求完成同样的任务（如看卡通图片、写将进行演讲的演讲报告等），然后让被试对任务的好笑程度、完成任务时的应激程度等进行了测量。

结果发现，和控制组被试相比，实验一组那些用牙齿咬住铅笔的人，会认为这些卡通图片更好笑，更有趣，其应激程度相对更低；而实验二组那些用嘴唇含住笔的人则认为这些卡通图片没有什么好笑，也不有趣，其应激程度相对要更高。

为什么会出现这种差异呢？实验一组的被试用牙齿咬住一支铅笔的样子其实是做出了一个微笑的行为状态，心理学把这叫作微笑表情，也称为杜乡微笑 (Duchenne Smile)。杜乡微笑在十九世纪六十年代时由法国著名的精神病学家杜乡(Guillaume Duchenne)首先提出，因而后人为了纪念他而命名。杜乡微笑的典型特征是人在微笑时眼睛四周的肌肉和嘴巴四周的肌肉都同时在运动，这种笑模样代表了人开心时的真正微笑。如果一个人在微笑时只有嘴巴四周的肌肉运动而眼睛四周的肌肉不运动，那这种笑就只能算作是一种职业性微笑，如空姐式微笑，这不代表人真正开心，有点类似于假笑。

实验二组被试用嘴唇含住笔，且不能让牙齿碰到铅笔，这一行为的特征是有点类似于悲伤、难受的样子。你去看看周围生活中的小朋友，如果一个小朋友在嘟着嘴，他一定是在生气或不高兴了。因此，当这些被试用不开心、难受的模样去看图片时，他们就真的产生了不开心的情感体验。

假设你今天下午到晚上都要和一个女孩约会，你们下午准备一起去游乐园玩，你觉得你下午应该请女孩子去玩蹦极 (Bungee Jumping)、过山车等极限性游戏，还是仅仅在公园里随便走走、散散步？心理学的研究告诉你，最好请女孩子去玩蹦极、过山车等极限性游戏，这些游戏过后双方的约会效果常常出奇地好。为什么会出现这种效果呢？这是因为蹦极、过山车等游戏会让你们特别紧张，出现心跳加快、出汗、肾上腺素大量分泌等生理现象，而当你们在一起约会时，你们双方会把这些生理运动归咎于对方对你的吸引力，他（她）真的吸引我，让我心动了！但其实是蹦极、过山车让你心动了。所以，改变了你的身体状况，你就能做出不一样的判断。

现在邀请你对两支一模一样的笔做出选择：“如果你觉得哪一支笔更好，你就选择哪一支。”它们就放在你的面前，你可以随便看。一旦你做出了最终决定之后，你就把你看中的那支笔拿起来。你肯定会在那里仔细观察这两支笔，细心比较它们的差异（其实是没有差异的）。但其实，你的选择已经被心理学家们猜到了，如果你是一个右撇子，你大概率会拿起右边的那支笔；如果你是左撇子，你就更有可能拿起左边的那支笔。你以为是你的审美观和价值观使你做出了这样的选择，实际上更可能只是你的行为模式决定了你的选择。因为你是一个右撇子，习惯于拿起右手边的东西，这一右手拿的动作让你产生了右边的那支笔更好的感觉，并不是真的右边这支笔让你更开心舒服。

肉毒杆菌（Clostridium botulinum）是一种很特别的细菌，它的毒性非常强，需要生长在缺氧环境条件下，比如在罐头食品及密封的腌渍食物中就具有很强的生存能力。肉毒杆菌在繁殖过程中会分泌肉毒毒素，该种毒素是目前已知的最剧毒物，可抑制胆碱能神经末梢释放乙酰胆碱，导致肌肉松弛型麻痹。科学家正是看中了肉毒杆菌毒素能使肌肉暂时麻痹这一功效，把它用于治疗面部痉挛和其他肌肉运动紊乱症，用它来麻痹患者的肌肉神经，以此达到停止肌肉痉挛的目的。可在治疗过程中，医生们发现，它在消除皱纹方面有着异乎寻常的功能，其效果远远超过其他任何一种化妆品或整容术。因此，美容学家就开始利用肉毒杆菌毒素来消除皱纹，这种美容术因疗效显著而在很短时间内就风靡了整个世界。一般来说，整容或美容在让女性变得更漂亮的同时也会让女性变得更开心、更快乐，整容和美容在一定意义上能提升女性的幸福感水平。但有些女性打了肉毒杆菌之后确实变得没有皱纹而更漂亮了，但她们的快乐非但没有提升反而还下降了。原来是这些女性把肉毒杆菌打在了眼睛四周，这样眼睛四周的皱纹因为肌肉麻痹而消失了，但这些人也因此而不能出现杜乡微笑的样子了，这样时间长了以后，这些女性就真的变得不开心了。顺便说一下，眼睛四周的皱纹一般被称为幸福纹，是人是不是真幸福的重要标志之一。

所以，人们在生活中要时常鼓励自己多去积极行动（即多多做出幸福的行为或快乐的样子），而不仅仅只是坐在那里“我想静静”、思考人生、思考人性等。当然，这里有一个问题需要明确，就是一个人正在面临消极事件时（如考试不及格），则不能采用这种做出开心快乐的样子。

目前，心理学已经做出了一些有趣的有关行为动作方面的研究结果，人们不妨照着去做一做，下面这五条建议可能会改善你自己的心理，同时也会让别人觉得你很能干。

第一，在正式场合比周围人多穿一点点衣服[117]。如果你要去一个相对比较正式的场合，在穿着得体的前提下要比周围人多穿一点点，如多一条围巾、多一件西装，甚至是多一双手套等，这样你会显得更有吸引力。请尽量不要穿短袖或 T 恤衫出现在正式场合，这会让你看起来比周围人更笨一点，更没有吸引力一点。人的吸引力当然可以来自于心灵，来自于人们的知识、修养等，但当你在一个场合出现时，吸引力首先来自于一个人的身体而不是心灵，人的长相一般不能改了，但人们可以通过穿着来提升自己的吸引力。

人如果比周围人多穿一点，这一行为会让自己产生更多的温暖感觉，这会让人更自信。好多人都有一种错误的观点，女孩子在公共场合应该穿少一点才会惹人注意，其实那只是娱乐界流行的法则。娱乐界是靠别人记住你，而让人记住你不是靠吸引力，要靠与众不同和奇形怪状。娱乐在一定程度上就是一种寻找与平常不一样的生活的过程，就是一种猎奇，当你总和周围人差不多时，你就不容易被别人记住，也就成不了娱乐明星。

第二，与人交流时让自己的目光（眼睛）主动去接触讲话对象的眼睛。看着对方说话是一种重要的行为方式，这种方式不仅让别人觉得你在专心听讲，同时会让你看起来智商更高，从而增加你的吸引力。心理学的研究发现，交流中越愿意接触他人眼神的人，越聪明[118]，因而做出一种高智商的行为动作就一定是一种很好的印象管理方式。

当然，看着对方的眼睛并不意味着盯着对方的眼睛，看着的意思是自然地注视对方眼睛周围的那个区域，不要把眼帘垂着或看着其他地方。看着对方的眼睛会让别人觉得你很在行，同时也很坦诚，没有隐藏什么东西。

当然，交流更主要的还是你的言语智慧，要会说话，微表情再好，但你却不会说话，那你的交流也就自然会一塌糊涂。一项发表在《人格和个体差异》（*Personality and Individual Differences*）上的新研究发现，男人的口头智慧（言语能力）有助于预测其婚姻时间的长久[119]。研究发现，较高的言语智商对年轻女性尤其有吸引力，也许在婚姻的漫长过程中，最重要的是有一个能与你好好交谈的人。事实上，智力的所有方面都可能有助于预测婚姻的长度，但可能是因为言语智慧比数字或逻辑智慧等更容易被发现，因而人们容易最先受它的影响。另外在这项研究中，研究人员还发现婚姻方程式中另一个重要变量是男人的车，谈恋爱时购买较新和相对更昂贵汽车的男性更有可能保持更长的婚姻时间。

第三，留中等长度的头发会增加你的吸引力。女性如果是中等长度的休闲风格的发型看起来更能干、聪明，留过长或过短的头发会让别人觉得你不勤于打理自己，有点不修边幅。而且女性过短的头发会让人觉得你有太多男性化特征，觉得太强势。女性的头发一般多长才叫中等长度呢？心理学研究发现，头发垂下能自然盖住肩膀的长度最好。

男性的中等长度则以不露出头皮、不盖住耳朵为好，男性太短的头发会让人觉得这个人太精明、太有控制他人的欲望等，而且心理学的研究发现，男性要中等长度的偏分头为最好（不要中分噢，电影中头发中分的人物也常常是坏人）。

第四，和他人交流时尽量把眼睛睁大些[120]。这一行为会让你更自信、更积极，从而给他人留下好的印象。眯着眼睛和人说话让人觉得你睡眼惺忪，没有精神，也不够积极。所谓睁大一点，是指在通常的状态条件下你要有意识地把你眼睛四周的肌肉向后舒展一下，即比平时看物体东西时睁大一点，同时嘴角的肌肉伴随着向后提一点，有一点笑意似的，这种动作会让个体显得有感染力。

有研究发现，足够的睡眠会让人显得眼睛很有精神，所以保证充足的睡眠就会增加人的吸引力。特别注意的是，与人交流时不要总皱眉头，这种皱眉头会真的让人产生厌倦的情绪和不舒服的感觉。人们如果实在想要在交流中表达不同意的态度或不同意见，或者在交流中希望借助做鬼脸来表达自己的态度或情绪，建议你一定宁可用脸部做鬼脸而不要让你的眼睛参与，一旦眼睛参与做了消极动作，就有可能真的产生了相应的消极情绪。

第五，不管是在公共场合，还是在与人交流时，讲话要稍微慢一点。讲话慢一点的行为，会让自己更从容，更胸有成竹。这种行为会让他人觉得你更能干、更性感、更有修养和更可亲。讲话不能学电视转播，那种连续的快速言语加上夸张的声调并不适合交流，更适合给人灌注信息。当你是单方给人灌注信息时，你可以稍微快一点，并用不同的语调来吸引别人的注意力，但与人交流时更要交流情感而不仅仅只是给人灌注信息。

特别注意的是，不要大声说话，特别是不要在公共场合大声说话，这种情况已经成为一种公共场合不文明恶习。大声说话对周围听者来说是一种干扰和骚扰，增加了听话人的应激程度，导致周围的人产生同时会产生说话者没有修养、不道德等认知。其实，大声说话对说话者本人也有危害，大声说话在生理上会立即提升说话者的应激状态，使自己的各种生理指标处于较高的唤醒状态，这种生理唤醒会让人错误地觉得自己已经对对方产生了愤怒情绪或敌意，因而大声说话就更容易和他人产生冲突，更容易对他人表达不友好。

当然说话声音大小也是相对的，要根据不同的场合。1997年12月11日，美国著名的专栏记者辛迪·亚当约了美国当时的克林顿总统的夫人希拉里采访[121]，她们采访的地点定在了美国著名的曼哈顿俱乐部，结果正在辛迪与希拉里高谈阔论的时候，俱乐部守门的老头过来了，说这里不允许有这样说话的行为，要求她们立即离开，当时在场的还有总统府的一些高级助理们。希拉里赶紧拉上辛迪，带着随从们离开了。她们当时也就是通常的说话声音，但在这样幽静的俱乐部环境下，她们的谈话声就显得大了，以致要被看门人赶走。

第 5 章

拥有这些条件你会更幸福

有良好关系的朋友和亲密的家人

人如果没有足够的且令人满意的社会联系或社会交往，就会产生一种不舒服感，这种不舒服感就是人们常说的孤独感。这里有一个问题需要搞清楚，孤独不一定必然带来孤独感。孤独是否会产生孤独感要看一个人是主动安于孤独还是会因被疏离而感到孤独。安于孤独的人的孤独是一种主动性孤独，这种孤独反而会让个体产生平静感，甚至有可能出现巨大的创造力。而感到孤独则是一种被动孤独，这会给人带来一种临床意义上所说的社交痛。孤独感不仅让人感受到痛苦，而且还很危险。长期的孤独感体验在心理上会使人形成交往障碍，在生理上还会削弱一个人的免疫系统，导致过早死亡。

一、多与好朋友和好人交往

中国有广场舞文化，每天晚上，从政治文化中心的北京到金融中心的上海，从东部沿海到西部内陆，从城市到乡村，都可以看到一群群人在一起跳广场舞，还出现了国家级的广场舞大赛。不过，有些地方的广场舞大妈和大爷们因为音乐声太大还和附近居民起了冲突。

许多人都纳闷，这些广场舞大妈和大爷们为什么不在家里跳？为什么不去不影响他人的偏僻地方跳？其实大妈和大爷们跳广场舞不仅仅只是一种身体运动，更是一种交往。当他们跳舞时，不仅和跳舞的人之间存在交往，和看跳舞的人之间也存在交往，如果所有人都不去看他们跳，这些大妈大爷们跳舞的热情就会大大下降。尽管现在许多人都认识到了参加运动锻炼的重要性，但如果剥离了运动中所包含的交往，那这种运动对人健康的积极影响就会大大降低。从农民和一些体力劳动者的身体健康程度可以得知，虽然这些人从一定意义上说是天天在做运动，但他们的身体健康状况并不比一般人更好。许多人都在家里添置了跑步机，想着一个人没事可以在家里跑一跑来锻炼身体，但事实上没有几个人会经常使用自己家里的跑步机，你就是真的天天一个人在家里的跑步机上跑，相应的锻炼效果也不会太大，因为这一过程没有人与人之间的交往。

一本名为《适应性人类行为和生理学》（*Adaptive Human Behavior and Physiology*）的杂志于 2017 年 6 月刊登了名为《（适度）饮酒的实用好处》（*Functional Benefits of Modest Alcohol Consumption*）的研究报告，这一研究发现，每周喝两次酒的男人幸福感更高，作者为英国牛津大学心理学家、社会和进化神经科学研究小组负责人邓巴（Robin Dunbar）。这一研究结论明显与之前的多数相关研究的结论不一致，但邓巴其实在这里使用了“标题党”的方式来吸引人的眼球，他在研究中发现，只有每周在街头小酒馆和他人喝两次酒的人才会幸福感更高。这一过程其实不是酒的作用，而是交往的效果，即男性每周至少和朋友聚会两次就会变得更健康。研究发现，经常将饮酒作为一种和朋友进行社交方式的人一般拥有更多可以依靠的朋友，也更能够融入当地的团体，更愿意信任他人。在他的实验中，经常在家附近的小酒馆喝酒的人比起一般的饮酒者以及那些在市中心酒馆喝酒的人，更体现出幸福感特质。

1938 年时任哈佛大学卫生系主任的波克（Arlie Bock）开始追踪一批青少年的人生过程想知道什么样的人最幸福。他们首批试验选择了哈佛大学当时的男本科生 268 名，另外又选取了出生于波士顿附近的贫穷家庭的男青年 456 名。这个研究项目一直持续了 70 多年，在这个过程中每两年进行一次小的测量（测量的内容少一点），每五年由专家进行一次大测量（进行身心发展的多个方面的测量），负责人已经更替到了第四代。2015 年，哈佛大学医学院的沃丁（Robert Waldinger，项目的第四代主管）教授在 TED 大会[122]上介绍了这项研究的一些发现：只有和周围人拥有良好社会关系的那些人才最幸福开心。孤独寂寞有害，关系的质量比数量更重要，好的关系会保护大脑、使你身心更健康。

[122]TED 是指“technology”（技术）、“entertainment”（娱乐）、“design”（设计）三个英语单词的简称，这是美国的一家私有非营利机构，该机构以组织 TED 大会著称，这个会议的宗旨是“传播一切值得传播的创意”。TED 诞生于 1984 年，其发起人是乌曼（Richard Saul Wurman）自 2001 年起，安德森（Chris Anderson）接管 TED，并创立了种子基金会（The Sapling Foundation）来运营 TED 大会。每年的 3 月，TED 大会在北美召集众多科学、设计、文学、音乐等领域的杰出人物，分享他们关于技术、社会、人的思考和探索。

良好的人际关系是人幸福的最重要条件之一，许多生活实践或相关的科学研究都发现了这一规律。杭州有四位“老闺蜜”，到 2017 年年底她们的平均年龄已经超过了 90 岁，年纪最大的 94 岁，最小的也有 89 岁。年轻时她们都是闸口电厂的员工，64 年前因为在同一个厂里上班而一同住在电厂公寓楼，她们楼上楼下互为邻居，成了好朋友，一直到现在还相互为伴。她们每家每户几乎都不锁门，谁家做了好饭菜都会叫其他老太去吃。而同一时期也有许多同样住进这幢楼的其他一些住户，但这些住户因各种原因都先后搬离了这里，那些搬离的员工的身体状况总的来说都不如这四位“老闺蜜”。

许多的科学研究也证明了这一条规律：良好的朋友关系非常有利于主观幸福感的形成和获得。狄纳和塞利格曼（Diener & Seligman）曾以 222 名大学生为被试，将其中 22 名最幸福的被试抽取出来，对他们为什么感到幸福进行因素分析，结果发现与朋友在一起的丰富多彩的社会生活是其中最主要的原因。

日本东京大学的一项研究表明，经常独自用餐的老人更易患抑郁症，其中，独自用餐的女性患抑郁症的风险增 1.4 倍，男性增加 2.7 倍。2012 年，英国国家统计局等机构对超过 4 万个家庭进行长期追踪后发现，经济好转对幸福感的提高并没有太大帮助，反倒是经常在家做饭、与家人共同进餐的人普遍感到更幸福。

前中山大学教授、现浙江大学管理学院教授周欣悦老师的一项发表在美国心理协会会刊《心理科学》（*Psychological Science*）上的研究发现[123]，和朋友、亲人适度地怀旧可以有效对抗孤独心理并使人的心理弹性变得更好，怀旧的内容可以是过去的美好时光，也可以是过去的一些淡淡忧愁。当然最好的怀旧可以是有意识地去回忆自己的亲人、家人、好朋友等曾经的生日情景，或者离别情景等，人们在怀旧之后，心情会更好一点。尤其是针对比较有孤独情景的个体，如出门在外的游子、远方求学的学子以及在外打拼的浪子等。

2016 年《英国心理学杂志》（*British Journal of Psychology*）上发表了一

个研究报告，该研究发现，总的来说，人与好友之间的互动愈多，幸福度也就愈高，而且这一过程还受个体智商的影响，智商越低的个体受人际交往的影响越大。也就是说，交往对智商水平有一定的补偿作用，越是智商低，人们越是能从交往中获得更多快乐。所以对于一般的普通老百姓来说，不要去学习那些高智商名人的孤独行为，那些名人可能会从独处中获得灵感或创造力，而普通人则有可能会从孤独中受到伤害。

国家和社会的发展似乎也同样依赖交往，大交往的时代促进了财富大增加和社会大发展。比如 1949 至 1978 年，中国实行关紧国门的政策，不与其他国家交往，这一时期社会财富的增加极少。而 1978 年实行改革开放，增加了与他国的交往，这带来了财富的极大增加。在世界范围也是如此，世界发展历史上三个财富大增加的时代也恰恰是世界各民族和文化大交往的时代，如文艺复兴时的新大陆发现而实现了大交往、工业革命时期交通的发展促成了大交往、二战后到现在的世界民族因文化和经济的融合而形成的大交往。

幼儿的健康发展也需要交往，2013 年发表在发展心理学会刊《儿童发展》（*Child Development*）杂志上的一项研究也发现[124]，与父母或父母亲密相处的孩子成长最为顺利，这些孩子不仅有好的发展结果，而且发展过程也较为顺利。年幼的孩子如果与父母建立了良好亲密的关系，会对他们的发展起到保护作用，如使他们在成长以后的情绪相对更稳定，更有安全感，也愿意关心和帮助他人。和父母有亲密交往的孩子不太可能长大后变得好斗、不安，较少在学校表现出情绪和行为方面（品德方面）的问题。金（Sanghag Kim）博士是这一研究的合作者，他认为在孩子出生后的头两年的生活中，母亲或父亲就应该和子女建立牢固且持久的交往关系，加强亲密互动，这是一个非常重要的时期,这一时期似乎对孩子未来的社会和情感发展至关重要。

这项结论来自于他们对 86 名 8 岁以下孩子的长期追踪研究，在该项研究中，研究者还同时研究了这些孩子的父母和老师等。

2017 年也有一项类似的研究[125]，该项研究的研究者之一维德莱克（Rebecca Vidourek）介绍了他们的研究结果：如果父母不关心孩子，和孩子很少交流，他们的孩子就更容易自杀。其实研究研究了三种父母教养行为，结果发现只有缺少父母关心的孩子才与青春期的自杀想法（和行为）有正相关。那些很少或从未被父母为之骄傲的青少年，其自杀念头的可能性要比一般青少年高出 7 倍。维德莱克提出了家长最重要的三个做法：第一，要明确地告诉孩子，他们为孩子本身感到骄傲；第二，告诉孩子他们到目前为止一切干得不错；第三，经常和孩子一起完成一些事情（进行多方式交流），比如做家庭作业或者进行业余活动。如果你从没有对孩子做过这三件事，那孩子自杀的风险就会比其他孩子升高 5 倍左右。金（Keith King）教授在 2017 届美国公共卫生协会会议上介绍了其研究结果：孩子们需要意识到有人在支持他，有人在帮助他，不幸的是，家长或老师中的许多人没有这种知觉或意识。这是个大问题。有些父母总是问专家，我们在孩子的成长过程中到底能做些什么？现在可以明确地告诉你：你应该（而且必须）告诉他们你为他们感到骄傲，他们做得很好，还应该参与他们的活动并帮助他们完成家庭作业等。

研究还发现夫妻之间感情的建立也主要与他们之间的交往有关，好的交往促进了夫妻关系，而没有交往或坏的交往则破坏了夫妻关系。心理学家高特曼（John Gottman）研究了夫妻关系（既包括好的夫妻关系，也包括坏的夫妻关系）40 多年，做了多个心理学实验，试图揭示夫妻之间到底是哪些因素会导致他们离婚，或导致他们能终身待在一起[126]。他的研究结果表明，影响夫妻关系的主要是双方的交流，一旦夫妻之间的交流出现了某种问题，特别是具有了以下这四个特征，这对夫妻之间的婚姻关系大概就不会太长了。

第一，交流中出现轻蔑或贬低（Contempt）对方（或双方）。轻蔑有多种形式，其核心主要在于贬低对方的价值，包括讽刺、起不好的绰号、模仿对方的动作、翻白眼等行为动作。从结果来看，这种轻蔑不仅影响双方之间的感情，而且会影响双方的身体健康。高特曼在研究中发现，轻蔑行为会大大降低双方的免疫力，从而增加双方患感冒等疾病的机会。相反，正确的夫妻交流应该是双方相互欣赏对方的优点,建立起互敬互重的亲密交流关系。例如夫妻之间不能说“你的笑声快要让我呕吐了”此类话，而应该要说“你的声音有一种音乐一样的美，听着就让人开心。”

第二，交流中出现苛责（Criticism）。苛责不是简单的抱怨，而是对人的人格或价值进行责难，在一定意义上是对人的一种讨伐，这会严重影响夫妻间的感情。夫妻间肯定会有不同的看法和意见，但那只是抱怨，抱怨通常应该是针对某件具体的事情本身而不能针对人。如“你就是一个从来不知道关心别人的人（或者自私的人）”的表达就是一种苛责，而“你昨天好像忘记给我买巧克力了”则是一种抱怨。家不是工作单位，家是人寻找心灵宁静和爱的主要场所，同时也是人休息和充电的地方，在这里没有那么多的量化指标去苛责。

第三，交流中过度防卫（Defensiveness）。双方在相处中认为对方是一种威胁（如会威胁到孩子的爱等），过度强调自己为中心，把自我摆在较高的绝对地位，不让别人去触碰。生活中总是为自己的错误或忽略等寻找理由或借口，从不认错，一旦发生了不好的事就立即把责任全归到对方身上。如“我没有去开孩子的家长会是因为你根本就没有提醒我。”或“你怎么总是自己无聊地闲着而却让我做这么多事。”

第四，交流或沟通中故意设置障碍（Stonewalling）。典型的如不给对方沟通或交流的机会、时间或地点等，人们常提到的双方之间或一方对另一方采用冷暴力，故意不沟通，不理睬对方的言行就是一种人为设置障碍。试想，如果让一个人对着砖头去说话，那这个人会有什么样的感觉呢？因此，夫妻间即使关系再不好，也应该积极沟通，拆除所有影响交流的障碍（如故意不给双方交流的时间或机会等），良好的交流才能提升关系的质量。

良好的交往让人快乐开心，这里特别要强调是良好的交往，即和对的人进行正确的交往。相反，如果你的交往不够良好（如和不良品质的人交往或用了不正确的交往方式），那这种交往对你的生活影响有可能是毁灭性的。交往首先要选对的人，生活中人们的身上并没有贴着好与坏的标签，你怎样才能知道对方是值得交往的好人或不值得交往的坏人呢？

这其实很容易分辨，真正的好朋友不会叫你做以下这些事，一旦他让你去做了，那你就一定要离开他，并且要远离他。（1）邀请你去不良场所，或邀你吸食毒品或其他违禁药；（2）邀你去飙车、偷窃财物或做其他一些违法的事；（3）总是找各种借口问你要钱或借钱，而且从不还你；（4）随意拉你出去玩通宵，并以“不去就是胆小鬼”等言语怂恿你，向你炫耀他曾经的违法或违纪的一些事；（5）无故旷课、旷工拉你出去玩，邀你做事都一再告戒不要告诉别人，总之，一定要小心那些总有太多秘密的人；（6）邀你带着棍棒、刀具等去帮他打架和报复别人；（7）教你学抽烟、酗酒和赌博。

为什么一定要注意跟什么人交往呢？难道跟坏人交往的过程中一定会控制不住自己的行为吗？这是因为你的交往对象对你的影响太大了，而且交往过程的影响是在你意识不到的情况下在不知不觉中进行的。有关镜像神经元的发现为这一结论提供了最好的证据和解释。

1996 年意大利帕尔玛大学的神经生理学家贾科莫 · 里佐拉蒂（Giacomo Rizzolatti）、莱昂纳多·福加希（Leonardo Fogassi）和维托里奥·加莱希（Vittorio

Gallese）在实验室里研究恒河猴的运动神经控制系统。他们把微电极插入恒河猴大脑运动皮质（Motor Cortex）的 F5 区内的一个神经细胞中，然后诱使猴子做出拿花生的动作，从而记录该神经元产生的电脉冲（即记录猴子拿花生动作所导致的神经元反应）。结果在一次实验还没有开始之前，研究者无意中发现猴子在自己没有拿花生但看到研究者（人）在用手拿花生时，它的那个微电极插入的神经元居然也在放电。这使研究者大吃一惊，猴子在没有做出拿花生的动作而只是看到其他人在拿花生时，居然就激活了它拿花生时才能激活的那个神经元，这意味着猴子看到别人拿花生的动作和它亲自做拿花生的动作激活了同一个神经元。于是，他们把这种神经元起名叫镜像神经元（mirror neuron）。

什么是镜像神经元？镜像神经元看起来像普通的运动神经元，但是它具有不同寻常的功能。镜像神经元被定义为"当个体表现出某种行为同他（或她）观察另一个人表现出同种行为时具有类似的神经反应。"有关镜像神经元的最新发现及其功能证实了长久以来人们所相信的一个朴素的观点是真实的：示范和模仿是强有力的学习方法。看到别人在干什么，真的就好像自己也在干同样的事情一样：看到别人在吃好东西，自己就有了口水；看到别人在打篮球，自己就有一种想拍球的欲望……这都是镜像神经元在起作用。

镜像神经元告诉人们，当你和别人待在一起时，潜移默化的作用一定会发生，看到别人做什么事就会体验到你自己做这种事的感觉，你想控制也控制不了。因为这些特异性的、聪明的神经元不是运动神经元，其设计只是用于人与人之间的交流，它们将观察到的结果传递给大脑其他部分。科学家在大脑四个脑区中都发现了镜像神经元所形成的皮质镜像神经元系统，这些镜像神经元将大脑皮层区与边缘系统相联结：（1）颞上沟（the superior temporal sulcus）（2）腹侧前运动皮层（ventral premotor cortex）（3）内侧后顶叶前部（the rostral part of the inferior or posterior parietal lobe）（4）岛叶前部（the anterior sector of the insular lobe）。这意味着几乎所有的行为都具有镜像作用。

镜像神经元皮质系统正是人们仅仅通过观察便表现出相似情绪和做出相似行为的原因所在。假设一个人和坏人待在一起，你就有可能看到他做坏事，你看到他做的坏事之后就产生了你自己做了这种坏事的心理，而一旦一个人做过了某种坏事，其相应的道德认知和道德行为都会出现自然下降，即会使自己的道德素质变得更低。心理学的研究发现[127]，人只要做了坏事，他对道德的认知就一定会发生相应改变，而且这一过程是无意识的。研究者让所有被试完成一项任务：四分钟时间里寻找每个矩阵里（每个矩阵包括12个带两位小数的数字）加起来正好等于10的两个数字，找到一组就可以获得0.5美元的奖励，一共20个矩阵。在这一过程中研究者故意给被试有说谎的机会，其中一些人说了谎，而另外一些人则没有说谎，然后测量所有被试随后学习"学术道德规范"的行为是否存在差异。研究结果表明，在之前曾经说了谎的被试的学习效果大大低于那些没有说谎的人。而在实验开始之前的测量中则发现，两者在学习"学术道德规范"的能力方面不存在任何差异。这意味着人们违反了学术道德规范之后，会无意识地（自动地）拒绝学习这种道德规范。

从家庭教育的角度来说，父母们也应该在和孩子的交往过程中以身作则，以自己良好的行为表现为孩子做出表率，否则，如果仅仅只是对孩子进行各种要求，而没有相应的行为表率，这种教育的效果不会太大。下面这则内容也许会给父母们一些启发。

钱报记者最近神奇地发现：语文考试有一项特异功能——你是一个什么样的父母，有可能全都会反映在孩子的作文里。其中，出镜率极高的，是吐槽爸妈玩手机。

在湖北的一场作文竞赛中，负责审阅六年级作文的一位评委说，有道题是《大人的“陋习”》，在他批改的 100 多份卷子中，20% 以上的孩子不约而同地吐槽：大人们太爱玩手机了。在孩子们的描述中，大人们完全离不开手机：爸爸看新闻玩网游，妈妈逛淘宝，甚至连爷爷奶奶也在手机上玩“俄罗斯方块”。

去年，一位小学生的作文在网上热传，让不少老师和家长唏嘘不已，因为作文里面赫然写着：“爸爸，其实我一直想对您说‘和我玩一会儿’，你就只会玩手机，你快成手机的爸爸了。”

有的娃甚至这样写：“别人都说我是爸妈的掌上明珠，我看手机才是他们的掌上明珠。别人家都有了二胎，我爸妈不用，因为他们的‘二胎’是手机。”

……

2018 年 2 月 8 日，杭州市某小学举行了休业式，并现场发起了设立“抬头日”的倡议。这份倡议书中提到，“家庭教育才是一切教育的原点，奠定孩子一生发展的基石。孩子的童年无法重来，孩子的成长不仅需要教育的润泽，更少不了爱的滋养和亲情陪伴。”因此，学校郑重提出倡议，请家长“暂时放下手机，离开网络游戏，抬起头，给孩子全心全意的时间，和他在一起”。

“您在这样的陪伴中，可以收获孩子的独特视角，和孩子一起自由地探索，见证孩子每一个成长的印记。陪伴不仅仅是我们在一起，更是一种美好而愉悦的家庭氛围，让亲情停泊，让爱永驻，静待花开。”

学校建议，将每月的 16 日作为该小学“抬头日”。在这一天，爸爸妈妈能够放下手机，全心全意陪伴孩子。[128]

二、如何交往更有效

朋友不是一下子就有的，人们首次与他人交往时都处在陌生的状态，当人们在生活中面对一个陌生人时如何进行交往才最合理呢？这是一个重要的现实问题。在讲解这一问题之前，还是先来看一个心理学上有名的囚徒困境（Prisoner's dilemma）问题。

现在两个陌生人手里各拿着一张牌，牌的正面写着“信任”，反面写着“不信任”。如果两个人同时出“信任”一面，各得3元，如果都出“不信任”一面，各得0元；如果双方出的不一致，则出“不信任”一面的人得5元（这个世界总是坏人会在某一次事件中得利），出“信任”一面的人得0元。

囚徒困境是博弈论中非零和博弈中的代表性例子，反映了个人的最好选择并非是团体的最好选择。如果你要和对方多次博弈（也就是连续多次交往），并想从这场博弈中获得最大的利益，你开始时首先是出“信任”一面还是出“不信任”一面？

科学家们已经对这一问题进行了计算机模拟，发现了自己利益最大化的法则，这一法则同样也适用于和陌生人之间的人际交往。根据计算机模拟的结果，科学家提出了和陌生人进行交往时要遵循的**黄金法则**。

首先信任对方，然后对方做出什么行为你也做出和对方完全一致的行为。也就是说，人们首先要选择信任（或者合作）陌生人，然后根据对方的行方来做出自己的行为，当你信任对方而对方随后也做出了信任你的行为，你就要继续信任对方；但当对方在交往过程中表现出了不信任你的行为时，你也一定要立即采取和对方一样的不信任行为；如果随后对方又再次表现出信任时，你也要随之信任对方。当然，这一交往法则是针对值得交往的人，针对不值得交往的坏人不能用这法则，针对坏人直接停止交往，越快越好！

在此基础之上，交往中如果想富有成果，可以遵循一些心理学原则。

（1）留面子效应。人们在与对方交往中如果对对方提一个要求，为了让对方答应这个要求可以先提一个相对较高的要求，当对方拒绝了这个相对较高的要求之后，立即提出自己的真实要求，这时候对方一般倾向于会满足你的要求。一般来说，人们拒绝了对方一个较大的要求后，对对方随之而来的较小要求接受的可能性会增加。比如，如果你希望老师下周三来参加你们组织的班级活动，你就先对老师说："我们下周搞了一个学习周活动，希望老师能每天晚上来班里和同学们一起参与！"这时候老师肯定会拒绝，然后你立即提出说："要不老师你就下周三来一次可以吗？"而如果你直接向对方提出下周三来一次的要求，对方则有可能会拒绝你的要求，从而对双方造成不愉快。

（2）滚雪球效应。人与人之间的心理包容力是逐渐增加的，不能一下子就给对方提出较难或不容易完成的要求。心理学家曾经做过一个特别有趣的实验。研究者到两个居民小区劝人们在自己房前竖一块写有"小心驾驶"的标语牌。在第一个居民区，实验者直接提出要在他们门口竖一块写有"小心驾驶"的标语牌，结果遭到小区很多居民的拒绝，接受的概率仅仅约为17%。在第二个居民区，研究者先请求这个小区的每一位居民在一份赞成安全行驶的请愿书上签上名字，表明他们赞成的态度，这是一个容易达到的小要求，该小区几乎所有居民都照办了。几周后研究者再次来到小区向这些居民提出竖立标语牌的要求，结果这个小区居民的接受率竟然达到了 55%。

一般来说，如果一个人一旦接受了他人的一个较小的要求，为了避免自己认知上的不协调或者想给他人形成前后一致的印象，就有可能接受下一个同类的更大要求。

在了解这些心理学原则之后，交往还需要能读懂对方或他人的一些带有典型代表意义的行为方式或微表情。交往是一种双方互动，这一过程中读懂对方并做出合适而恰当的回应非常重要。

如何从眼睛中读出交往信息？如果交流过程中感觉到对方瞳孔放大，那么对方一定是对你和你讲的内容感兴趣。心理学家发现瞳孔对大脑活动有反应：人们大脑工作得越快，瞳孔就越宽。例如，在一项简单的记忆任务测试中，人们发现瞳孔大小精确地随着记忆负载的变化而变化，也就是说，只要对方在头脑里加工信息越多，他的瞳孔就会越大。不仅如此，一个人瞳孔在正常条件时的大小甚至可以预测一个人的智力大小。当一个人平静地坐着时，就可以测量其瞳孔大小的基线水平。《认知心理学》杂志（*Cognitive Psychology*）上的一项研究[129]发现，瞳孔较大的人智力较高。瞳孔越大，反映出的流体智力越高，工作记忆容量也越大，即人眼睛瞳孔的大小分布与其智力高低的分布基本一致。不过瞳孔大小主要反映了流体智力的高低，即解决问题、应用逻辑、推理和模式识别等方面的能力，这种智力一般与晶体智力（如包括使用技能和知识的能力、语言文字能力、判断力和使用经验的能力）相对应。流体智力主要是与基本心理过程相关的能力，相对依赖于人的先天遗传而不太依赖于人的生活经验，它会随着人们年龄的增加而逐渐退化。

一篇有关交流方面的心理学原分析研究报告指出[130]，如果双方之间具有下面这五个方面的非言语信号，就意味着相互之间有交往的强烈意愿，并且可能有了超出一般性的好感，这五个信号是：目光接触 (making eye contact)、微笑（smiling）、主动发起沟通（initiating conversation）、大声笑（laughing）和身体距离靠得近（maintaining physical proximity）。这一研究综合了过去相关的 54 项研究的成果，最终概括出这五个方面可能是良好交往中最好的预测指标，而且具有跨文化的价值。

还有研究发现[131]，当一个人与比自己地位更高的人（自己认为对方比自己高，并不一定是客观的真实情况）进行交谈时，人们倾向于使用相对更高的声音。这项研究结果来自于一项对人们进行模拟面试的研究，那些认为自己有较高社会地位的被试往往不会改变他们的音高来回应交流对象，他们交流时的音高倾向于没有变化。研究者在研究中发现，当人们感觉到自己不那么占主导地位并且有可能处于社会劣势时（与对方比），声音音高就会自动向上移动，即自我感觉越低层次的人说话声音越高。一般来说，低沉、男性化的声音听起来很有优势和自信，尤其对于男性来说，这一点很重要（不要学现在一些电影、电视明星的娘娘腔），而音高则相反，越高越没有自信。当人们觉得自己在群体中更具统治力和社交地位时，他们的声音往往会倾向于降低。所以人们交流时的声音高低可能是一个信号，声音高在潜意识里可能表明顺从、听话和自己不是一个威胁，或者意味着避免可能的冲突。人们讲话中声音高低的这些变化可能是有意识的，也可能是无意识的，但音高特征似乎是传达自己主观社会地位的一种重要方式；人们发现男人和女人都会根据交流对象的声望来改变自己的音高。

有些人在交流时喜欢炫耀自己，这种炫耀对交流来说又意味着什么呢？《进化心理科学》（*Evolutionary Psychological Science*）杂志 2018 年的一项研究发现[132]，如果一个男人开着比较招摇的高档汽车，他就会更吸引女孩子，女孩子会因为这个男人有这样的汽车而觉得对方更有吸引力。但这种吸引力主要体现在短期关系上，如一起出去玩，这也许是男人要比女人更爱夸耀或炫耀的原因（男人要比女人更爱吹牛皮得多，这是进化机制使然）。但如果想要建立长期的关系，这种夸耀并不会有多少价值，长期关系的建立更取决于男女双方交流时的情投意合。

交流时与对方保持眼神交流被认为是最聪明的交流表现，2007 年 3 月，墨菲（Murphy）等人在《人格与社会心理学公报》（*Personality and Social Psychology Bulletin*）第三期上发表的一项研究揭示，那些在交流时与对方保持目光接触的人会被他人认为比较聪明、智商更高。所谓交流中保持眼神交流并不是让你直勾勾地看着对方，而是一边听对方讲话一边保持与对方的眼神接触。交流中另外一个被看起来显得比较聪明的表现是：交流中最好站得挺立一些，保持适度紧张。不过遗憾的是这两种做法都与测量的真实智力没有关系，即交流中做了这两种行为的人的真实智商并不比其他人更高，所以这两种做法只是让人看起来觉得比较聪明。不过，人们可以在交流时使用它们，因为它们能使他人产生好印象，是一种成功的印象管理技术。另外一些类似的做法有：交流中说话的句子相对更长一点；讲话时让对方感受到愉快（让对方有一种占了便宜的感觉）；使用对方听得懂的通俗语词（别用太多专门名词和术语）。

与交流中积极行为相反的是交流中表现出的消极或退缩行为，交流中的退缩行为不仅仅只是交流中的障碍，它还会进一步影响到双方的关系。现代社会的基本单元是家庭，而家庭中最重要的关系是夫妻关系，夫妻关系是家庭中所有关系的基础，它的质量对家庭中的其他关系影响重大，所以夫妻间的交流也就非常重要。发表在《传播专论》（*Communication Monographs*）上的研究指出[133]，在夫妻交流方面，一方有意沉默对待对方的交流讯息是夫妻交流中最常见和最有害的模式之一，心理学家称之为“需求萎缩”（demand-withdraw）模式交流。夫妻双方中的一方提出批评、抱怨或要求等，而另一方则给予沉默对待（几乎不发表自己的意见，是不是按照对方意图做并不重要），这种模式对夫妻亲密关系具有很大的破坏性。研究人员分析了74项不同的相关研究，涉及一万四千多名被试，结果表明，需求萎缩交流模式的夫妻关系满意度最差，亲密度较低，沟通也最不畅。经历这种交流模式的夫妻也会表现出更高的焦虑和攻击性，他们中的有些人甚至患有肠道、勃起和排尿功能障碍等生理问题。但不幸的是，现代夫妻很难摆脱这种交流模式。

交流时甚至还可以利用食物作为建立信任的中介，食物选择居然也是提升相互之间信任的一种有效策略。人们在交流时会一起吃饭，如参加学术大会、一起去食堂等，一起吃饭会增加相互的亲密感和团体感。一般来说，陌生人之间会相互寻找一些线索来决定对彼此的信任程度。在一项研究中发现[134]，如果被试被安排吃相同类的食物，两个陌生人之间的信任感会显著增加，而且他们在接下来的活动（如实验中的劳资谈判）中会进行更多的合作。同样，在一个消费场合，消费者也更愿意听一个和自己吃了相同食物的人的推荐和建议。之前人们在研究中发现，成员统一穿“校服”或“班服”不仅仅只是显得整齐划一，还能提升成员之间的团体感、信任感和合作感。但这一研究还发现，吃了相同食物的人之间的信任感比穿了相同颜色衣服的人之间的信任感更高，所以，吃一样的东西比穿一样颜色的衣服更令人信任。

当然，如果你想从交往中获益，自己首先就要有好的品质，只有自己是一个积极的人，具有高水平的积极品质，他人才会愿意和你交往。下列这些应对建议也许对交往和交流很重要：（1）不尊重他人的人格，改正这一问题的最好方法是多看别人的优点；（2）总是以自我为中心，改正这一问题的方法是学会换位思考；（3）对人不真诚，改正这一问题的方法是交往中别太功利，加强一下人生哲学修养；（4）过分服从并取悦于他人，改正这一问题的方法是经常果断地先提出自己的意见和想法；（5）嫉妒心强，改正这一问题的方法是有意识地拉开双方的层次和地理距离；（6）怀有习惯性敌对情绪或猜疑性强，改正这一问题的方法是主动向他人示好并改变自己对人、对事的认知标签；（7）过分自卑、缺乏自信，改正这一问题的方法是有意识地在活动中获得成功体验；（8）喜欢孤立与孤独，改正这一问题的方法是强迫自己主动多参与各种活动，提升自己生活的主动性和积极性；（9）抱有偏见并行为固执，改正这一问题的方法是增加自己的见识，经常到其他地方和国家去看看；（10）好高骛远，改正这一问题的方法是努力尝试做好手边的每一件工作。

尽管交往是人们获取幸福的一种重要方式，但交往中也要给自己或他人一定的时间或空间自由，不能让自己或他人出现所谓的时间贫困或空间贫困。所谓空间贫困或时间贫困，主要就是指交往的距离太近（如完全深入到对方的生活中），交往的时间太密（频率或时长）导致对方没有足够的自由需要，从而影响了各自的生活或工作等。

坐飞机时，商务座要比经济座的价格贵一倍多，高铁也是如此，一等座价格几乎是二等座价格的一倍，为什么在同一个时间到达目的地而有人却愿意花更多的钱呢？这主要是因为有些人愿意花更多的钱来购买更大的空间。拥有一定的空间是人的一种心理需要，心理学还专门根据关系性质而定出了不同关系所需要的大概空间：亲密距离（亲密距离的近程为0~15cm，远程为15~45cm）；个人距离（有一定的分寸感，便于亲切友好地交谈，近程为45~75cm，远程为75~120cm）；社交距离（社交性或礼节性的较正式的交往，近程为1.2~2.1m，远程为2.1~3.7m）；公众距离（在公共场合的人际距离，近程为3.7~7.6m，远程为7.6m以外）。

交往距离过近会导致对方心理不适，因为对方会觉得你在偷窥他的生活，这个世界没有任何一个人愿意把自己所有的一切都暴露在他人面前。所以，交往中如果给了别人空间，也就给了别人一种惬意和舒服，这样做也会使自己变得惬意和舒服。这种情形甚至也发生在家长对孩子的教育中，许多家长在为孩子包办一切的时候，其实没有给孩子足够的空间，就等于在一直偷窥孩子的人生，或者说监视孩子的人生，这只能招致孩子的讨厌和愤怒。因为一个人的时间和空间自由和这个人的生活控制感有关，总的来说，有控制感的人要比没有控制的人相对更幸福，也更乐观。

生活中很多人总是希望赚更多的钱，整天忙于各种工作事务，下班回家还要亲自做各种家务等，使整天处于时间贫困状态，但事实上这样做并不明智。哈佛商学院的威廉（Ashley Whillans）等人于 2017 年 6 月在《美国国家科学院院报》（*Proceedings of the National Academy of Sciences of the United States of America*，PNAS）上发表了一项研究。他们对美国、丹麦、加拿大和荷兰的 6000 多名成年人进行了调研，结果发现，如果一个人愿意花钱为自己购买一些闲暇时间（如花钱请人打扫卫生、做饭或做家务），这种时间自由会显著提高其生活满意度。研究者在这项研究中还发现，其实购买时间所换来的快乐会等同于赚更多的钱得到的快乐（甚至超过）。这一研究结果并不局限于有钱人，研究中发现，无论收入高低，这么做了的人都会获得同样的积极结果。

尽管花钱购买时间可以缓解一个人的日常生活压力并提升幸福感，但绝大多数人似乎在观念上都不愿意花钱来购买时间和空间，据调查，即使是百万富翁也不太愿意这么做，有一半以上的百万富翁在观念上不愿意花钱外包自己的家务。

有一份稳定的工作或收入

工作是一个人生活的压舱石，在今天这样一个社会，一个人如果没有工作，那么他的一切都会成为问题，尽管这个社会有一定的保障系统可以使他活着，但其人格、心理等都会因没有工作或收入而发生一定的变化。磨难或困难经历多了之后，人们可以从中学会不再流泪，但那不一定是坚强，它有时候还可能是无情或残酷。

很多人都会问一个问题，没钱会幸福吗？当然会，事实上，有钱没钱都可以幸福。

现在资讯发达，什么事都会很快传遍全世界，网上流传着这样一篇文章《人的幸福感取决于什么》（不知道这篇文章的具体出处），故事的内容大致是这样的。

1988年4月，美国哥伦比亚大学的哲学系博士霍华德·金森所选择的博士论文题目是“人的幸福感取决于什么”，为了完成这一课题，他向市民随机派发出了一万多份问卷。历时两个多月，他最终收回了五千多份有效问卷，统计结果表明，五千多人中只有121人认为自己非常幸福。他就想看看这121人到底是什么情况。

于是，霍华德就对这121人做了详细的面对面的调查和分析，他发现这121人当中有50人是这座城市的所谓成功人士，他们大多做有所成。经过与这50人的接触，霍华德发现这些人的幸福感主要来源于其事业的成功，来自于他们所取得的不一般的成就，来自于拥有比其他人更多的物质和金钱。

而另外的71人则是一般的普通人，这些人有的是家庭主妇、有的是小商小贩、有的是公司里的普通职员、还有的甚至是领取救济金的流浪汉，他们根本没有什么惹眼的成就。为什么这些平凡的普通人也会拥有如此高的幸福感呢?

通过与这71名普通人的多次接触和交流，霍华德发现，这些人虽然职业多样、性格迥异，但他们也有共同点，那就是都对物质和金钱没有太多的要求，这些人基本上都生活简单，很享受俭朴和清淡的寻常生活。

这样的调查结果比较有哲学意义，也让霍华德·金森很受启发，于是他得出了自己博士论文研究的重要结论：这个世界上有两种人最幸福，第一种是能满足于俭朴宁静的平凡人，第二种是取得了事业成功的杰出者。假如你是个平凡人，你也可以变得非常幸福，你可以通过减少自己的欲望和安于宁静来获得幸福；如果你是个杰出者，你则可以通过努力进取而取得事业成功来获得幸福（而这是一种更高层次的幸福）。

2009 年 6 月，一个偶然的机会，霍华德又翻出了当年的那篇毕业论文。他很好奇当年那 121 名认为自己“非常幸福”的人现在生活得怎么样了呢？他把那 121 人的联系方式又找了出来，花费了三个月的时间，对他们又进行了一次问卷调查。这次的调查结果发现，针对当年那 71 名非常幸福的平凡人（除了两人去世以外）共回收了 69 份调查问卷。尽管这 69 人这 21 年来的生活虽然发生了许多变化（他们中有的人已经跻身于成功人士行列，有的依然一直过着原来平凡的生活，也有的人由于疾病和意外而生活十分拮据），但是他们的选项却都依然没有改变，仍然觉得自己的生活“非常幸福”。

而针对当初那 50 名非常幸福的成功者也都回收到了问卷，但他们现在的选项却发生了巨大的变化，仅有 9 个人的事业仍然一帆风顺，他们坚持当年的选择——“非常幸福”；23 人选择了“一般”；有 16 人因为自己的事业受挫，或破产或降职了，这些人这次选择了“痛苦”；另有 2 人选择了“非常痛苦”。

看着这次的调查结果，霍华德陷入了深思，最后他得出了一个新的结论：所有靠物质或金钱支撑的幸福都不能持久，都会随着物质或金钱的离去而离去；只有心灵的淡泊宁静、无欲无求而产生的身心愉悦，才真正是幸福的源泉。这被许多人称为幸福的密码。

常识和经验告诉人们，金钱多了似乎会有更多的幸福，但心理学的研究却告诉人们，财富与一个人的幸福并没有多大关系，这是真的吗？

有关幸福和金钱关系的一个最主要的研究是由美国心理学家狄纳（Ed Diener）及其同事于 1990 年到 1993 年四年间，分别从 29 个国家（包括中国大陆）各选取了有代表性的 1000 个被试样本，然后通过问卷的形式进行幸福感水平调查。然后把每个国家的幸福感水平得分和其购买力平价得分作相关分析。购买力平价是通过各国的年人均收入能购买相同商品的比价而计算出来的，把美国的人均购买力平价定为100，其他国家的人均购买力和美国的进行比较，所得到的数字就是各国的实际购买力平价。这个研究的结果表明，一个国家的幸福感水平与其购买力平价不相关（即幸福感并没有因为钱多了而增加）。

还有一些研究也证明金钱并不能让人变得更幸福。有证据证明，那些因买彩票而中了大奖（上百万美元的奖金）的人并不比没有中奖之前的自己更快乐。尽管彩票刚刚中奖时的一段时间这个人会非常开心，但一般三个月之后，这种开心就过去了，他又会回到他原来的那种状态。美国心理学家西卡森特米哈伊（Mihaly Csikszentmihalyi）曾做过一个调查研究，结果显示，金钱可能只是人们头脑中的一个数据链：每年赚2.5万美元的人认为每年赚5万美元会使他们很幸福，每年赚5万美元的人觉得每年赚10万美元会让他们很幸福，每年收入10万美元的人则期待每年赚20万美元来使自己变得更幸福，依此类推，金钱在人们头脑中形成一个连续不断、永远也没有终结的数据链现象。这意味着金钱财富可能并不一定是影响人们幸福的一个重要因素，至少到目前为止，几乎没有证据证明这个社会的富人们会比处于这个社会平均财富水平的人幸福得多。

下面是一个广泛流传的真实故事（选自《读者》2009年第21期）。

在美国佛罗里达州桑福德市一个安静的小镇上，有一名厨师叫马克·鲍勃，他的烹饪水平一直不错，在一家叫好望角的餐厅做了两年的厨师。当厨师之余，他还热爱博彩，虽然他一直没有中过大奖。

2009年2月，幸运之神眷顾了他，他居然中了数百万美元的大奖。在经济危机的情况下，他成了小镇最幸运的人。中奖的那个晚上，他在自己工作的餐厅请客。他亲自下厨，和大家一起庆祝自己的一夜暴富。

那个狂欢的晚上，所有人都尽情玩闹，只有饭店老板约翰有些难过，因为他得开始计划重新招聘一名厨师了，他想鲍勃肯定不会继续干这份工作了。

第二天，就在约翰拟好招聘广告之后，一个熟悉的身影出现了。鲍勃居然回来了。鲍勃不但回来了，而且风趣地说："我是厨师，你们休想把我丢进那些豪华会所。"

于是，鲍勃又吹着口哨开始了他的工作。很快，饭店里的食客渐多，当人们发现鲍勃依然在这里工作时，都很惊讶地向他挥手致意。

后来，他的做法引来了好奇的记者。记者举着"大炮"闯进厨房问他："鲍勃先生，你完全不必继续在这里工作了，为什么还要继续呢？"

他一手端着盘子，一手拿着勺子对记者说："我从小就学习做菜，并在父母亲的反对之下坚持成为一名厨师，你大概知道我有多喜欢干这个了吧？而且，我在这里有像亲人一样的老板和同事，我们相处得非常快乐，他们让我人生的大部分时间都很快乐。我为什么要因为一笔意外之财而丢弃我热爱的工作呢？是的，我不能因为钱耽搁了我的快乐。"

记者很惊讶，良久无语，仍然很执着地问："你这么有钱，干吗不把这家餐厅买下来，然后自己做老板，这样不是很好吗？"

鲍勃笑了，隔着玻璃门指着外面的老板约翰说："像购买这家餐厅成为老板这种事情，我是不会干的，因为这是约翰最喜欢干的事情，我如果买下这家餐厅，那不意味着约翰要失业并失去快乐了吗？既不能给我带来快乐，又有可能夺走别人快乐的事情，我为什么要干呢？"

记者再次惊呆，然后对鲍勃竖起了大拇指。

同样的事情也发生在英国，2007 年 10 月，一位叫卡尔・普兰斯的火车司机幸运地中了 690 万英镑的大奖。他中大奖后花了 6.4 万英镑买了一辆房车，然后开始了自己的环球旅行，并尽情地享受着金钱带给他的乐趣。但是就在几个月后，普兰斯居然提出申请，要回到铁路部门继续工作，由于在此期间他的听力受损，公司拒绝了他的申请。后来在他的万般恳求之下，他终于重回自己心爱的岗位。当人们问他是不是疯了的时候，他发自内心地说："我不能把自己的余生花在无聊的度假上，我要与我亲爱的同事及心爱的火车一起快乐地工作下去。"于是，他继续着自己充实而特别的生活，工作时间他继续与火车、同事为伴，下班后他开着自己的豪华轿车回家，他是快乐的，因为他热爱着自己有工作的生活。

从目前来看，金钱影响人们的幸福可能有两个特点。

第一，金钱影响人们的幸福可能存在一个阈限值，在这个阈限值之内，金钱对幸福的影响还是非常大的，而在这个阈限值之外，金钱对幸福的影响会急剧下降。

不过这个阈限值的大小受很多因素的影响，如文化差异（东方文化相对比西方文化更看重金钱）、社会保障程度、法律法规的健全与否等，各地的差异比较大。一般认为，在中国大陆地区，一个标准的三口之家如果能达到年收入 30 万元人民币（按 2018 年的购买力）的情况下，金钱对幸福感的影响就会显著减小。所以从某种意义上说，财富和金钱尽管不能带来幸福，但贫穷确实会降低人们的幸福感。

第二，在同一个地区，有钱的人总的来说要比没有钱的人相对更幸福。比如，假设把所有的人简单区分为各占 1/3 的三个等级：有钱人、中等人和没钱人。如果都是北京人，那北京的有钱人总的来说要比没钱的北京人相对更幸福一些。但在不同的地区或城市之间，这一现象就不存在了，如天津的相对没有钱的人也有可能会比北京的有钱人更幸福。因为幸福在多数时候就是一种主观体验，它会受到时间、地点、生活事件等因素的严重影响。

金钱影响人们的幸福可能同样存在一个锚定效应（Anchoring effect），

人们总是会和自己层次差不多的人或者身边的人相比较，而不太会去和比自己层次高的人或离得较远的人相比。从这个角度来看，金钱可能只在特定范围内对人们的幸福起着有限的影响作用，特别是在社会保障不太健全的时期，金钱对心理的暗示作用可能还非常大。这意味着金钱或财富所能带来的幸福可能主要在于收入的改变（主要是增长），而不在于财富的总量是多少。

从今天的实际来看，要想做到有一份稳定的工作或收入，尽管可能有千百条路可走，但对年轻人来说最有效的捷径是上大学，接受高等教育。关于这一部分，相信许多人都会有同感，在这里借用一下美国普林斯顿大学校长伊斯格鲁布（Christopher L. Eisgruber）在 2018 年本科毕业典礼上的部分讲话：

……，所有今天毕业的同学们，你们完成了一件非常重要且值得庆祝的事情，你们完成了学科课程的要求，这将在很多方面改变你的生活，它将扩大你的择业范围，增加你对世界的认知，加深你理解社会文化的能力，并为终身学习提供基础。

因此我们聚集在这里，在拿骚楼（Nassau Hall，普林斯顿大学最古老的建筑）前的草坪上庆祝。其他大学也都在他们的庭院、礼堂、舞台和体育场内举行庆祝活动，毕业生们将帽子抛向天空，教授们在鼓掌，家人们在热情欢呼，尽管我们都是这么做的，但我们仍发现，社会上有一股奇怪的风气，这种风气来自一些专栏作家、博客作者、智库专家和政客，他们中的一些人在文章书籍和演讲里，宣称很多人其实不用上大学、大学生太多了。

多么奇怪的观点呀！因为已经有经济学数据充分证明了读大学的好处。例如，据 2014 年纽约联邦储备银行的经济学家埃布尔（Jaison Abel）和戴茨（Richard Deits）的统计，投资一个大学学位的平均年回报率扣除学费和收入损失后大约在 9%~16% 之间，尤其在过去二十年间，投资回报率一直在该范围内的高位，大约为每年15%。相比之下，历史上美国股票市场的年平均投资回报率为7%，这就是为什么我的朋友西北大学校长、教育经济学家莫顿·夏皮罗（Morton Schapiro）说："对于大多数人来说，投资大学学位将是他们一生中做过的最英明的经济决策，即使单从经济回报的角度来说。"

一个大学学位还能带来很多其他好处，比如，有报告显示，大学毕业生们即使在收入不多的情况下，也拥有更高的幸福感和工作满意度。同时，大学毕业的人群要比非大学毕业的人群更健康，他们会更多地进行体育锻炼，更积极地参与投票，有更高层次的公民参与度。如果从实用角度考量的话，我们还应该加上那些由于对文化、艺术、世界多样性、内在美和卓越观点的理解能力增强而带来的乐趣。

我举例的这些数据不只适用于普林斯顿，相反，它反映了所有接受过美国大学四年制教育后的人会达到的平均水平。想想看，在任何专业领域，读完大学的年平均回报率都有9%~16%，还要再加上健康、幸福指数和生活质量等方面的额外收益，怎么会有人觉得应该少些人上大学呢？

有些人的回答是，因为你在没有大学学位的情况下，也能学会一门手艺，他们说电焊工有时比很多大学生都赚得多，这没错。当然也有理由解释为什么即使你打算成为电焊工也要先读个大学，比如你可能担心随着技术发展，你的手艺会被淘汰，或者伤病会让你无法胜任这份工作，又或者你想进入管理层，探索其他方面的爱好，大学学历能让你拥有应对更多变化的能力，无论是在你自身还是在全球发生的变化，而这些都是难以避免的。

不过，如果那些专家政客只是说："我们需要更好的职业培训。"那我完全赞同。如果更多人能够在就职前获得职业培训机会的话，那当然非常好。但与此同时，如果更多人而不是更少的人能从读大学这件事上有更深远的获益会更好。所以我再次发问："为什么会有人认为我们需要更少的大学生？"

我认为答案其实很简单，高等教育意味着高质量的教学，教学则依赖于资深的教职员工们，而这些是非常昂贵的，因此，显而易见，根据量化统计，教育的前期成本是非常高昂的。而教育的回报也同样是显而易见的，甚至回报还会比投入更多，但这种回报是难以量化统计并且因人而异的。企图以低成本博取更具确定性的收益的想法当然是诱人的，那些想少读书的人当然会屈服于这种诱惑，他们强调短期地把注意力完全集中在对大学学费和第一份工作的薪水的比较上，这是错误的。大学教育是一项长期投资，它让毕业生不断发展自己和适应世界，从长远来看，收益更加惊人。

“减少大学生会让这个国家更好”的想法是非常短视的骗局，欺骗美国年轻人的骗局。它会削弱国家经济，破坏我们的未来。我们要有信心投资我们的年轻人，并确保大学教育对于各种背景和经济状况的学生来说都是可以获得且负担得起的。

我希望，我希望今天所有毕业的同学，以及所有在生活中体会过教育力量的人们都能成为高等教育的倡导者。目前关于高等教育的价值有一场全国性的讨论，我们需要听到你们的声音。换句话说，我们需要你将来帮助他人取得你们今日所取得的成就。……

（以上内容节选自美国当地时间 2018 年 6 月 5 日、美国普林斯顿大学校长伊斯格鲁布在该校年度毕业典礼上发表的演讲内容实录）。

有自己喜爱的业余活动

尽管工作占去了一个成年人生活的绝大多数时间，但工作不是（也不应该是）一个人生活的全部，对于多数人来说，工作的目的还主要基于谋生，因此人们要想在工作中找到快乐有时候相对就比较困难。一个人的业余活动则不一样，其核心目标就是快乐。积极心理学的研究发现，人们在业余活动中更容易获得一种特别的情绪体验——福流（Flow），类似于生活中所谓的痴迷感（或痴恋感）。

福流这一概念最早由西卡森特米哈伊于二十世纪六十年代在其做博士论文时提出，当时他对数百名攀岩爱好者、国际象棋选手、运动员和艺术家进行了访谈，这些不同的受访者报告自己在从事喜爱的活动时都获得了一种非常相似的、令他们十分兴奋的情绪体验，以致他们很愿意持续地体验这种状态；特别是当他们从事的活动能顺利进行时，一些受访者借用隐喻"水流"来描述他们当时的情绪感受，声称这种情绪状态能毫不费力并且源源不断地出现[135]。西卡森特米哈伊把这种情绪体验命名为福流（现在也有人把它翻译为福乐）并对其加以了定义：指人们对某一活动或事物表现出浓厚的兴趣并能推动个体完全投入某项活动或事物的一种情绪体验，一般认为这种情绪体验是个体从当前正在从事的活动中直接获得，但回忆过去或想象未来不会产生这种体验。

福流是怎样产生的呢？简单地说，福流是外在的活动与个体内在的自我驱力价值系统相匹配时产生的一种情绪体验。

人们去做什么事常常依赖于一个人的内在驱力系统，即一个人是根据其内在驱力所发出的指令来行动。如果把内在驱力分为遗传（具有先天特性）和文化（具有后天特性）两个部分，那自我就自动充当调解遗传指令和文化指令间冲突的中介（因为个体的每个指令都想即刻支配行动，而人又不可能同时采取多个行动，且某些行动又可能和社会价值观相矛盾，因而先天和后天的各种指令间就必然存在冲突）。自我会依据价值（包括社会和个体自身）大小的不同确定各个指令的优先次序而采取行动，具体来说，自我主要是通过三个子系统来调节各指令：注意（确保信息在意识中出现）、知觉（解释和加工信息）、记忆（储存信息）。这三个系统会把各种指令排成一个价值由大到小的序列。当外在的活动与个人的这种指令系统的价值排序相一致时，这种活动就能顺利进行并产生一种主观体验，这种体验就是福流。福流状态是人意识中一种自带内在目的的活动方式，是活动内容与自我价值结构相协调的状态，它唯一的目的就是想要体验行为本身而不是想获得行为所带来的任何外在奖励或其他好处。福流具有愉快、幸福和满意等特征，但它又不是这些情绪本身，事实上，在许多特定的事件中，福流过程中也会伴随着某种懊悔或失望等情绪。

如当一个孩子沉浸于手机游戏时，他显然是在体验福流，但他这时候体验到的不一定完全都是快乐和兴奋，当他在游戏中打不过别人或越不过某一个障碍时，他也会失望和懊恼。但尽管失望了，他却仍然不愿意停下来，他依然会继续玩下去。所以，从这个角度上来说，福流是一种综合情绪体验，但如果以行为的朝向或避开来作为区分标准的话（这是积极情绪和消极情绪的一个最主要区分标准），福流显然属于积极情绪体验，因为这种情绪会导致人们明显的朝向行为。

研究表明[136]，福流的产生具有跨阶层性、跨性别性、跨年龄性、跨活动性和一定的跨文化性，即几乎所有的人都会产生这种情绪体验，一旦处于这种情绪体验就会具有以下几种特征:（1）体验活动本身成为活动的目的（玩游戏就是为了玩游戏，不是靠它赚钱等）；（2）个体的注意力高度集中于当前所从事的活动，任何其他的外在引诱最多也只可能使个体出现暂时的分心；（3）自我意识的暂时丧失（如忘记了自己的社会身份、忘记了自己的身体状况，如饥饿、疲劳等）；（4）行动与意识相融合（行为变得类自动化，变成了意识本身，游戏中的一个小错误都会被自己察觉到）；（5）出现暂时性体验失真（较典型的如觉得时间过得比平常要快）；（6）对当前的活动具有较好的控制感，即一个人能大致认识到自己能应对即将出现的后续行为，并能对它做出适当的反应（玩游戏有一定水平的人才会更入迷游戏）；（7）具有直接的即时反馈，活动的每一个环节都是对上一活动环节的反馈（如游戏中的升级）；（8）个体所感知到的活动的挑战性和自身的技能水平间具有平衡性（所谓的旗鼓相当才有劲）；（9）活动有明确的活动目标（如游戏要越过某一个障碍或打败什么）。

尽管福流体验在人们的日常生活中相对较少，但只要满足了一定条件，几乎每一种活动（包括工作、学习或宗教礼仪等）都有可能产生福流体验。福流产生的条件主要有三个。

第一，个体所从事的活动要有一定的结构性特征。所谓结构性特征就是指一个活动应该具有确定的目标、明确的规则和相应可操作的评价标准。在结构性活动中，参与者要明确自己所要达到的目标，知道自己应该做什么，同时活动本身可以给活动者提供足够、直接的即时反馈，使他了解自己已经取得了哪些进步，需要做哪些调整，知道下一步应该做什么。比如，一个小孩会和他的同伴玩跳皮筋游戏到很晚都不愿意回家休息，这个游戏就具有典型的结构性特征。

第二，所感知的外在挑战和个体本身的技能水平间必须平衡。一般水平越高越容易产生福流体验，所谓高手之间的切磋更让人神往。当然，这种平衡是相对的。如果感知到的挑战水平开始超过所感知到的自身的技能水平，个体就会变得很焦虑；如果技能水平开始超过挑战水平，个体就会太放松，然后变得厌倦。这些不同的状态提供了这种平衡关系对环境的反馈结果，并迫使个体调整行为来逃避更令人厌恶的主观体验，使自己重新进入福流状态。

第三，福流的产生还取决于主体自身的特点。每个个体都拥有福流体验的能力，但是人们体验福流的次数和所报告的福流体验的质量还是存在个体差异的。也就是说，个体本身的特点（主要是人格方面的特征）对福流状态的产生起着一定的影响作用。那些不太追求外在目的的人相对更容易体验到福流，这种人喜欢享受生活过程，他们只是为了做而做，而不是受外在目标的驱使。

第四，活动更主要受内在动机支配而没有太多的外在动机。内在动机是指人们以活动本身为目的，而外在动机则是指人们做这个事情是为了活动之外的其他一些社会性功利。如一个人去打篮球，如果他是为了锻炼身体，或者是为了拿到奖金、工资，他就是因为外在动机才去打篮球；如果一个人打篮球就是为了打篮球，这才是内在动机。心理学上有一个著名的德西效应（Westerners effect），认为适度的奖励才有利于巩固个体的内在动机，而过多的奖励却有可能降低个体对活动本身的兴趣，降低其内在动机而把其动机引向外部。

有一个故事很有趣。说有一位老人家，他正好住在幼儿园旁边，每天他要午睡时，这些孩子就会一直在他门口吵个不停，每次他把他们赶走不一会儿这些孩子就又开始吵了。有一天，老人家就对这些吵的孩子说："你们吵得真好，为了表扬你们的吵，我给你们每个人一元钱，如果你们明天还到我门口来吵，并且吵得更响，我明天就给你们一人两元。"第二天，这些孩子奔走相告，又聚在他门口吵了一天，老人家真给了每人两元，他又说："如果你们明天还来我门口吵，我会给你们每人三元钱。"就这样持续了一个礼拜之后，老人家突然对这些孩子说："你们吵得不够好，没有达到我的要求，我不给钱了。"结果，所有的孩子都说："你不给钱了谁还帮你吵啊！"老人家从此开始有了安静的午睡环境。

这个故事里，孩子原来的吵是内部动机，吵就是为了吵这个活动本身，所以老人家怎么赶都赶不走这些孩子（孩子吵的过程产生了福流体验）；老人家随后巧妙地把孩子吵的动机引向了外部“为了获得奖金”，并且进行了多次强化，帮助孩子明确建立了“吵是为了获得奖金”的动机（一旦形成了外部动机，其相应的福流体验就会消失），结果到后来奖金没有了，相应的吵的行为也就不能持续下去了。

从福流形成的条件来看，业余活动更能让人产生福流。这是因为如下原因。首先，人们业余活动的主要形式一般是文体活动，文体活动或适当的运动不仅提高了身体的活动机能，还能促使肾上腺素和多巴胺的分泌。多巴胺（dopamine）是下丘脑和脑垂体腺中的一种关键神经递质，中枢神经系统中多巴胺的浓度受精神因素的影响，从理论上来看，增加这种物质，就能让人兴奋、开心和快乐，它有时甚至会令人上瘾。瑞典科学家卡尔松（Arvid Carlsson）在世界上第一个确定了多巴胺为脑内信息传递者的角色，这也帮助他赢得了 2000 年的诺贝尔医学奖。其次，业余活动自带目的性，没有任何外在的功利目的，也就是说，人们的业余活动完全和功名利禄无关，多数人从事业余活动就是为了活动过程。比如同样都是老师，公园里教别人跳广场舞的那个老师就和学校里教学生跳舞的那个老师完全不一样，尽管学校里的老师有工资、奖金和其他一些福利，工作出色还可以得到升职，但好多老师却会在教的过程中出现职业倦怠；而公园里的那个老师既没有任何待遇，也没有什么福利，但他却长期乐此不疲（容易产生福流体验）。

福流对人们的生活有积极意义，比如在学生感到很难的数学学习中就可以利用福流体验来提高学生的学习成绩和兴趣。如有研究者把福流体验应用于数学学习[137]，设计了一个儿童数学学习软件，这个软件主要通过一个被称为超级七巧板的操作学习软件来展示，其核心在于以综合方式来操作数学学习软件中所具有的福流特征，从而增加儿童在数学学习时的福流体验，并最终提高儿童的数学理解力，相关评估结果显示此模型非常有效。

有研究发现[138]，福流体验对学生的远程学习很重要，可以激发学生学习的内在动机，体验到福流的学生对远程学习常抱以积极的态度，能积极主动地利用远程学习。数字化学习（e-learning，也有人称之为电子学习、网络学习或在线学习）过程中，福流体验、学习者对数字化学习的态度以及学习结果间有显著的正相关，这意味着福流体验作为学习过程中的核心因素对学习行为起着关键作用，它对学习结果的多个方面（如质与量）起着直接或间接的影响。另外，福流体验还可用在网页制作、游戏设计、数字化学习等多个方面。

但福流也会给人带来一些问题，最重要的问题就是有可能会使人成瘾，如网络成瘾。随着现代科技的发展，人们越来越依赖智能电子产品（如手机、电脑等），但这些电子产品带给人们便利的同时也带来一些困扰，那就是过度使用，甚至达到了上瘾的程度。据统计，目前中国一个成年人（拥有智能手机的成年人）每天使用手机的时间超过了 3 小时（美国 18 岁以上的成年人平均每天在智能手机上大概花 2 小时 51 分钟）。这种上瘾给人本身带来了许多问题：影响了身体健康、影响了工作、影响了亲情、渲染了暴力等。

2018 年 6 月 17 日，世界卫生组织（WHO）发布最新版《国际疾病分类》第十一版，把网络游戏障碍（也就是我们通常所说的“游戏成瘾”）从 2018 年 6 月 19 日起正式列为一种心理疾病，列入“精神与行为障碍”章节之中。网络游戏障碍（Internet Gaming Disorder），即通常所说的游戏成瘾（game addiction），主要指利用智能手机、电脑等电子产品玩游戏上瘾。这一种心理疾病主要有行为和心理两个方面的症状。行为方面的症状主要有：整天的在部分时间里沉迷于网络游戏，生活中出现游戏中的行为举止，一旦被迫停止使用网络则会产生严重的戒断反应（如出现生理性反应）。心理方面的症状：表现为在情感、认知方面出现偏差，由于长期过度上网而对现实生活产生了严重的不适应感，出现如悲观、沮丧、社交恐惧、容易紧张等问题。

玩游戏在今天是一个很平常的事，许多人都在玩，下班后玩一会儿，等车时玩一会儿，现代人多数都成了低头一族，不是在玩游戏就是在用手机聊天或看新闻，手机似乎已经成了人们正常生活的一个组成部分。但不是所有的玩游戏都算是有心理问题，玩游戏到一定的程度并影响了自己或他人的正常生活、身体健康和工作等才能算作精神问题。那玩游戏要到么程度才会被诊断为游戏障碍呢？世界卫生组织的《国际疾病分类》（第十一版）主要制定了如下一些标准（满足其中两条就基本可诊断为游戏障碍）。

（1）过去12个月内出现了持续的失控性游戏行为（包括网络游戏、离线游戏及其他未特定游戏），所谓失控是指自己已经没有能力停止游戏行为。

（2）将游戏的优先性置于其他重要事项和日常活动之上，玩游戏优先于其他一切活动，甚至成为日常生活的主题或中心。

（3）对游戏存在心理渴求，时时刻刻挂念着游戏；在玩游戏的起止时间、频率、强度、时长和情境等方面完全被游戏本身所控制。

> 全世界共有两个较权威的精神疾病分类学标准，一个是世界卫生组织的，另一个是美国精神病学会的，相对来说美国精神病学会的分类标准更严格和细致一点，现在两个精神病分类学标准都把游戏成瘾列为精神问题。

（4）在游戏已产生负面影响之后，游戏行为仍然持续或升级，即尽管已经发现或知晓玩游戏导致了不良后果却仍然继续玩，特别是玩游戏的行为模式已经严重导致自己或他人的人格、家庭、社会、教育、职业及其他重要功能方面的受损，但仍然不停止。

早在2013年，美国精神病学学会（American Psychiatric Association）发布的第五版《精神疾病诊断与统计手册》（简称DSM）中，就已经引入了“互联网游戏障碍”（Internet gaming disorder）这一概念，并把它作为一种精神问题。因为当时一些国家和研究中心在对一些青少年的研究中发现，当这些人全神贯注于互联网游戏时，他们大脑的活动状况与毒品成瘾者、酒精成瘾者极为相似，在极端的情况下，网络游戏就可以表现为上瘾行为。

美国精神病学学会的《精神疾病诊断与统计手册》（第五版）则列出了类似的 9 条症状，并提出只要满足其中的 5 条或以上，就能被诊断为“互联网游戏障碍”（低于 5 条则不能认定为是精神问题）。

（1）过度沉溺于游戏：整天沉湎于网络游戏（如惦记着先前的游戏活动，或计算着玩下一个游戏，网络游戏已经成为日常生活中的主要活动和主题）。

（2）戒断：当网络游戏被停止后出现戒断症状（通常被描述为烦躁、焦虑或悲伤，但没有什么药物可以治愈这些症状）。

（3）耐受：对网络游戏产生耐受性，随着玩游戏经历的增加，需花费越来越多的时间参与网络游戏（类似于毒品越吸越多）。

（4）失控：对参与网络游戏难以自控（自己不能控制游戏的时间、地点等）。

（5）失去其他兴趣：除网络游戏之外，对先前的爱好和娱乐都失去了兴趣。

（6）继续使用：尽管玩游戏已经导致一些心理社会问题，但仍继续过度参与网络游戏。

（7）误导或欺骗他人：就参与网络游戏的程度、时间等欺骗家人、治疗师或其他人。

（8）把玩游戏作为逃避现实的主要手段：通过网络游戏逃避或缓解自己的负性心境（如无助感、内疚、焦虑等）。

（9）不惜失去良好的机会：为了参与网络游戏，导致损害或失去重要的人际关系、工作、教育、职业发展等机会。

针对上面的这两个组织标准，生活中多数人的玩游戏行为并不意味着精神疾病，如一个人下班或放学回来一直玩游戏到深夜才去睡觉，期间也不参加任何其他活动，这种行为就不能算作是有精神问题，因为他只是业余时间玩（有精神疾病意味着工作时间也玩，最后导致工作也玩丢掉了）。还有，现在游戏公司的一些专业人员天天玩（白天黑夜都玩），这也不能算作是有问题，因为他们的工作就是玩游戏。

不过，尽管许多人玩游戏还没有达到成为精神问题的地步，但这种行为也会对其工作和学习产生很大影响。现在网络游戏口碑不太好，似乎已经成为一大社会公害了，特别是对青少年的学习影响很大，其中最重要的原因就是因为网络游戏很容易让人产生福流体验。网络游戏具有很高的结构化特点，再加上一些特殊的音效设计、难易等级设置、情境模拟等都让玩者很容易产生福流，通常人们在福流体验状态下都不愿意让这种活动停止下来（因为停止下来会让人产生一种失落、失败和难受等不适感），因而玩游戏耽误学习、影响工作和身体健康等的情况就时有发生。

2018 年 8 月 30 日，教育部等八部门印发了《综合防控儿童青少年近视实施方案》，方案提到："近年来，由于中小学生课内外负担加重，手机、电脑等带电子屏幕产品（以下简称电子产品）的普及，用眼过度、用眼不卫生、缺乏体育锻炼和户外活动等因素，我国儿童青少年近视率居高不下、不断攀升，近视低龄化、重度化日益严重，已成为一个关系国家和民族未来的大问题。"方案特别提到国家新闻出版署要"实施网络游戏总量调控，控制新增网络游戏上网运营数量，探索符合国情的适龄提示制度，采取措施限制未成年人使用时间。" 家长要"控制电子产品使用。家长陪伴孩子时应尽量减少使用电子产品。有意识地控制孩子特别是学龄前儿童使用电子产品，非学习目的的电子产品使用单次不宜超过 15 分钟，每天累计不宜超过 1 小时，使用电子产品学习 30~40 分钟后，应休息远眺放松 10 分钟，年龄越小，连续使用电子产品的时间应越短。”

尽管这只是一个防控儿童青少年近视的方案，但这个方案明确了网络游戏和电子产品的使用对眼睛的不良影响，明确要求国家新闻出版署把网络游戏管控起来，不能让网络游戏野蛮发展。

一旦患上了网瘾，主要的心理干预方案可采用认识行为治疗（这是一种认知疗法和行为疗法相结合的综合方法），这种方案的核心在于增强患者的戒断动机，纠正歪曲的认知观念，并同时提高其行为控制能力等，最终帮助患者建立正确的游戏使用模式。

家庭干预也是网瘾戒断过程中比较重要的一个环节，家庭要能体现亲情功能、关怀功能和发展功能等积极功能，家庭成员之间要多一些面对面的交流，多一些亲子活动等（不能一回来都在玩自己的手机）。特别是仍在读书的孩子一旦出现了沉迷游戏的倾向或行为，家长要先了解孩子玩的是什么游戏，这个游戏在哪个环节上最吸引孩子，并在此基础上仔细分析自己和孩子之间的交往是不是存在什么问题。此外，家长也应多鼓励孩子参加学校的一些课外活动（特别是做义工），并抽出足量的时间陪伴孩子，倾听、了解孩子的想法等。

在戒断过程中也可以适时使用一些仪器设备作为辅助，如脑电生物反馈仪，这些仪器可以在一定程度上减轻游戏成瘾戒断反应、缓解躯体不适感、提高心理健康水平等。

另外，特别要说明的是，游戏成瘾已经被纳入了精神疾病的范畴，这意味着游戏成瘾是一种精神障碍，以后游戏成瘾的诊疗活动只能由有资质的医疗机构来进行，没有资质的个人或机构不能进行网瘾戒断治疗。

身体健康

心理健康与个体的身体健康有密切的关系。心理学过去的研究表明，个体的主观幸福感体验会通过影响人的免疫系统影响其身体健康，与缺乏主观幸福感的个体相比，主观幸福感体验较强的个体，其免疫系统的工作也更为有效，也拥有更高的身体健康水平。反过来，个体的身体健康程度（包括主观和客观健康程度）同样也会影响其心理健康。如有研究发现[139]，一个人的抓握力大不仅是身体健康的标志，同时也是这个人大脑健康的标志。研究揭示了人们的抓握力和其记忆、逻辑推理、反应速度等方面都呈正相关，这一结果来自对英国475,397名被试的调查统计。

事实上，身体健康多数时候本身就是幸福的一个重要组成部分，不仅如此，身体健康还能使人有更多机会参与到各种文体活动和与他人的交往当中，从而有机会参与多个能有效提升自己幸福感的途径。所以从一定程度上说，身体健康也是人心理健康的重要基础。

一、好身体意味着好大脑

中国有句俗话，叫“吃一堆药不如流一身汗”。从作用上讲，流汗有许多功能。首先，从人体机理上说，流汗是人体的一种排毒方式，一个人的汗水中几乎可以检测到与尿液中浓度几乎相当的重金属成分，也就是说，流汗其实是人自身机体的一种排除有害物质的重要手段。因而，人应该用一些方式定期让自己多多流汗。人分泌的汗水中还含有一定的抗菌肽，这种物质能一定程度上抵制病毒、细菌等的侵袭，从而提高人的免疫力。2013年发表在《美国国家科学院院刊》上的研究报告指出，汗水中的皮离蛋白是一种天然的抗生素，它能够在汗水中的微酸环境下激活，并进入细菌等一些病原体的细胞膜，从而有效地对抗结核病菌和其他一些细菌。其次，流汗除了排毒功能之外也有一定的清洁作用，人体在代谢过程中会分泌许多杂质和油脂（冬天人们去澡堂会搓泥，其实就是搓的这些杂质和油脂），这些杂物在身上积攒久了之后不光会产生难闻的气味，更会对身体有害，而流汗则可以把这些杂质和油脂等带走。最后，流汗还有助于人体脂肪的分解，通过流汗来进行所谓的燃烧脂肪是减肥的有效方式，流汗过程可以加速血液循环，从而促使脂肪分解。流汗还能加快身体的代谢，加速肠道的蠕动从而缓解便秘等。

进行一定强度的身体运动是流汗的最好方式，但有些人并不认为运动是一种非常重要的生活方式。我们曾经做过一个调查，让在校大学生和社会上已经工作的成年人对要做的一些事情（这些工作主要包括工作或学习、做家务、运动锻炼、工作应酬、朋友聚会、逛街、玩电子游戏、旅游、阅读课外书、陪伴家人或孩子等）进行优先排序，结果运动锻炼被已经参加工作的成年人排在最后一位，而被在校大学生排在倒数第三位。2010 年中国慢性病检测项目的调查也显示，即便是每周运动三次或以上、每次中等强度以及运动多于 10 分钟的要求，中国的成年人也只有 11.9% 的人达到。

国家心血管病中心发布的《中国心血管病报告 2017》推算，中国心血管病患病人数已达到约 2.9 亿人，从死因构成分析而言，目前心血管病死亡占居民疾病死亡构成的 40% 以上，高居第一位，高于肿瘤及其他疾病所造成的死亡。造成这一现象的主要原因在于运动锻炼太少，人们的心脏越来越弱。

体育锻炼对身体健康真的必要吗？数据说明一切。上海男性健康研究的一项结果表明，体育锻炼量达到或超过每周走路 4 小时、运动 2 小时的人，总死亡的危险可以减少 21%，心血管死亡的危险可以减少 24%。国际医学杂志《柳叶刀》刊登了一项对 41.6 万人的长达 8 年的健康数据追踪和分析的研究结论：如果能每天运动一刻钟，平均能多活三年。

运动锻炼不仅对生理和身体健康有好处，还对人的心理健康有巨大的好处，从一定意义上说，好的身体意味着好的大脑。

2018年，一项发表在《老年痴呆症杂志》（*Journal of Alzheimer's Disease*）上的新的研究发现[140]，运动可能是防止人们患老年痴呆症的一种重要方式。这项研究支持了一个假设，即改善人们的健康状况可以改善他们的大脑健康，延缓衰老进程。研究发现，如果人们通过运动锻炼之后有了更高的身体健康水平，这种较高的身体健康水平与大脑中所谓的“白质”神经纤维的恶化有反向关联。大脑的白质是神经元用来相互交流的神经纤维束，身体体质较低的人的大脑白质较弱，其脑功能水平低下。科学家们在这项研究中对被试进行脑部扫描的同时测量了人们的心肺适能，所获得的证据表明，心脏有多坏大脑也就有多坏。

不过这一研究现在还主要是相关研究，未来需要进一步的研究来发现两者是如何相互交织在一起的，希望能找到正确的预防阿尔茨海默病的最有效良方，即找到身体健康是如何影响阿尔茨海默病的机制。德克萨斯大学西南医学中心奥唐奈脑研究所正在进行这一方面的研究，研究运动对阿尔茨海默病的影响到底有多少作用，以及对于已经患上了阿尔茨海默病的人来说是否已经为时太晚。不过就目前已经有的研究结果来看，尽管只是一种相关，但这也能表明人们确实应该多多参与运动锻炼。

由布拉门塞尔（Blumenthal）等人主持的一项于1999年发表在《内科学》（*Archives of Internal Medicine*）上的研究发现[141]，一周三次快走可以有效地治疗抑郁症，这一研究结果来自对三组随机分组的老年抑郁症患者的研究。结果表明，16周的运动锻炼几乎与抗抑郁药取得了一样的效果。该项研究发现，参加16周的运动锻炼后，几乎三分之二的参与者都不再表现出抑郁的症状。虽然人们目前还不知道为什么运动会带来这样的好处，但这项研究表明，运动应该被视为治疗这些病人的一种可靠方式。该项研究还发现，几乎三分之一的抑郁症患者对药物没有反应（即对他们的抑郁没有任何作用），而药物对另外一些人来说虽然有作用但却会引起一些不必要的副作用。这一发现可能会改变一些抑郁症患者的治疗方式，特别是那些对服用抗抑郁药不感兴趣的病人，虽然这些抗抑郁药物已被证明是有效的，但许多人想要避免这些药物有可能带来的副作用，而运动锻炼则是一种更"自然"的治疗方法。不过，运动锻炼的一个缺点是需要持续的、长时间的坚持才能见效。

大脑的海马结构是记忆和学习的重要组成部分，科学已经证明，长时间的压力（应激）会削弱海马区脑细胞之间的突触联系，损害海马体的功能，从而影响人的认知功能。2018 年《学习和记忆神经生物学》（*Neurobiology of Learning and Memory*）杂志上的一项研究发现[142]，跑步可以逆转慢性应激对大脑关键区域（海马区）的破坏作用。也就是说，跑步可以保护大脑学习和记忆信息的能力，即使在一定的压力条件下也是如此。该项研究以小鼠为研究对象，首先让小鼠经受负性的压力环境（形成认知损害），然后让小鼠接受四周的跑步锻炼。结果发现跑步锻炼的小鼠抵消了之前的这些负面影响，这些小鼠在走迷宫的实验中做得很好，和没有经历压力事件的小鼠的水平相当。随后的进一步研究发现，和在压力环境下没有参与跑步运动的小鼠比，那些参与跑步运动的小鼠大脑中的突触之间有了更强的联系。当然，人们在低压力、相对高运动环境下的记忆力和学习成绩最好，也就是说，改善学习和记忆的最理想条件是没有太大的压力和增加跑步锻炼。当然，人们不总是够有效地控制生活中的压力（生活是一定会面临各种压力的），但人们可以控制自己的运动，只要让自己走出去跑步，人们就能克服外在压力对大脑可能造成的负面影响。

运动除了是一种体力活动之外，更是一种精神活动。一项研究发现，冥想、瑜伽和太极等运动方式可以逆转遗传所形成的抑郁影响[143]，在这项研究中，研究人员将18项不同的研究结果进行了元分析，一共涉及846名被试，时间跨度达到了11年。综合这些研究后发现，像冥想这样的练习可以减少与压力相关的K（kappa B）（NF-kB）分子水平（通常情况下，抑郁都会导致核因子K分子水平的升高），同时还降低了体内细胞因子（cytokines）的水平，这些细胞因子与细胞活动水平层面的炎症有关，涉及对抑郁的反应以及人们的基因如何表达等，它在人体对感染的反应中也起着关键作用。尽管这个世界有数以百万计的人已经享受到像瑜伽或冥想运动的益处，但人们可能没有意识到这些益处居然是从分子水平开始的，并可能改变人们的遗传密码。这些活动在人们的细胞中留下了通常所说的分子标记，它通过改变人们的基因表达来逆转压力或焦虑对身体的影响。简而言之，这些活动帮助大脑更好地驾驭DNA，使人们能够走上提高自身幸福的路。

不过有关这一问题，仍然需要做更多的工作来更深入地了解这些影响发生的机制，例如这些活动如何与其他健康的干预措施（如体育运动或营养）进行比较等，但这是一个重要的基础，可以帮助未来的研究人员探索日益流行的这些活动方式带来的心理好处。

与冥想等心理活动对心理健康的益处相反，噪音对心理健康具有严重的破坏作用，已有的心理学研究发现，如果一个人长时间处于噪音影响之下，那他的快乐能力会显著性下降，会对什么都不感兴趣，变得郁郁寡欢，并且这种快乐能力和水平的下降不可逆。也就是说，长时间的噪音是人幸福快乐的一个疯狂杀手。

二、吃什么与喝什么才能使心理更健康

好的身体会有好的心理，而身体健康不仅仅依赖于运动锻炼，也依赖于健康的饮食。事实上，当代的许多研究发现，人们的吃喝不仅影响着身体健

康，有时候更是直接影响着心理健康。

生活中几乎所有的人都有一个常识，人体只有一个大脑，是大脑影响了人的心理，但在 1998 年，美国哥伦比亚大学的神经科学家格尔松教授出版了他的专著《第二大脑》，提出人体还有第二个大脑——肠脑，也就是说，人的一些心理其实也部分或全部由肠脑决定着。肠脑主要由肠管、肠道神经系统和肠道微生物三个部分构成，格尔松的这一观点正得到越来越多证据的支持。目前，多个研究表明，肠道微生物会影响人们的情绪或行为。美国《胃肠病学》杂志 2010 年发表的一项研究表明，喝酸奶可以抵抗抑郁。研究者把 44 名患有轻度到中度抑郁的被试分成两组，让其中一组中的 22 名被试每天摄入一种含双歧杆菌 NCC3001 的益生菌（益生菌是一类对人体有好处的活性微生物，寄生在人体肠道、生殖系统内，能产生确切健康功效，从而改善宿主微生态平衡、发挥有益作用的活性有益微生物的总称），另外一组的 22 名被试则每天服用相等量的安慰剂。持续了 6 周之后，摄入益生菌组中有 64% 的被试的抑郁水平出现了显著下降，而控制组只有 32% 的被试的抑郁程度稍微有所降低。持续 10 周之后，服用益生菌组被试的抑郁评估得分依然在降低，其生活质量整体上出现了显著改善，而控制组被试的抑郁水平则没有出现变化。随后，研究者对所有被试用磁共振成像扫描（MRI）技术来检测他们的大脑活动状况，发现喝益生菌组被试的大脑情绪区域出现了变化，也就是说，喝益生菌改善了这些被试大脑的情绪调节区域的活动。

2017 年，来自丹麦奥胡斯大学的研究人员也发现[144]，肠道中的益生菌能有效抵抗抑郁。研究人员把老鼠随机分成 ABCD 四组：A 组老鼠喂高脂肪低纤维食物（不健康食物）；B 组老鼠喂高脂肪低纤维食物并在其中添加含益生菌的水（不健康食物加上益生菌）；C 组老鼠喂低脂肪高纤维食物（健康食物）；D 组老鼠喂低脂肪高纤维食物并在其中添加含益生菌的水（健康食物加上益生菌）。研究结果发现，吃了不健康食物和益生菌水的B组老鼠在游泳测试中的行为处于所有老鼠的中等水平，即基本正常，而只吃不健康食物却未吃益生菌水的A组老鼠则在测试中显得行为退缩和沮丧（出现了抑郁行为）。在随后的解剖中发现，A组老鼠大脑组织中的白细胞出现了显著性增加，这预示着这些老鼠身上可能出现了慢性炎症。这一结果证明了益生菌能有效抵抗不良食物带来的不良后果。

另外一项研究也发现[145]，如果人们吃更多经过发酵的一些奶制食品（比如酸奶、奶酪、奶油面包等），人们的社会性焦虑（交往性焦虑）就会降低，尤其是对于那些人格特质中有较高神经质水平的人来说这种方法更有效，这可能是益生菌在背后起作用。该项研究在控制了个体的健康状况、日常体育锻炼之后，调查了700名成年人在过去一个月中的饮食，发现吃了更多这类发酵食品的人的社交焦虑显著性降低，同时也发现那些运动较多的人的社交焦虑也同样较少（不过到底是社交焦虑少了更喜欢运动，还是运动减少了社交焦虑，目前还不是十分清楚），这似乎意味着吃益生菌和运动锻炼有同样的功能。

肠道菌群的作用已成为近年来研究的热点，科学家们发现，当研究中的老鼠处于应激状态时，它们肠道中的细菌就发生了变化，主要的变化是乳酸菌（Lactobacillus）的减少，这种乳酸菌的减少与小鼠的抑郁行为有关。如果对抑郁的老鼠喂食含有乳酸菌的酸奶等一类食物，其出现的抑郁行为就可以被逆转[146]。研究者还发现了这一变化的生理机制，它是通过一种被称为犬尿氨酸的代谢物而发挥作用。尽管益生菌并不能使食物更健康，也不会直接影响人的血糖水平等，但它却能改变机体所出现的抑郁特征。

爱尔兰考克大学的研究人员吉拉尔德（Gerard Clarke）等也发现[147]，机体肠道内的细菌竟然对人体健康有巨大影响，肠道微生物似乎能影响杏仁核和前额叶皮层中的 MicroRNA[148]，而这些 miRNA 可能会影响生物体的中枢神经系统功能和脑区域的一些基础生理功能，进而使机体出现焦虑和抑郁等情绪体验。研究者们发现，与正常控制组老鼠相比，没有肠道细菌饲养的小老鼠的杏仁核中有 103 种 miRNA 的水平发生了改变，前额叶皮层中则有 31 种发生了改变，而这些无菌环境下长大的小老鼠表现得异常焦虑，出现了社交能力和认知障碍，并同时增加了抑郁样行为。而在后期对这些实验老鼠添加了肠道菌群后，其大脑中的 miRNA 水平就恢复了正常，它们的抑郁类行为也出现了减少或消失。

[148]MicroRNA 简称为 miRNA，是一类内生的、长度约为 20~24 碱基大小的核苷酸的短序列，是脱氧核糖核酸（DNA）和核糖核苷酸（RNA）的构建块，其在细胞内具有多种重要的调节作用，可以控制基因如何表达。每个 miRNA 有可能调节多个靶基因，而几个 miRNA 也可能同时调节同一个靶基因，据推测，miRNA 可能调节着人类三分之一的基因。miRNA 异常或功能障碍被认为是造成与压力相关的精神疾病、神经退化性疾病和神经发育异常疾病的一个潜在影响因素。

较高的水果和蔬菜摄入量，富含微量营养素，它们竟然也与更好的心理健康相关。一项研究发现[149]，吃天然的、生的蔬菜和水果不仅有利于人的身体健康，同样也会更有利于人的心理健康。尤其是香蕉和苹果，用色拉拌一下吃的效果会更好，这要比吃罐头或者煎煮过、加工过的同样的东西要好得多。该研究列出了几种对心理健康特别有效的水果，它们分别是胡萝卜、香蕉和苹果，深绿色蔬菜如菠菜、西柚和莴苣，以及柑橘类水果、新鲜浆果、黄瓜和猕猴桃等。尽管烹饪或加工可以让这些食物变得更可口，但烹饪或加工也在一定程度上减少了这些重要微量营养素的可用性，同时也降低了其在心理健康中的作用。随着生活方式的改变，生吃这些蔬菜和水果，可以获得一种安全的和辅助性的自我改善心理健康的方法。

据《老年医学杂志（A 辑）》（*Journals of Gerontology Series A*）报告，

克雷斯（Currais）等人2017年的一个研究发现，一些水果可以延缓人大脑的衰老，减轻人们因老化而出现的记忆衰退等认知障碍。他们发现草莓中的天然化合物可以一定程度上延缓记忆衰退，草莓中含有一种特别的物质，即抗氧化非瑟酮（antioxidant fisetin），如果把这种物质给予小鼠，能显著减少它们心理功能的减退和身体炎症的发生。非瑟酮也在许多其他植物或水果中发现，如苹果、洋葱、黄瓜、柿子等水果。基于这一研究的结果，人们可以利用这些含有非瑟酮的水果或植物，把它们作为与年龄相关的神经退行性疾病（包括老年痴呆）的预防手段。这项研究是在小鼠身上进行的，研究者先喂养小鼠含有非瑟酮的食物7个月，然后与对照组小鼠相比，在10个月后，这两个群体之间出现了记忆方面的显著性差异。那些实验组（服用了含有非瑟酮的食物）的小鼠几乎没有遭受任何与年龄有关的认知退化问题，而控制组小鼠则出现了与年龄相关的认知退化问题。

迷迭香（rosemary）是欧洲中部地区一种很受欢迎的草本植物，它的新鲜叶子可以烹制出许多可口菜肴，现在有相关的研究发现，它似乎也是一种所谓的“聪明菜”。研究发现[150]，迷迭香的香味可以提高认知能力，如果人们吃了用这种植物烹制的食物，人们在接下来的认知活动中就会表现得更快更准确。

拉努尔博士（Laurel Cherian）等人2018年的一项研究发现[151]，“短促”（DASH）饮食可以减少患抑郁症的概率。“短促”代表一种阻止高血压的特定饮食方法，这是一种由专家们专门设计出来用以对抗高血压的饮食。这种饮食方法相当简单：包括吃大量的水果、蔬菜和全谷类食品；它还包括要吃无脂或低脂乳制品，以及鱼、家禽、豆、坚果、植物油等；它建议限制摄入糖、脂肪、肉类、全脂奶制品、棕榈油以及饱和脂肪含量高的食品。该研究共追踪研究了964名被试大约6年左右的时间，结果发现，饮食比较接近短促饮食的要求之后，抑郁风险就降低了 11%。

尽管有关食物的研究多不胜数，但其核心还在于要控制脂肪和卡路里的摄入量，现代人不是营养不良，多数情况可能是营养过剩。一项相关的研究就发现[152]，低脂饮食和限制热量摄入有助于减少小鼠的大脑衰老，这甚至比运动还要好。小胶质细胞是大脑中有助于调节正常功能的细胞，当这些细胞停止正常工作时，大脑就开始退化了。该项研究表明，小鼠饮食摄入的脂肪含量和卡路里的多少，和老鼠大脑的老化密切相关，只有当脂肪含量和卡路里摄入量都相对有限时，这才可以预防小胶质细胞衰老的变化。

吃得少一点对身体比较好，更有研究发现，短暂时间不吃居然能延缓人体的衰老。2018 年美国麻省理工学院（MIT）的一些生物学家在《细胞干细胞》（*Cell Stem Cell*）杂志上发表了一项研究，该研究发现[153]，和人体衰老相关的干细胞功能丧失可以通过 24 小时短暂禁食（24-hour fast）得到逆转。研究人员发现，禁食显著提高了干细胞的再生能力，无论老年还是幼年的小鼠，其效果都一样。在禁食过程中，细胞开始分解脂肪酸而不是葡萄糖，这种改变会刺激干细胞变得更具再生的活性。这意味着有时候不吃要比吃更有价值和意义。

此项研究发现，人们的 24 小时暂时禁食会诱导细胞代谢转变，从原本的消耗葡萄糖转为代谢脂肪酸，而激活这种转变的开关是转录因子（PPARs），它启动了许多涉及脂肪酸代谢的相关基因。研究人员发现，关闭这条途径，禁食就无法促进干细胞再生。

比较令人欣喜的是，研究人员发现有一种分子能模仿 PPARs 效应，药物治疗也可以刺激干细胞再生，在小鼠体内重现禁食的有益效果。“这非常令人惊讶，”研究者之一的陈（Cheng）说，“仅仅激活一个代谢途径就足以逆转某些和衰老相关的基因表型。”

咖啡是现代人（尤其是西方人）最爱喝的饮料之一，喝咖啡好不好？有一点毋庸置疑，即喝咖啡一定程度上可以减肥，因为人们喝了咖啡之后的食欲会变得更小一些。众所周知，减肥是现代人心情好起来的一种最有效途径。2018 年，卡纳利斯（Cornelis）等人在世界著名的医学杂志《内科医学杂志》（*Journal of Internal Medicine*）上发表了一个研究报告，他们通过研究发现，咖啡和大麻会影响人大脑部位的同样的神经系统，但咖啡所起的作用正好和大麻的作用相反，每天喝 4 到 8 杯咖啡会显著减少或降低内源性大麻素传递系统的神经递质水平。研究者让被试一个月不喝咖啡，第二个月每天喝 4 杯咖啡，第三个月每天喝 8 杯咖啡，然后分别在一个月之后对这些被试的多个生理指标进行测试，其中的血液测试结果发现，喝咖啡显著性降低了人的内源性大麻素系统的神经活动，尤其是每天喝 8 杯的，其降低效果会更明显。也就是说，咖啡消耗量的增加可能会触发内源性大麻素系统中代谢物的减少。

内源性大麻素信号通路会影响人的饮食行为。喝咖啡会减少人的食欲，降低体重，具有减肥的效果，这通常被认为是由于咖啡因能够促进脂肪代谢或多酚（植物源化学品）的葡萄糖调节作用。

喝咖啡有利于健康可不是没有依据，2012 年，《新英格兰医学杂志》上发表了一项美国科学家的研究[154]，研究者分析了 40 多万人的咖啡摄入习惯，结果显示，喝咖啡与死亡率降低有显著关联。不论男女，都是每天喝 4 杯咖啡的时候死亡率降低得最多，大概降了 12% 以上。所以，每天喝 4 杯咖啡一定没有坏处。

如果喝咖啡真的对健康有好处，那么是怎么实现的呢？德国科学家破解了这其中的关键机密。原来，咖啡中含有的咖啡因能够促进一种名为 p27 的蛋白质进入线粒体，增强心脏细胞的功能，一方面保护其免受损伤，另一方面也能够促进损伤之后的组织修复。研究者给小鼠的饮水中加入了适量的咖啡因，这样的饮水持续了十天之后就出现了好的结果，研究者对小鼠的线粒体呼吸功能进行了检测，发现 22 个月大、已入花甲之年的小鼠，其心脏竟然活泼有力得像 6 个月大的年轻老鼠一样。在另一项实验中，一些小鼠被故意喂得肥肥胖胖，让它们出现一些生理问题，众所周知，肥胖人群发心梗的风险系数相对比较高。在让这些肥胖小鼠喝了 10 天加了咖啡因的水之后，所有小鼠接受一次心肌缺血伤害，即模拟心梗的发作。结果发现，经历了三周时间之后，那些喝了咖啡因水的心梗小鼠明显恢复得更好，其血管疤痕更小，心肌壁厚度也更趋向于正常[155]。

[155]这一相关的研究结果发表在 2018 年的《PLoS 生物学》（PLoSBiology）上。PLoS 为美国科学公共图书馆“the Public Library of Science”的简称，该机构由生物医学科学家哈罗德·瓦尔缪斯（Harold E. Varmus）、帕克·布朗（Patrick O. Brown）和迈克尔·艾森（Michael B. Eisen）创立于 2000 年 10 月，是一家由众多诺贝尔奖得主和慈善机构支持的非营利性学术组织，是为科技人员和医学人员服务并致力于使全球范围内的科技和医学领域文献成为可以免费获取的公共资源。

喝咖啡除了对身体有积极作用之外，还可以降低抑郁风险，有研究发现[156]，个体摄入的咖啡因越多，其患抑郁的概率就越低。一个人每天喝 2 到 3 杯咖啡，抑郁症风险降低 15%，每天喝 4 杯咖啡以上则抑郁风险会降低 20% 左右。另外，单独对男性的研究也表明，咖啡因摄入量与其抑郁程度呈相反的关系。这一结论主要来自对 50739 名美国护士的研究而获得，这些护士被试一直被追踪调查了 10 年，在这项研究开始时所有被试均没有抑郁问题。当然，这只是一项相关性的调查研究，还不能证明咖啡因或含咖啡因的咖啡能直接降低患抑郁症的风险，但是这一结果在一定意义上可以告诉人们，喝咖啡对人的心理具有一定的保护作用。

《免疫杂志》（*Journal of Immunology*）也有一项研究很有意思，奥古斯塔大学心理系的萨拉赫（Sarah C. Ray）等研究者发现[157]，口服苏打水有可能会帮助人们战胜自身免疫系统方面的疾病。苏打水的疗效与脾脏的间皮细胞有关，间皮细胞可以通过微绒毛感知到自身体内的环境，从而影响免疫反应。研究发现，口服了苏打水后，脾脏的间皮细胞会像神经元一样分泌胆碱类神经递质，促使免疫细胞转变为抑制炎症的状态，从而改善免疫功能。

益生菌、水果、咖啡和苏打水等对身体有好处，但也有一些东西吃了（或者吃多了）会对人有坏处。2018 年 1 月，《自然神经科学》（Nature Neuroscience）杂志发表了一篇有趣的研究论文《食盐会通过肠道引发的 TH17 反应而导致神经血管和认知功能障碍》[158]。很多的研究已经证明，高含盐饮食与脑血管疾病以及痴呆症有一定的关联，这主要是因为过度的盐摄入会导致内皮细胞（覆盖血管的内表层，主要用来调节血管的张力）出现功能异常，但现在发现，这种异常功能竟然还能影响到大脑的认知功能，即影响到人们的心理功能。

研究者让小老鼠摄入高盐食物（这种食物与人类饮食中的高盐程度比例大致差不多），分别在 4 周、8 周、12 周和 24 周后测量老鼠脑静息态时大脑的血流量、内皮细胞功能，同时分别在 8 周、12 周和 24 周后对老鼠进行认知测试。结果发现，和控制组老鼠相比，那些饮食了高盐成分食物的老鼠的脑部血流量降低了 25%~28%，同时其认知测试中的得分也出现了显著下降，即高盐食物让老鼠大脑的血液流动减少并诱导了内皮细胞功能障碍，同时也导致了老鼠认知功能的下降。这项研究同时也发现，这种由肠道引发的反应，通过生理循环中过高的白介素 17（IL-17) 的水平来影响大脑的认知功能。

这项研究告诉人们，吃太咸的食物不仅会诱发大脑血管功能障碍，同时也会让人的学习能力变低，变得更傻，真是一举双祸。不过该项研究同时发现了一个好的结果，如果老鼠恢复了正常的饮食，这些坏的结果就会得到消除。所以偶然或曾经吃过太咸，但只要改了也就没什么事了。

中国人有句俗话叫“无酒不成席”，尤其北方人还比较爱喝白酒。喝酒到底好不好？流行的说法叫杜绝吸烟，适量饮酒。至于什么叫适量，有一些大致的说法，如一般认为一个成年人一天喝白酒约 50 克、啤酒约 500 克、黄酒约 150 克左右等。2016 年颁布的“中国居民膳食指南”对中国人的饮酒数量提出了一个所谓的合理建议：成年男性每天可以摄入的纯酒精不超过 25 克（这一数值大致相当于 750ml 啤酒或 250ml 葡萄酒。中国的这一酒精建议指标介于美国和英国的建议指标之间，美国的饮酒建议指标是每天约 28 克，英国的建议指标是每天约 15 克左右），成年女性每天则不超过 15 克，而未成年人和孕妇等特殊人群不能饮任何酒。不过这些指标也并不是权威的指标，多数人在端起酒杯时就忘记了这个数量，而是以自己的酒量（喝酒能力的最大值）作为标准。

目前关于饮酒对人有好处方面的研究不是太多，其中的一项研究发现，饮白酒会改变人的性格特征中的一个方面——让人变得更外向一些（以心理学通常的“大五人格”为指标）[159]，也就是说经常喝酒的人变得好交际他人。这可能是饮酒时人们更爱交流，心理更容易放松警惕而变得更开放，时间长了以后就有可能形成外向型特质。

但多数研究发现，饮酒有很大的坏处。一项新的研究发现[160]，即使适度饮酒（这里的所谓适度饮酒意味着每周大约饮 340 克啤酒、142 克葡萄酒等，是英国的一个标准）也会导致长期的大脑损伤和智力下降，也就是说饮酒不管多少，都会损伤人的大脑。这项研究破除了人们的一个常识性观点：少量饮酒有益健康。在这项研究中，研究者根本没有发现较低的酒精摄入量可以有益于个体大脑的证据。这一结论来自于英国，是研究者通过对 550 名健康男性和女性进行了30年以上的追踪研究而得出的。这项研究开始时，被试的平均年龄约为43岁，所有被试中没有人喝酒，所有参与研究的被试在研究开始时都接受了常规的脑功能检查和核磁共振检查。为了使研究结论更客观，研究人员在研究过程中控制了许多可能有影响的因素，如年龄、性别、教育程度、运动水平和既往病史等。他们在调查中发现，那些喝酒喝了30年以上（研究之初就开始喝酒了）的人的海马回的收缩量呈现越来越大的趋势。海马体是一种大脑结构，对记忆和其他认知功能至关重要。尽管适度饮酒的人的海马回的收缩量比那些不喝的人要多，对于那些每周饮用超过所谓适度饮用量一倍的人来说，情况就更糟，海马的收缩量更大。这意味着从大脑健康这一角度来看，不存在所谓的“适度饮酒”，只要喝了酒就一定会对大脑造成伤害。

2018年，世界知名的医学杂志《柳叶刀》上发表的一项研究表明[161]，饮酒稍微有点过量就可能与寿命的缩短关联，相关的寿命缩短可能会达到6个月至5年。这项研究警告人们，酒对人保持心血管健康并不如人们愿望的或想象中的那么“友好”。“低风险”的饮酒量上限（最多饮酒量）为每周饮酒量约相当于约100克纯酒精，也就相当于4瓶750ml的啤酒或4杯250ml的葡萄酒。如超过这个饮酒量限制，就可能导致较低的预期寿命：与每周饮酒（纯酒精含量）小于100克的人相比，每周饮酒量大于100克而小于200克的人（从40岁起的）期望寿命会减少6个月；每周饮酒大于200而小于350克以及大于350克的人，（从40岁起时的）期望寿命分别会减少1~2年和4~5年。每周饮酒350克大概有多少？按一周7天算，也就是平均每天50克，相当于每天2杯250ml的葡萄酒。

该研究还调查了饮酒与各种类型心血管疾病间的关联，结果发现，酒精摄入与中风、心力衰竭、致命性主动脉瘤和致命性高血压疾病等方面的风险升高呈正相关。这项研究也发现了饮酒对心脏的唯一一项好处：饮酒会与非致命性心脏病发作风险呈负相关，即可以降低这种风险。不过，比起上面这些严重疾病甚至可能是致死的心血管病，饮酒所获得的这一点好处真的不值得你每天坐下喝两杯。

这一研究论文的数据非常权威，论文的署名作者多达 130 多位博士和教授，是一项典型的大型综合研究。论文的主要作者、英国剑桥大学的伍德（Angela Wood）博士在论文中提出，这一研究提供了一个非常有用的信息，那就是对于那些已经习惯于饮酒的人，一定要减少饮酒量，而对于那些不饮酒的人来说，不要去尝试，国家颁布的指南中的数量指标不是一个要去达到的目标，而是一个最高的限制（当然这个标准并不意味着在这一标准之下的酒精摄入量会有什么好处），只有这样做了，才有可能延长你的寿命，并同时降低患严重心血管疾病的风险。

2018 年 8 月 23 日，《柳叶刀》公布了 2016 年全球疾病负担研究（GBD）中的酒精负担调查数据[162]（即酒精在疾病中担当了多少责任）：在 2016 年，全球有 280 万人死于饮酒，50 岁及以上人群酒精相关死亡的主要原因是肿瘤。研究人员特别强调，这个世界上没有所谓的安全饮酒量。这份数据分析了 1990~2016 年来自 195 个国家的相关数据，以评估酒精消费、酒精归因死亡率和残疾调整生命年数（DALYs，disability adjusted life years，是指从发病到死亡所损失的全部健康寿命年，包括因早死所致的寿命损失年和疾病所致伤残引起的健康寿命损失年两部分）。结果发现，饮酒是 2016 年死亡和 DALYs 的第 7 大危险因素，占年龄标准化女性死亡的 2.2%、男性死亡的 6.8%。在 15~49 岁的人群中，3.8% 的女性死亡要归因于酒精，而男性要占 12.2%，而结核病（1.4%）、交通事故（1.2%）和自我伤害（1.1%）

是与酒精有关的主要死亡原因。对于年龄在50岁及以上的人来说，癌症是导致酒精相关死亡的最主要原因，女性占27. 1%，男性占18.9%。总的来说，与不饮酒的人相比，每天饮酒1杯会使相关健康风险增加0.5%，每天饮酒5杯风险则增加37%。从这份数据庞大的严谨报告中可以得出，饮酒增加了死亡可能性，尽管酒精可以带来一些很小的保护作用，但被其他风险中和抵消了。在50岁以后，癌症是酒精相关死亡率最重要的因素。

2018年《成瘾》杂志（*Addiction*）上发表一项研究成果[163]，研究者对一千名被试（18~55周岁）的大脑进行了研究发现，酒精的使用会降低大脑灰质的大小，同时降低大脑白质的完整性。然而，大麻却与减少这些大脑健康的关键因素没有联系，所以长期使用酒精对大脑的伤害作用甚至高于长期使用大麻。

甜食是许多人的最爱，甜意味着美好和幸福的隐喻，有许多地方到现在都仍然以糖作为烧菜的主要配料之一。吃糖对人到底有些什么影响呢？2017年有研究者[164]对5000名男性和2000名女性进行了调查研究，结果发现高糖饮食（包括喝的含糖饮料和吃的含糖食物）不仅对人的身体会产生许多问题，它同样会对人的心理产生消极影响。一个成年男性一天消耗的糖数量如果超过了67克（67克是欧洲和美国等关于一个成年人一天糖消耗的一个最高限量标准），那他五年后患抑郁风险的概率就会上升23%，所以生活中应该尽可能地避免高糖食物和高糖饮料。从实际来看，人们吃糖后在短时间里心情可能会好一点，甚至有许多人在心情不佳时会用吃糖的方式来改善自己的心情，这些都是事实，但从长期来看，高糖消耗能显著增加人的抑郁风险。不过这项研究发现，高糖食物和饮料对女性的抑郁水平没有什么影响，到目前为止还不知道其中的原因到底是什么。

巧克力是一种很浪漫的糖类食品，相关研究发现[165]，人们越沮丧，吃的巧克力就会越多，人们在情绪低落时候每月吃巧克力的量是平时的两倍多。

这一研究证实了人们长期以来的怀疑：吃巧克力是人们在情绪低落时所做的事情。这项调查的结果来自于大约 1000 名被试，研究发现，抑郁的男性和女性每月平均大约吃 12 块，而非抑郁者则平均约吃 5 块。不过这只是一个相关结果，到底这些被试是因为吃多了巧克力情绪变得不好，还是因为情绪不好而吃多了巧克力，或者是两者碰巧呈相关，这里面的关系目前还不清楚。但至少，长期食用糖类可能不一定有好处。另外也有数据表明，自杀率和凶杀率较高的国家，其巧克力消费率也较高，这进一步加强了抑郁情绪和巧克力之间的神秘联系。

现代社会发展到今天，吃喝越来越不是问题，但吃喝也越来越成为问题。总的来看，随着人们生活条件的改善，人们吃得越来越油了，吃得越来越方便了，而蔬菜水果和粗粮等却吃得越来越少了。就吃喝来说，最好还要能做到每天一斤蔬菜、半斤水果，每天喝不少于一升的水。水是生命之源，水约占人体重的 75% 左右，喝足量的水对于大脑的高效运行、减少结石生成、保证尿路健康等都具有重要作用。另外还要每天喝够一杯酸奶，牛奶的营养几乎是全方位的，钙、蛋白质等都很丰富，牛奶与人们的骨骼健康息息相关，是补钙的最好食品，但牛奶对许多东方人来说容易过敏（亚洲成年人中约 80% 以上有乳糖不耐受特性，即体内缺少乳糖酶，无法将乳糖分解为半乳糖和葡萄糖，因而产生腹胀、腹部痉挛、腹泻和呕吐等症状。而欧美白种人则 80% 在成人后依然产生乳糖酶基因，因而欧美成年人适合喝牛奶），但酸奶不存在这个问题，所以可以放心喝酸奶。在吃喝方面，中国还有自己独特的养生文化，有些人喜欢把蛇、蜈蚣、各种植物或药材等泡在白酒里喝。特别是每年的秋冬季节，一些养生偏方或秘方都会大行其道，占据了电视或电台的各个版面。不过在这方面还要小心为好，还是要以科学为依据，不然有可能适得其反。

人的身体健康除了和吃喝有关之外，它和人的合理休息，特别是睡眠也紧密关联，睡眠是人消除疲劳的最主要方式，如果严重缺少睡眠，就有可能会带来疾病。《美国国家科学院院报》上的一项研究发现[166]，如果一夜不睡，大脑中和老年痴呆症相关的蛋白质就会出现显著性增加。实验中让 20 名健康的被试一夜不睡，然后对其大脑进行测量，其大脑中的 β 淀粉样蛋白（beta amyloid）就开始增加，而这种蛋白质在老年痴呆症患者的头脑中最常见，它的增加会阻碍大脑认知执行功能的顺利进行，从而出现认知痴呆的情况。尽管这一结果是在实验小鼠身上发现的，但它对人也有重要意义。

其实睡觉有时候可能比一直艰苦学习更重要。1885 年德国心理学家艾宾浩斯（Hermann Ebbinghaus）通过实验发现了记忆的规律，即遗忘曲线（见下图 5–1），这是全世界任何一本基础心理学教材都会讲到的研究。遗忘曲线规律告诉人们，新学会的知识如果不及时复习，就会很快被遗忘。不过后来有研究者惊奇地发现，如果学习以后进行了睡眠（休息）和不睡眠（休息），其结果就不一样。两位心理学研究者达能班克（Karl M Dallenbach）和吉金斯（John G Jenkins）招募了一些被试，然后让他们学习无意义音节，结果发现学会了以后去好好休息一下，遗忘就会明显减少了。

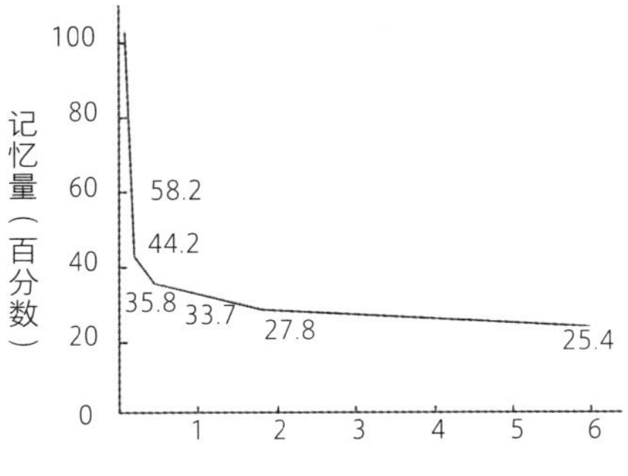

图 5–1 艾宾浩斯遗忘曲线

第 6 章

具有这些特征你会更快乐

喜欢品味生活

随着经济的发展（2016 年中国的 GDP 达到了 74.4 万亿多元），中国社会已经进入深度转型的新阶段，即中国需要有效提升国家治理的现代化水平，以使其能和高速发展的经济相平衡，而提升民众的幸福感则是其中的一项重要任务。幸福是什么？从主观幸福感（subject well-being）的视角看，幸福由三个部分组成：积极情绪、消极情绪和生活满意度（Diener，1984）。其中，积极情绪和消极情绪包含了个体对自身情绪状态的感受，属于主观幸福感的情感维度；而生活满意度是个体对自己生活状态的整体评估，是主观幸福感的认知维度。因此，从主观幸福感的情感维度说，提升幸福（本章中的幸福一词主要指主观幸福感）一般就有两种方式：一是降低或消除消极事件所带来的消极情绪体验（降），二是增强或扩大积极事件所带来的积极情绪体验（升）。

这意味着从情感维度来说，幸福的提高可以通过“有升有降”的综合方法来实现，如在保持消极情绪体验不变的情况下，提升幸福可以通过单独提高积极情绪体验来实现；而在积极情绪体验不变的情况下，人们也可以通过降低消极情绪体验来提高幸福，当然提升幸福的最理想的方式是“一升一降”同时进行。心理学一般将降低或消除消极事件所带来的消极情绪体验的方法称为应对（coping），而把增强或扩大积极事件所带来的积极情绪体验的方法称为品味（savoring）。

一、品味与应对

人们在日常生活中会面临许多事件，如果简单地从效价角度对事件进行分类，可以分为积极事件（如升职、意外之喜、吃到可口的饭菜等）和消极事件（如失恋、挨批评、找不到停车位等），而中性事件更可能是理论上的一个中心点。比如下雨看起来是一件中性事件，但有的人却可能在享受雨水带来的空气清新，而另一些人则认为雨水有可能淋湿了自己，前者在一定意义上体验到了积极，而后者则多多少少把下雨当作了一件消极事件。

消极事件会让人产生消极情绪体验，人如果长期处于消极情绪体验中则有可能出现各种身体或心理问题，因此人们应该也必须去处理这些消极事件，从而降低或消除自己的消极情绪，这一过程也就是所谓的应对。应对这一概念在心理学中出现得比较早，尽管不同的心理学家由于研究领域的不同而对应对的概念有着不同的理解，如拉扎鲁斯（Lazarus）和弗克曼（Folkman）[167]将应对定义为个体面对内在或外在压力时所采取的认知活动和行为，斯金纳（Skinner）和威尔伯恩（Wellborn）则认为应对是在面对心理压力时，个体动员、指导、改变自我行为、情绪和动机倾向的过程[168]，艾森伯格（Eisenberg）等人[169]则从情绪调节角度来理解应对，认为应对需要关注自我情绪并进行认知和行为上的调节，是情绪调节的一种方式，但从这些不同定义中还是可以概括出应对的核心内容：应对是个体在面对某一消极事件（压力源）带来的威胁、伤害或损失时所做出的反应，这种反应的目的是降低（或消除）消极事件所带来的消极情绪体验。

人的生活中并不仅仅只有消极事件，还有积极事件（纯粹中立效价的中性事件只在理论上存在，在实际生活实践中几乎没有），当人们面对积极事件时会怎么办？所采取的方式会是什么呢？心理学家布莱恩特（Bryant）将人们处理积极事件的心理和行为过程称为品味（savoring），品味是个体对积极经历或体验进行主动精细加工以增强或延长积极情绪体验的过程[170]。

从品味产生的心理结构来看，品味由经历（experience）、过程（process）、策略（strategy）和信念（belief）四个相互区别又相互联系的成分组成。其中，经历指个体主动去经历或感知那些包含积极因素的行为或情绪，这一过程的核心是主动、有意去加工积极，不是指那些无意识的活动。如当你知道有一场很好的音乐会，你就会主动为去听这场音乐做一些知识、背景、物质等方面的准备，而在欣赏音乐会时主动关闭无关干扰而全身心投入。还如你主动找到好友专心悠闲地度过一个美好的下午，这一下午的经历其实就是在品味友情。

过程指的是个体将经历通过一系列的身心操作（mental and physical operations）转化成自己的积极情绪过程，它其实指的是加工过程。如当你面对诱人的美食时，不是胡吃海塞，把自己撑得半死不活，而是从色、香、味等多个方面慢慢去品尝美食。比如有两个小朋友都在吃同样的冰淇淋，第一个小朋友拿到冰淇淋就大口咬，一小会儿就吃完了，冷得牙齿直打战；而另外一个小朋友则是小口舔冰淇淋，上面舔一下，下面舔一下，再左右各舔一下，一个冰淇淋可以吃上半个多小时。这两个小朋友虽然都经历了吃完一个冰淇淋（美好的东西）的过程，但前面那个小朋友的加工方式不好，其经历一定也不美好（牙齿冷得打战），而后面的这个小朋友的加工操作就比较好，这使得他就会感受到冰淇淋的更多的可口、香甜等。品味就是指后面这个小朋友的操作方式。

策略是通过选择或采用某种具体的心理活动或行为来增强积极情绪的强度或延长积极情绪体验的时间，属于品味的可操作层面。同样以上面那个慢慢舔冰淇淋的事件为例，虽然有两个小朋友都是在慢慢舔冰淇淋，但第一个小朋友只知道舔冰淇淋的一边，结果冰淇淋很快就因重量不均而化掉沾到手上了；而另一个小朋友则知道根据冰淇淋融化的速度和位置来适时地舔冰淇淋，吃到最后手上都干干净净，后面这个孩子的加工策略就要胜过第一个孩子，其感受到的快乐也一定大于前面那个孩子。有时候策略在品味过程中相当重要，它包含着一个人的智慧，在一定意义上就代表了品味能力的高低。比如几乎所有的人都知道一个快乐的方法——要跟好朋友待在一起做些快乐的事（如喝茶、喝酒等），但如何才能喝出最大的快乐，这就需要有较高的品味策略了。

信念体现的则是个体从过去、当下或未来的积极事件中感受到积极情绪的渴望，反映了个体追求幸福的意愿。比如同样和好朋友相处，有的人期望在相处时获得兴致高亢的感觉，他们就会一起开派对、玩那种有很多互动的游戏；而有的人则期望获得那种淡淡的快乐，那他与朋友相处时可能就是静静地喝一下午的茶（一定是好茶），或看一下午的书（一定要好书），这两种期望所导致的操作、策略等就会完全不同。

品味的心理结构其实就揭示了品味的心理机制：人们首先需要一段美好的经历或体验，其次个体要有意愿和能力去体验这一美好的经历，并主动采用有效的行为或心理活动将其转化为自己的积极情绪体验。

总的来说，虽然应对和品味都是通过一系列的认知或行为操作使个体处于一种更好的心理状态，但是它们的对象、过程和目的都不相同。显而易见，应对的对象是生活中的消极事件(主要指个体的需要没有得到满足的那些事，如失败、挫折等）和消极的人（坏人、不喜欢的人等），而品味的对象则是积极事件（让人快乐开心的事）和积极的人（如朋友、心爱的人等）。从结果及目的来说，应对的目的在于使个体心境平和，从而减少心理不适或难受，而品味的目的则在于扩大积极事件的效应，从而提高或增加个体的积极情绪。

（一）应对策略

就过程而言，这两者都有很多操作策略，不过人们在进行应对和品味时所采用的策略完全不同，一般常用的应对策略大致可以分为 12 类。

1. **直接解决所面临的问题**。当人们生活中出现了一个问题而发生情绪或心理困扰时，最好的办法就是直接把这个问题解决了，这样你的心理困扰就会消失。如当你不小心把钥匙掉家里而被门关在外面进不了家时，你的心情肯定不舒服，那你就找来开锁匠把门锁给你打开就可以了。解决问题这种应对策略是最有效的策略，它能立即消解你不爽的心情，这就如你在吃饭时牙缝里塞了一块肉，最好的办法就是用牙签或牙线把这块肉弄出来。

2. **寻找更多信息**。如在单位里自己没有升职，而办公室里的一个同伴却升职了，相信有许多人都碰到过这种困扰事。那就要多方面了解一下更多信息，包括自己的信息以及那位升职同伴的信息，同时也要包括单位的具体信息等，了解得越多，思考问题就越全面。同时也需要了解一下升职后的不利方面，比如职位越高所担当的责任就越重、压力会更大、面对的挑战也会更多等。

3. **回避**。也就是人们常说的远离伤心之地、远离伤心之人。失恋了就把对方的微信号、电话号、QQ 号等都删除，把能引起记忆的物品等都处理掉。许多青年男女明明失恋了还把对方的微信号保留着，天天去看对方的朋友圈，这是典型的应对能力低的表现。有一种比较高级的回避叫升华，如失恋了就把所有心思花在提高自己的学习或工作上，从而成了学霸或工作霸。

4. **自我调节**。自我调节是一种综合的应对策略，它既体现在主体调整自己的认知或观念，即自己改变自己的认知方式或内容，包括认知重评等，也体现在行为上的调整，如调整自己，使自己在行为上变得更谨慎小心、压抑自己的愤怒情绪或不快情绪、把自己的注意完全偏向于工作等。如看了一场悲伤的电影或电视剧之后非常难受，就不断告诉或暗示自己“那是假的，就是演了一个戏而已”，当然也可以马上去做运动，使自己从刚才的电影情节中脱离出来。自我调节也就是人们通常所说的情绪自我调节，美国著名心理学家格罗斯（Gross）在这一方面做出了卓越贡献，由此获得 2001 年的“美国心理科学青年科学家杰出贡献奖”（Award for distinguished scientific early career contributions to psychology）。格罗斯提出在情绪发生过程的每一个阶段都会产生情绪调节，即情景选择（situation selection）、情景修正（situation modification）、注意分配（attentional deployment ）、认知改变（cognitive change）、反应调整（response modulation）这五个阶段。格罗斯认为在消极情绪发生的整个过程中，个体进行情绪调节的策略很多，但最常用的降低情绪反应的策略有两种，即认知重评（cognitive reappraisal）和表达抑制（expression suppression）。

5. **寻求支持**。许多人在失恋之后都愿意和亲人或家人待在一起，这是一种很好的行为策略。当一个人面临了失败或挫折后，如果能多和家人、朋友等在一起度过一段时间，通过家人或朋友的支持，就又可以重新恢复活力。

6. **自我抱怨**。通过抱怨自己的缺点或不足，减少自己在消极事件中所受的伤害，如有些网球运动员打了一个坏球之后会对自己怒吼一下，对自己刚才的行为动作鄙视一下，这样可以帮助自己很快调整过来。

7. **远离社交**。一旦面临失败或挫折，有些人会把自己封闭起来一段时间，让时间来冲淡一切，这也是一种有效的策略。终南山又名太乙山，位于陕西省境内，是中国“道文化”“佛文化”“孝文化”“寿文化”“钟馗文化”“财神文化”等多种文化的发祥圣地，据说现在有很多年轻人主动去那里修行。其实这些佛系年轻人与其说是去那里修行，还不如说是想远离复杂的社交社会，追求一下极简主义，也就是人们常说的“我想静静”。

8. **感到无助**。即产生习得性无助感，也就是人们所说的自暴自弃。如某个人在刚刚参加工作时很努力，一直期望能够获得升职，但却一直没有如愿，之后他就会产生无助感：反正我再怎么努力也不可能升职的，就这样混混吧。然后他在生活的各方面和工作中就会明显缺乏积极性和主动性，这种状态和其之前刚工作时的状态完全不同，这种状态就是形成了无助感，这也是应对消极事件的一种策略。为什么形成无助感也可以是一种应对策略呢？这是因为人一旦形成无助，他的各种行为就会相对更收敛，生活中更缺乏主动性，这样就在无意中保护了自己，而且策略的核心在于减少个体在消极事件中所受到的伤害，因而策略本身就有好坏，好的策略保护得多一点，坏的策略保护得少一点。

9. **接受**。一种自我认命或自我认同，奴隶不是天生就成为奴隶的，它是在后天的强权或制度安排下的一种自我认命，是一种心理上的接受。高考后一定有许多高考失意者最终去了曾经不想去的学校。不过一个学年之后，他们中的多数人都会安然接受这种安排，甚至有些人还会觉得现在上的这个学校还是很不错的。

10. **协商**。协商不一定是为了解决问题，协商有时候就是为了求得一个心理效应或心理安慰，意味着我已经足够努力了，不需要承担失败或损失的全部责任。协商在一定意义上就是自己对自己有个交代，表明了自己的努力和态度。

11．**屈服**。屈服就是一种接受，但这是一种被迫接受，有时甚至可能只是一种暂时接受的权宜之计，而前面的“接受”则是得到了个体自身心理上的认同。如有的女孩子找了个对象，但父母不同意，最后女孩子屈服了父母的意见而和对方分手了，这是一种典型的屈服，尽管女孩在行为上已经做出了改变，但其心理上并没有认同。

12．**对抗**。直接把对方树为敌人或攻击目标而加以对抗，香港的一些武打小说基本都有一个套路，就是一个孩子碰到了挫折（如父母被人害死，或者家庭遭受巨大灾难如家破人亡等），就把谋害自己家人的那个（伙）人列为对抗目标，从此立志远走他乡去学习高强武艺，报仇雪恨，最终消灭了敌人，获得了胜利。

（二）品味的策略

而品味的策略则可以分为两个层面，具体 10 个小类。

第一，行为层面，包括：

1．**同他人分享**。你有好东西、好事情主动和他人一起分享，如一块巧克力若能分一点给别人，那么两人一起吃可能会比你自己一个人吃觉得味道更好，或者给他人讲讲自己曾经经历过的那些快乐的事。

2．**沉浸专注**。全心投注于当前你正在从事的活动，不能三心二意。比如听课时就不玩手机，当然玩手机时也不要去听课。有些人总是喜欢一边吃饭一边看书，或者一边吃饭一边玩手机，这是一种典型的低品味能力。

3．**行为表达**。面对好事情或好朋友时，不能光有好的感觉而什么也不做，你一定要做点什么来体现你的喜欢、欣赏等。如看到心爱的人给她一个拥抱，吃到美食做出夸张的吃的动作等。品味和中国传统中的含蓄不太一样，品味要突出操作，好的感觉一定要有与其相匹配的相应行为操作。生活中有礼貌、有教养也是一种有品味的行为表达，礼貌和教养不只是干瘪单薄的客套礼仪，更包括推己及人的方便和体谅等行为。

第二，认知层面，包括：

4．**对比**。为了突出现在的好而有意和过去那些不好的经历进行比较，很多老人都喜欢和孩子们讲解过去生活中的辛苦，这实际上就是一种品味策略。就如生活中你在吃糖时伴随吃一点苦的东西会让你觉得这个糖更甜一些。人有一种特别的心理过程“适应”，好的事情在一个人身上发生多了，他也会觉得稀松平常，因而人们就需要采用一些策略或办法消除这种适应心理，而对比就是一种好的策略。不过这里有一个问题要注意，一定要在快乐、舒服、开心的时候去对比，而在郁闷、难受的时候则要运用一些应对策略。通常情况下，人们在抑郁、难受的时刻不能去和比你更开心快乐的人比，而是找比你更差的人去比，这样可能会更好一些。但在处理坏事件的应对过程中比较不是一种好策略，因为它有可能带来其他一些不好的后果，如失去上进心、灰心丧气。

5．**感知敏锐**。感知敏锐实际上就是增加人的精细加工能力，即让人在开心快乐的时候，可以通过一些手段（如借助一些工具等）把其眼睛放到最亮、耳朵放到最敏、鼻子放到最灵，进行多感官加工，从而帮助人们获得更多、更大的快乐。如果你去过福建或广东等地，那你一定会对那里的工夫茶印象深刻。以福建工夫茶为例，涉及冲泡福建工夫茶的基本用具就很多（这一点和北方人的差距比较大），有茶炉、茶壶、盖碗、茶杯、茶洗盘、夹子和公道杯等；冲泡福建工夫茶的基本步骤包括温壶、温杯、取茶置茶、冲水泡茶、刮沫淋壶、倒茶入公道杯、分茶到小杯、奉茶品饮等多个步骤；而且在喝乌龙茶时还有一种特殊的工具——闻香杯，一种设计了专门用来闻茶香的杯子，福建工夫茶的这么一大套饮茶用具和复杂的冲泡步骤其实就是为了增加人喝茶时的感知敏锐性。同样，喝好酒的时候也不仅仅只是细啜，还应该用鼻子好好闻闻酒的香味，用眼睛看看酒的颜色，甚至用耳朵听听酒的流动声，当然这一过程都可以借助一些专门的工具。

6．**建构记忆**。把好的事物或经历用一种特定的方式根植于记忆中，这也是一种品味策略。如把你结婚典礼时和你爱人喝过交杯酒的酒杯保藏起来，这就是构建美好记忆的一种常用方法。从已有的研究来看，在快乐的时候多拍一些照片，这些照片会帮你把快乐保留得更久和更多一些。

7．**激励或奖励自我**。当自己做得不错时，要给自己一个激励或奖励，这个世界不可能在你每个精彩时刻都会有他人或组织等激励你，人首先要爱护自己，要采取一些办法在快乐开心的时候让自己充分享受这种快乐。品味是好上加好，所以一天下来，自己如果觉得这一天中有特别出彩的行为或思想等，那就额外给自己加一个菜吧，节食减肥先暂时放到一边。

8．**当下意识**。人要活在当下，对当下的一切事或物要给以精细加工，不能总是担心未来，不要总是去为了未来瞎忙活。好多中国人比较相信所谓的“没有远虑则必有近忧”，人确实要为将来考虑，但快乐生活却还主要以当下为主。中国人喜欢买房，不仅只买一套，一般要买两套或三套，因而中国的房价就涨得特别快。很多老外都纳闷中国人为什么要买两套房子呢？当你把这个问题抛给那些买房人时，他们基本是两个理由：第一，这房子还会涨，而且将来手里的钱却一定会贬值，现在不买，将来就要吃亏；第二，总得给孩子准备一套房预备着吧。也就是说，这些买房人都是为了将来，为了将来可能出现的贬值（或房子涨价）和孩子将来的生活，因而这些人不是活在当下，而是活在未来，没有当下意识。这样的人会很累，他们买了房子放在那里没有用，自己为了还房贷也必须天天节衣缩食，弄得现在不敢吃、不敢穿，只为了将来那个未知和不确定可能发生的事，偶然出去旅游一下也是到哪都吃方便面，这样的生活已经失去了它的意义价值。

9．**细数幸运**。这是品味最重要的一种策略，它是指自己对在一段时间之内发生在自己身上的幸运事件或遇到的幸运的人等进行回忆或记录。现在许多人都在网上晒自己每天碰到的三件快乐的事，如：今天吃了一个大苹果，很好吃；今天的阳光真的很舒服，既不太冷也不太热，晒得人懒洋洋的；今天买的运动鞋到了，明天就可以穿新鞋出去跑步了。这种方法其实很早就开始应用了，有些宗教会要求其信徒每天记录自己一天中最要感恩的事或人，这其实就是细数自己的幸运。

10. **避免扼杀愉悦的想法**。最能扼杀你快乐的想法是什么呢？那就是抱怨、后悔、诅咒和仇恨等想法，如果你脑子里经常有这些想法，你的生活就一定不会快乐，因为这就如你走在路上踩到了一堆狗屎，你被它恶心得难受，然后你就用纸把这堆狗屎包起来带在身上，见到朋友或熟人就拿出来对着别人抱怨、后悔、诅咒、仇恨一下，这样的生活怎么可能快乐或幸福呢？

（三）品味按照时间维度一般可以分为三种类型

1．**回想**（reminiscing），即品过去。强调通过回忆过去相关的积极事件、积极体验而增强现在的积极体验。这种类型的品味是人们生活中最常用的方式，如老人回忆年轻时的辉煌、恋人回忆曾经的浪漫等。品味过去不仅会让你现在感觉好，还能让你变得更聪明，不过这一结果是以美国贫民窟里的穷人为被试而得到的。2014 年，美国心理学会（APS）的会刊、国际最知名的心理学期刊《心理科学》（*Psychological Science*）杂志发表了一篇让人吃惊的论文《回忆过去的成功能提高自己 10% 的智商》（*Recalling a past success could be enough to raise IQ by 10%*）。研究者以 150 名来自各地贫民区的民众为被试，这些被试集中之后在新泽西的一个救济场所被分别要求回忆一件自己曾经取得成功的事件，随后这些被试不管是在认知测量方面还是在事件处理方面都表现出了更高的智商（和回忆过去生活中发生的一般事件的控制组相比），提高了大约 10% 的智商。让这些被试回忆自己过去成功的经历其实就是一种最典型的品味过去，品味过去（特别是自我肯定自己的过去）一直被看作具有心理健康方面的作用，但其实它也具有认知方面的作用，这真是出人意料。

2．**品味当下**（savoring the moment），即品现在。强调关注当下发生的积极事件，增强“此刻”的积极体验程度。如人们全身心投入，获得福流（Flow）情绪体验等。

3．**预期**（anticipating），品未来。强调通过想象未来的积极事件等而增加现在的积极体验，心理学有所谓的生涯规划，其实生涯规划就是一种品味未来，生涯规划课在一定意义上就是一种品味课，因为人们总是按照自身的条件来为自己的未来设计一个美好的蓝图。一般来说，那些经常着眼于未来的人都相对具有更多开放性特点，这种乐于并善于迎接未来的人总会对当前所面临的问题有好的解决办法，因为他们把自己放在了一个没有时间和空间边界的世界里，这样那些原本以现实为标准而处于当前焦点地位的问题就会被边缘化，从而失去了对生活的影响力。相反，那些原本在时间维度上已经被边缘化的未来积极事件却可以被拉入到当前的生活焦点。美国学者金（King）在其 2001 年的一项研究中让被试积极想象将来最有可能发生的所有快乐的事情，如想象 10 年后幸福的恋爱婚姻生活，每天一次，一次 20 分钟，持续 4 天。结果发现，与控制组相比，这些想象让被试的积极情绪得到了提升，而且这一练习还让被试的患病率出现了降低。

这三种类型的品味分别通过联系过去、专注现在和期待未来而延长和增强了个体当下的积极体验，所以品味的真正目的在于让现在变得更美好、更有意义、更有价值，所以品味的核心应当是品味当下。

二、品味让你更幸福

品味能显著提高人的幸福感，布莱恩特早期有一个研究具有一定的代表性，实验要求所有大学生被试在一周中每天独自在学校的同一条路上进行 20 分钟的散步，这些被试被随机分配到 3 组中：第一组是“积极关注”组，要求这组被试尽量注意身边每一件令自己愉悦的事物（如花朵、阳光等），并在注意到这些事物时，认真思考它们为什么会让自己愉悦；第二组是“消极关注”组，要求被试尽量注意身边令自己不快的事物（比如噪音、垃圾等），并在注意到这些事物时，认真思考它们为什么会让自己不快；第三组是“正常关注”组，仅仅要求这一组被试去散步，同时做一个 200 字的记录，看到什么就记录下什么。对被试在实验前后的幸福感水平进行了比较之后，结果发现“积极关注”组被试的幸福感水平显著高于其他两个组，而另外两组之间不存在显著差异，即生活中只有品味能提高人们的生活快乐，而浑浑噩噩过日子和盯着坏事情过日子具有差不多的效果。

生活中有些人对发生在自己身上的坏事（消极事件）的记忆就像不干胶，粘上就下不来，而对好事（积极事件）却像不粘锅，出溜儿就下来了。从本质上说，人再忙也要记得品味生活，因为品味能有效提高人们的幸福感。从幸福的情感维度来看，作为一个幸福的人，在情绪体验方面一定是有较高的积极情绪体验，同时又有较低的消极情绪体验，心理学在过去相当长的一段时间里过分注重了应对降低消极情绪体验的作用，以致形成了一种错误观念，即把消极情绪体验降下去，积极情绪体验就会自然地产生或增加。事实上，积极情绪体验和消极情绪体验相互区别，彼此独立，消极情绪体验的降低并不会直接带来积极情绪体验的产生或增加。这就如孩子的教育一样，许多父母都只知道盯着孩子的缺点，只对孩子的缺点敏感，总是想尽一切办法来改正孩子的各种缺点，但其实他们不知道孩子改正缺点之后，优点或长处并不会自然生长，所以父母教育孩子应该包括两个方面：一方面要帮助孩子改变自己的各种问题和不足，如上课不专心、课前不预习、课后不及时复习等；另一方面，也更为重要的一方面是培养孩子各种积极的品质和积极力量（也就是通常所说的长处），如培养他面对困难的勇气、有较强的自我控制能力、关心他人、有责任心等。既改正缺点，也要发挥长处，这两个方面的工作一个都不能少。人的身体健康也一样，一方面需要通过吃药等方法来应对各种疾病或问题（有时候甚至要开刀做手术），但即使用吃药等方法把疾病或问题去除了，人的身体也不会自然而然地变得健康强壮，人们还需要通过一些其他方法强身健体（如增加营养、适当运动锻炼等），而治病的方法显然不适合用来强身健体。

从理论上来说，人们的生活中除了消极事件之外还有许多积极事件，如果将全部心理资源应用在应对消极事件上，那人们自然就没有充足的心理资源来品味积极事件了，肯定就不能最大程度地提升自己的幸福感水平。

（一）品味主要通过三个方面来提高人的幸福感

首先，通过增加个体的积极情绪来提高个体生活中的主观幸福感。品味是对积极事件的反应，其本质就是主动地利用各种方式产生、维持或增强积极情绪，而积极情绪则是人幸福感中一个最重要的成分，在这一方面已经得到了许多研究的证实。早在 2003 年，布莱恩特（Bryant）就发现，在大学生被试群体中，经常品味自己生活的个体有更多的积极情绪以及更高水平的幸福感[171]，其他以不同群体为样本的研究也得到了类似结论[172]，而且这一结果不受年龄的影响。有时候，甚至只要有品味的信念，个体的积极情绪就有可能增加，进而提升其幸福感。另外，研究也发现，生活中如果能主动运用某些品味策略，如有意表达感激（expressing gratitude）、感受当下（temporal awareness）等，个体的积极情绪强度就会增加，并且主观幸福感也会提高。

在 2017 年的一项品味研究中，霍尔敦（Holden）等人[173]要求 123 名被试进行了 45 分钟的关系品味之后，发现他们的积极情绪强度出现了显著增加，这一研究直接说明了品味的确能增强积极情绪。

其次，品味能提高个体的生活满意度进而增强个体的主观幸福感。研究发现，在老年群体（年龄大于 55 岁）中，更高的品味能力能够预测其更高的生活满意度[174]，即品味能力越高，对生活就越满意。2017 年有研究者对因患癌症而住院的病人（这是一群因特殊情况而总的来说对生活不太满意的人群）进行了研究[175]。他们对 263 名癌症患者品味现在的能力和其生活满意度进行了相关分析，结果发现品味能力更强的病人生活满意度更高，而这和其患癌症的严重程度无关。这说明不管是正常人还是病人，只要能提高品味能力生活满意度就会更高。在这些横断的相关研究基础上，为了进一步确定其中的关联关系，赫尔利（Hurley）等人[176]进行了一个短期（2 周）纵向研究来揭示日常积极事件的数量、品味现在和生活满意度三者之间的关系，最终发现了三个结果：第一，个体经历的日常积极事件越多，其生活满意度越高，说明增加一个人生活中的积极事件可以提高其生活满意度；第二，品味能力越高，个体生活满意度也就越高；第三，日常积极事件的多少并不影响品味能力对个体生活满意度的促进作用，这表明生活中的积极事件即使不是很多，只要个体积极主动地进行品味，其生活满意度也能得到提高。这一研究告诉人们，在控制了积极事件之后，人们可以通过提高品味来增加自己的生活满意度。事实上，对于一个普通人来说，要想不断增加自己的积极事件是一件相当困难的事，同时也不是个体自己所能控制的，而提高品味能力则是个体通过努力能达到的。

最后，品味在一定程度上还能降低个体的消极情绪。也就是说，品味一方面可以增加人的积极情绪，另一方面也会降低人的消极情绪，也就是说品味在一定意义上起到了应对应该起的作用。如在一项品味干预研究中发现，相比于控制组成员，接受品味当下训练指导的被试在两个星期后消极情绪强度出现了明显降低，其抑郁症状也相应减少[177]。另外，在一项研究（博士学位论文研究）中发现，个体如果能主动地品味过去，如回忆并记下愉快的经历，不仅能有效提高积极情绪，还能有效降低个体的消极情绪[178]。

（二）品味为什么能降低人的消极情绪体验

根据品味的定义，品味的主要功能在于放大、增强和产生积极情绪，它为什么同时也会降低人的消极情绪体验呢？这是一个有趣的问题。这里可能有两个方面的机制。第一，品味是针对积极事件，也就是说，人们在进行品味时的针对对象一定是积极事件（好事情），但由于某些人在特殊情况下其本身在品味积极事件时还具有另外一些由其他消极事件影响而产生的消极情绪体验，而一旦品味导致其积极情绪增加时，原来的消极情绪体验会相对地变小（类似于一种错觉），因为人的主观体验具有不确定性，在体验到更多、更大积极情绪时，主观上会把原来的消极情绪体验报告得相对较低一些。第二，品味的这一机制还可以通过积极情绪扩建理论（The Broaden-and-build Theory of Positive Emotions）来解释。积极情绪扩建理论是积极心理学研究的一大贡献，其提出者是现北卡罗来纳大学的著名心理学女教授弗雷德里克森（Fredrickson B. L.），其也因这一成果而获得了积极心理学领域的最高奖“坦普尔顿奖”。她在研究中发现，积极情绪会帮助个体拓展即时思维、建构起更多的心理和社会资源，而这些资源会有利于人们应对消极情绪[179]，也就是说，品味降低消极情绪体验不是直接的，而是通过增加应

> 坦普尔顿奖（Templeton Prize），由坦普尔顿基金会专门为积极心理学研究设立了奖励基金，该奖励原则上每年一次，主要用来奖励那些在积极心理学领域的研究中做出杰出贡献的年轻学者。

对资源间接降低人的消极情绪体验。这一机制得到了相关研究的证实，有研究发现[180]，被试进行品味将来的任务后（对将要观看的有趣卡通进行期待），积极情绪出现了显著增加，而这种增加了的积极情绪帮助他们后续面对社会威胁性评价时表现得更好，也就是说，这些被试的应对能力更高、应对做得更好，这意味着新增加的积极情绪似乎提高了这些人的应对水平，从而对消极情绪的出现起到了缓冲作用。

由此可见，品味对主观幸福感的提升是全方位的，它一方面可以通过直接提高人们所拥有的积极情绪增加生活满意度，使人们在好感觉的基础上变得更好，另一方面还可以间接地降低消极情绪，帮助人们摆脱坏的感觉，因而从主观幸福感的内涵来看，品味对人们生活幸福的提升是全面的。

品味提高主观幸福感不仅仅只是一种主观报告（或停留在一种感觉上），它更有其特定的生理和大脑机制。布莱恩特（Bryant）等人[181]曾通过间接证据发现品味可能和顶叶皮层（parietal cortex）、背外侧前额皮层（dorsolateral prefrontal cortex）、眶额叶皮层（orbitofrontal cortex）、前扣带皮层（anterior cingulate cortex）、伏隔核（nucleus accumbens）、下丘脑（hypothalamus）、海马（hippocampus）和杏仁核（amygdala）等几个脑区有关。最近的一些研究更是直接发现品味和腹侧纹状体（ventral striatum）有关，伏隔核是腹侧纹状体的重要组成部分，它被发现是大脑中的快乐中枢，与获得奖赏和满意感有关[182]，也就是说它便是品味的一个最重要的脑区。海勒（Heller）等人对抑郁症患者保持和提升积极情绪的能力进行了研究，结果也发现，相比正常个体，抑郁症患者调节积极情绪时难以保持伏隔核的激活，其自我报告的积极情绪水平也比正常个体更低。在相关的后续研究中，抑郁症患者接受药物治疗以保持腹侧纹状体的持续激活，结果发现，腹侧纹状体的激活能够明显增加这些患者的品味能力，同时也进一步提升这些被试的积极情绪[183]。

斯皮尔（Speer）等人的研究更是直接揭示了品味的大脑神经机制与腹侧纹状体有关[184]，该研究中，被试被要求在核磁共振（fMRI）条件下进行线索回忆任务，即对积极的自传体记忆（如和家人一起去迪士尼乐园游玩）或中性的自传体记忆（如为即将到来的不特定旅行收拾行李）进行回忆，与大多数品味过去的研究结果一致，被试进行积极回忆时所产生的积极情绪比进行中性回忆时更强。核磁共振的结果表明，相对于中性回忆，个体在进行积极回忆时，纹状体网络，特别是纹状体（striatum）、腹内侧前额叶皮层（ventral medial prefrontal cortex）、眶额叶皮层（orbitofrontal cortex）和前扣带皮层（anterior cingulate）处于更显著的激活状态。

这些脑机制一方面表明品味确实能通过增加人的积极情绪体验来有效提高个体的主观幸福感，另一方面也证明品味是一种独特的心理活动，它应该在人们的生活与工作中得到有效重视和应用。

（三）品味效果的影响因素

品味提升个体主观幸福感的效果会受到许多其他因素的影响，其中包括外在刺激和个体本身等因素。外在刺激的复杂性会引起不同的品味效果，相比使用一种感官就能感受到的积极体验，那些需要多种感官参与的较为复杂的刺激更容易引起人们的积极情绪体验，这或许是因为多感官参与可以相对容易提升人的快乐感受。比如当你欣赏一幅名画时，主要运用视觉来体验色彩和线条所带来的享受，而当你置身于美丽的西湖边时，你不仅能看到秀丽的景色，还能听到婉转的莺啼，闻到芬芳的花香。后者的品味途径更多，因而产生的积极体验会更大、更强。当然，在生活实际中也存在一些相反的特殊情况，由于外在刺激实在太过于复杂而让人不容易理解或出现认知冲突（出现认知困难），这有可能会分散个体的注意力，并使得个体不能尽情地进行品味，有时甚至会降低品味效果。

有研究发现，品味存在一定的性别差异，也就是说男女之间对同一件积极事件或事物会有不同的影响效果，其中女性从品味中所获得的幸福感显著高于男性[185]，这可能是因为女性相对更感性而男性相对更理性一些。不仅如此，男女之间品味的对象也存在差异，如男性更容易从精彩的体育比赛、游戏等活动中获得积极体验，而女性更容易从精美的画报、电影或电视等画面中获得积极体验。另外，个体的社会文化背景、知识水平等也会影响个体品味的效果。一项为期六周的跨文化纵向研究中，研究者比较了表达感激（expressing gratitude）这种品味策略对美、韩两国被试的影响，通过多水平增长模型（multilevel growth model）分析发现，美国被试要比韩国被试更能在表达感激中获得自己的幸福感[186]。这种差异可能归因于不同文化背景下的个体在面对积极情绪时所采用的调节方式是不同的，如东方人相对要更压抑情绪表达，达到所谓“笑不露齿”的效果，而西方人则在情绪表达上更开放一些。这种差异还有可能归因于对幸福感意义的理解不同，毕竟东西文化中关于人生意义的理解上存在明显差异，西方人更偏向个体一些，而东方人相对更偏向于集体一些。

品味的动机和信念等也会对品味效果产生影响，从过去已经有的研究来看，品味动机越强，个体的品味（无论是自然产生的还是他人引导的）信念就越高，品味的效果也越好[187]。也就是说，你对于美好的东西越渴望，你越能从中获得积极情绪体验。但这种动机和信念会涉及多个方面，如被试原有的知识技能、情趣情调、意识程度的高低等。一般来说，如果人们越认为幸福对于自己的生活很重要（即意识到幸福的价值意义越大），他就越会去努力获得幸福，而这必定会导致其品味动机相对越强。

积极事件的发生频率也会对品味的作用产生一定的影响，有研究者[188]发现，积极事件发生频率相对较高时，品味的运用对于幸福感有一定的提升作用，但是效果总的来说并不显著；而当积极事件发生频率相对较低时，品味的作用就比较大，品味运用则可以显著提升个体的幸福感。通过对相关的数据统计分析之后发现，品味对幸福感既起到了一定的中介作用，又起到了一定的调节作用。也就是说，关于品味在日常生活中的具体作用或许可以这样解释：由于积极事件本身是幸福感的最重要的决定因素之一（没有积极事件也就没有品味），当积极事件发生频率较高时，品味的作用并不是很显著，而当积极事件发生相对较少时，人们怎样去品味这些积极事件就成为幸福感的重要决定因素，品味在这一过程中起到了类似于资本化（capitalization）的作用，钱多时浪费一点没什么关系，但当钱相对比较少时，通过精打细算来提高钱的使用价值就会变得更重要。另外一项短期（2 周）的纵向研究[189]也得到了类似的结果，即当积极事件发生较少时，品味会对幸福感的提升起到更大的提升作用。

这一研究结果其实还暗含了一个有趣的意义：品味对富人、权力很大的人、名人等的作用相对较少，因为这些人身上发生积极事件的概率非常高，他们常常是这个社会的主宰者和领导者；而品味对于穷人、社会经济地位低的人和一般的普通民众等的作用相对较大，有时甚至起到了决定性的作用，因为这些人可能一生都要为生存而奋斗，或在为满足自己或家人的基本需要而努力，因而他们身上发生积极事件的概率要低一些。

有趣的是，金钱似乎还能降低人的品味能力，能让人忽略了生活中那些相对较微小的愉悦。在一项心理学研究中[190]，40 名大学生参加一个巧克力品尝实验，他们被随机分成实验组和控制组，研究者会在品尝前给实验组被试施以金钱启动，而给控制组被试施以中性启动。之后研究者通过录像记录所有被试品尝巧克力的时间并对他们表现出的愉悦度进行比较。在控制了被试的态度、性别等一系列因素后，结果发现实验组被试品尝的时间更短，表现出的愉悦度也更低，即金钱启动降低了这些被试的品味。在同一个研究中，研究者还在大样本的调查中发现，收入较高的人表现出了较低的品味能力，较低品味能力的影响在一定程度上抵消了这些人因高收入带来的积极情感，这或许是有钱人并不总是比没钱人更快乐的一个重要原因，因为他们更不愿意关注生活中发生的那些小确幸。

上面这些研究主要针对普通人（没有心理疾病的人），那已经患了某种心理病症的人可以接受品味方法吗？心理学已有的研究发现，心理疾病本身确实会影响品味的效果，有时甚至起相反的作用。有研究发现，基于品味过去的康复训练虽然能够帮助精神分裂者回忆起较多的美好记忆，但这种美好回忆并没有增加个体的积极情绪体验，同时也不能降低患者的消极情绪和其消沉的人生观念[191]。还有研究者在对抑郁症患者的研究中甚至发现，品味过去反而起到了增加被试消极情绪体验的作用[192]，对此，该研究论文第一作者解释这一现象可能有三个方面的原因：（1）相对于正常人，抑郁症患者记忆中只有较少的美好记忆而却有更多的不好记忆，这有可能导致被试需要花费更多的努力去提取美好回忆，而这种额外的努力会降低这些回忆所带来的奖赏效应；（2）即使成功地回忆起曾经的积极事件，这些抑郁症患者从中所感受到的积极情绪强度也远小于正常人，这是因为这些人的乐商（快乐的能力）水平很低，对积极体验缺乏敏感性；（3）正因为从过去获取快乐相对比较困难，这些被试才会产生抑郁，因而让这些被试使用品味过去这一方法时，这些患者会被自己的抑郁情绪所左右而认为他们曾经的生活都是消极的，这反而增加了他们的消极情绪。所以，从这一角度来看，品味可能不适用于已经患有心理疾病（特别是抑郁症）的人，或者说品味不太适合用于治疗，它不是一种治疗心理疾病的良药。

事实上，认识、了解清楚了品味的心理机制和大脑神经机制并不一定就会让人们自动变得更会品味或者自动变得更幸福，人们也不会因为年龄、性别、社会文化背景或者性格上的差异就被简单地自动区分为“品味者”和“非品味者”，人们如果想要在已有基础上使自己变得更幸福，最重要的还是要主动采取品味行动，如何采取行动呢？对此，布莱恩特等人于2007年提出了三个类似于指导性意见的建议：在日常生活中忙里偷闲（taking time out from everyday activity）、对生活经历持开放性（becoming more open to experience）以及学会聚焦（narrowing one's focus）。

第一，在日常生活中忙里偷闲，即有意识地品味生活。人们在日常生活中都会有许多生活或工作常规事务，人们需要花大量时间和精力（注意资源）去处理这些事务（即进行心理活动），而一个人在一定时期如果把自己的注意资源的绝大部分或全部都花在处理这些事务上，势必会导致没有足够的注意资源来品味自己的生活，即人们通常所说的心思全部用在工作上之后，就没有心思去好好享受生活了。

心理学有一种叫“资源控制”理论，即人的注意控制资源是有限的，而人的各种心理活动都会自动竞争这些资源，如果在一个方面注意资源花多了，那在另一个方面能使用的注意资源就会相对更少了。比如你一边打毛衣一边看电视，这两个活动就会自动竞争你的注意资源。如果你对打毛衣很熟练，甚至达到了自动化的地步，那么你在打毛衣时所需要的注意资源就相对会比较少，这时候打毛衣的行为就不会影响你看电视，两个行为都可以顺利进行；但如果你对打毛衣还不熟练，那你就需要花大量（甚至全部）的注意资源在打毛衣上，这时你几乎就没有多少注意资源可以花在看电视上了，如果这时候你还要一边打毛衣一边看电视，你就有可能会把毛衣打错了，或者电视根本没有看进去。在这里有两个问题要注意。第一个问题就是不是所有的心理活动都可以同时进行，你不能一边打毛衣一边开汽车，因为这两个活动都需要双手的运动操作，这时候你不仅仅只是注意资源不够，而且活动也不可能完成。看电视只是需要视觉注意而不需要手部动作参与，因而可以和打毛衣等搭配。第二，人只要同时完成两个或两个以上的心理活动，那就一定会出现注意资源分配情况。人们生活中有些活动如果多分配给一些注意资源，其活动完成的质量就会相对高一些。如开汽车，你分配给它的资源多少会影响其活动的质量。有些人开汽车时会戴上耳机接电话，表面看来这两个心理活动能同时顺利进行，但这时候开汽车所分配到的注意资源一定会因此而减少，开车就容易出现问题，这也是许多交通事故发生的重要原因，一定要避免此种情况。但生活中也有一些活动，你增加或减少一些注意资源后其完成质量也不一定会有什么变化，如喝水这个活动不管你加不加注意资源，它的完成质量都差不多，再如让一个不懂高等数学的人去做微积分题目，加不加注意资源也没有什么区别，反正都做不出来。

人的生活也是如此，生活中的各种事务都在竞争一个人的注意资源，人们如果把自己的大部分注意资源都放在处理日常常规事件（如工作、学习、做家务等）上，时间久了，人们也习惯于被这些事件所左右而自然地照旧生活下去，因而就很难再有时间和精力（注意资源）去品味生活。因此，品味发生的一个重要方式就是打破自己的生活“日常常规”去主动寻找或创造积极事件，如在工作过程中有意识地安排自己去度假就是一种很好的改变常规的方法，即人为地创造一个积极事件来竞争你生活的注意资源。因为度假是和你的常规工作过程完全不一样的积极事件，这样你生活中的一部分注意资源就会被有意识地分配到度假这件积极事件上，你就可以有机会品味生活了。已有研究发现，在度过一个23天的假期之后，被试主观报告的身体健康以及幸福感水平均有显著提升，而在这其中，个体运用品味策略越频繁，幸福感提升幅度就越大[193]。

由于很多现实原因，人们并不可能经常拥有一个相对较长时间的假期，但是人们可以尝试在日常生活中进行“日常假期”（Daily Vacation）尝试，如有意识地每周安排一件自己喜欢的活动，像散步、看日落、骑行等，让这件活动来和自己的日常工作事务竞争注意资源，并在这些活动中充分使用品味策略，以此打破自己单调的生活“常规”。

第二，对自己的生活经历或经验保持开放性态度。人们要提高自己对品味的认知，认识到品味的对象是多样的（甚至可以是生活中的微小事件），如一首美妙的歌曲、一道可口的菜肴、一阵凉爽的微风等都是很好的品味对象，人不能把自己局限于一些能够产生强烈积极情绪体验的事件（如度假、升职等）上。心理学家奥塔克（Otake）曾做过一个有趣的研究，他首先测量了 186 名被试的主观幸福感，几天后，这些被试被要求对过去 5 天内所发生的事件进行详细描述并记录，奥塔克等人随后对被试描述和记录的这些事件的效价、强度以及是否将这件事与他人进行过分享等几个维度进行了判断和评价。结果发现，个体的主观幸福感与其生活中能记住的细小积极事件数量呈正相关，而与积极事件本身的强度无关[194]。

这一研究结果提示人们要对生活事件持开放态度，不要总是为了等待大的积极事件而忽视了生活中那些不起眼的“小确幸”事件，这些小事件也有能够提高生活幸福的力量。其实，这个社会中的多数人都仅仅只是组成社会的普通一员，不可能经常有特别大的积极事件发生来让你品味。普通人有的就是这些小确幸，比如，今天有了一个很好的停车位、今天的天气很好、今天见到了一个渴望已久的大人物。

第三，学会聚焦。当认知或感受到某一事件或事物正在给自己带来积极体验时，个体要主动把注意资源“聚焦”于它，即对这一事件进行深度加工或精细加工，从而让自己获得积极体验的时间延长、强度增加。聚焦过程既是一种注意资源的集中过程，同时也包括人们对一些外在设备工具的使用，如用日记本把自己快乐的经历记录下来、用相机拍下精彩的瞬间、用录像记录美妙的时光等。在这一方面，有研究者[195]探究了“相机聚焦”（Mindful Photography）对人生活幸福的影响，在这一研究过程中，研究者建立了一个摄影兴趣小组，然后其中的一部分被试被要求每天用相机拍摄五张能够带给自己积极情绪体验的事、物或人的照片，比如最好的朋友、美丽的风景等，其他人则每天随意拍摄五张照片，一段时间之后的对比发现，“相机聚焦”积极体验的被试的快乐水平和幸福感水平相对更高，这意味着“相机聚焦”这一活动能帮助人们将注意力聚焦到生活中的积极体验（这一过程其实就是一个品味过程）方面，而且研究中还发现，这一做法还可以促使被试经常通过照片回顾已经过去了的积极体验，从而进行多次品味。

总的来说，作为一种有效提高幸福感的方式，品味引导人们把目光从消极事件和消极情绪体验转向积极事件和积极情绪体验，从提高积极情绪，增加生活满意度和降低消极情绪三个方面全面提升个体的主观幸福感。因此，品味应该成为人们的重要选择，这是由其内涵所决定。当然，提倡品味并不是说就不要应对，从心理机制上说，应对还是面对消极事件的首选，因而应对肯定也是人们追求幸福过程中必不可少的一种重要方式。所以，在追求幸福的过程中，人们一定要融会贯通并不断创新，特别是处理好品味和应对的关系，这也是未来品味应用所需关注的。

乐于助人

心理学界流传着一种说法：如果你想快乐一小时，就去睡个午觉；如果你想快乐一整天，就去钓鱼；如果你想快乐一个月，就去结婚；如果你想快乐一辈子，那就去帮助别人吧！只有助人或去做善事，人们才能真正快乐一辈子。

一、好人真的有好报吗

阿里巴巴董事会主席马云就曾在多个不同的场合提到做公益，“我希望阿里人多参与社会公益，公益会让你增加功力，吃人参不一定补，做公益一定补。”“多花一点时间在公益上面，你公益的时间越多，你的魅力越强，朋友越会喜欢你。”“公益的本质是唤醒善良。”“好人有好报”这一说法不是心灵鸡汤，也不是一种说教，而是一种有多个关联实验依据的科学结论。好人确实有好报，这种好报体现在多个方面。

首先，助人在多个心理学的研究中都被证明能显著性地提高人的幸福感，让人感到更快乐。如邓恩（Dunn）等人于2008年在世界最权威之一的学术杂志《科学》上发表了一项研究，该研究调查了632个美国人样本，他们发现如果被调查者每个月能把自己收入的大约10%的钱花在与其他人的社会交往上（比如给其他人买礼物或者捐助慈善事业），那这些人就会相对更幸福一点。但这些人的总收入和他们的幸福感水平并不相关，只有他们花在其他人身上的钱确实和他们的幸福感水平相关。另外，研究者还对一些人从公司领取到奖金红利前后的幸福感进行了比较，同样发现那些为别人花了更多钱的人幸福感确实更高。

但这一结果不禁使人产生疑问：到底是为别人花了钱感到更多的幸福，还是由于这个人幸福感更高以后倾向于为别人花更多的钱？哪个是因？哪个是果？为了解决这一问题，邓恩等人又做了进一步的实验：研究者在一天早晨分别给46个大学生志愿者5美元到20美元不等的钱，并告诉他们今天的任务就是必须将这些钱花完，当然这些钱可以自己花掉或者为别人花掉。到了晚上当所有的人都花完钱回来以后，研究者发现那些为别人花掉了钱的人明显幸福感更强，这种幸福感和他们得到钱的多少并没有关系。这意味着人们做了善事（为他人花钱）后真的会变得更开心。

有关的心理学研究发现[196]，只要对其他人表现出利他和慷慨，哪怕就一点点慷慨，也会让人变得更开心，并幸福感满满，该研究发现一个人只要自己承诺或答应对别人慷慨就足以激发大脑中的快乐神经产生活动。答应或承诺会促进人们产生相应的行为，而这也竟然会促进大脑产生和做了相应行为类似的神经活动，这意味着人们不需要像个圣人一样做出多大的自我牺牲，只要一点点的奉献就足够了。研究者在研究中对答应去做利他行为人的大脑进行了扫描，发现只要人们承诺准备去表示慷慨时，大脑的腹侧纹状体（ventral striatum）就会被激活，而腹侧纹状体已经被证明了就是人感受到幸福快乐的神经活动区域所在。同样在让被试进行自我报告主观体验时也获得了相应的一致结果，那些承诺了利他的人的自我体验更快乐、幸福感更高。

做善事让人快乐已经找到了生理上的原因，科学家们发现一个人在做善事的过程中和之后的一段时间，其大脑中的奖赏回路会被激活。奖赏回路产生于大脑的一个特定脑区，位于大脑的前部靠近中线的两侧（该区域也是吃了可卡因产生冲动时活跃的脑区），也称边缘系统多巴胺奖赏回路。奖赏回路最初是在白鼠实验中发现的，研究者发现用电刺激相关脑区之后白鼠会表现出愉快的感觉，后来在人脑成像研究中也发现这些脑区激活与人的快乐有密切联系，如吸食毒品、捡到钱、吃可口的食物和做爱等，但如果切断了多巴胺，这一过程就会消失。所以，做善事其实也意味着人们在享受慈善，意味着可以让自己感觉良好，这和美味食物让人开心有异曲同工之妙。而且做善事开心已被证明是一种先天遗传，有研究者对瓦努阿图（Vanuatu）的土著居民进行了研究，发现这些从没有和现代社会接触过的人在做了善事（那些为别人购买糖果的人）后明显更快乐，而且 2~5 岁的孩子在做了善事后也表现出了快乐的特征，这意味着做善事会让人感到快乐是一种天生的机制。

而且动物似乎也会做善事，动物做善事的目的似乎也是为了获得快乐。

2011年发表在《科学》（2011年第9期）上的一个研究证实，老鼠也存在这种亲社会行为。当一只老鼠被关进笼子之后，另一只处于自由活动的老鼠会主动去打开笼子，从而把关着的这只老鼠放出来（其中母老鼠做善事的比例达到100%，而公老鼠做善事的比例则为17/24 ≈ 71%），还是女性相对更善良一点。而且这个研究还用一系列实验明确证明，老鼠做善事不是为了找一个伙伴玩，也不是好奇心驱使，即使在有食物引诱的条件下老鼠依然会产生救助行为。

其次，帮助别人会使自己在异性那里变得更具有吸引力[197]，容易抱得美人归。《进化心理学》（*Evolutionary Psychology*）杂志上刊登的一项研究发现，一个女性如果发现一位长相普通的男性给无家可归的人捐钱，她会觉得这个人比长相漂亮的男人（不捐钱）更具吸引力，这说明美貌并不是约会游戏中的一切，尤其是在准备建立长期关系（结婚）的时候。

当然，如果一个人既长相英俊，又有善心，那他无疑是最能被挑选出来的，这就是所谓的精致利他主义者。但如果人们不得不在有善心或漂亮之间做出选择的话，那么这项研究表明，从女性的角度来说，慷慨和慈善对建立长期关系更具吸引力。不过，就短期关系而言，长相帅气的男人是女人最喜欢的选择（美貌压倒一切），不管他当时的行为是利他或不利他。但对于同一个人来说（即控制了长相这一因素），女性在短期关系中却喜欢不利他的男人，这有点出乎很多人的意料。这意味着准备长期关系的女性可能更看重人的内在积极品质和长期利益，而准备短期关系的女性更看重的是短期的直接利益（这钱如果不捐助了，我就可以花更多；他如果不花时间去帮别人，就会有更多的时间陪我等）。也有可能建立短期关系时人们更看重与社会通常价值相左的一些特征，如黑暗人格特征等，所谓“男人不坏，女人不爱”，因为建立短期关系本身就与社会要求（如结婚）相左。

再次，做善事能促进人的身体健康，使人更长寿。多个相关的研究发现，当人们做了善事之后，个体血液中的有害激素和应激激素的水平相对更低，而多巴胺等有益激素的水平会更高，而这种结果能使人的身体更健康。香港实业家邵逸夫先生活了 107 岁，乐于助人是其长寿最主要的原因之一，他一共向内地捐助了大概 34 亿元人民币，中国大陆的许多大学都有“逸夫楼”。田家炳先生是香港企业家，也是一位慈善家，被誉为“中国百校之父”，活了 99 岁。1984 年，田家炳先生将自己化工厂的经营权交给了下一代，并规定每年至少捐出工厂利润的 10% 用于公益事业。美国早期的大富翁洛克菲勒为了积累财富而拼命工作，结果由于太过辛劳，身体每况愈下，后期开始大量做善举，最后活了 98 岁。

心理学史上关于做善事对人生理影响的一项最重要研究“善心效应”[198]，美国波士顿地区的多发性硬化症（multiple sclerosis，简称 MS，是一种以中枢神经系统白质炎性脱髓鞘病变为主要特点的自身免疫病）患者迎来了一个好消息：哈佛大学医学院的卡罗琳·施瓦兹（Carolyn Schwartz）博士愿意帮助他们改善病情，并完成自己的博士论文。

施瓦兹把病人随机分为两组，并分别用两种不同的方法帮助他们：第一组实验组的被试病人是被教给一些应对这种疾病的技巧和方法（这些技巧和方法是由多发性硬化症这个领域的专家和权威制定或建议的），比如提升心理复原力、如何更好地与病魔搏斗的技能等，被试通过电话接受这些技巧和方法；第二组控制组被试病人作为对照组，为了消除实验者效应，施瓦兹对控制组被试采用了“病友支持”模式，即让另外一些同样患有多发性硬化症的患者给第二组被试病人打电话，每次 15 分钟。这些打电话的人并不是医生，因此不能给对方什么有效的建议，主要就是倾听对方的话，做些同病相怜的相互交流，启发或鼓励对方一下等。为了防止支持者（打电话的多发性硬化症病人）过度劳累，他们每人一个月只需要打5~15个电话（即根据自己的体力情况随意给5~15个被试打电话）。

这项工作持续了两年，施瓦兹想要证明：这些专家和权威提出的多发性硬化症应对技巧或方法要比病友支持更有效，能成为未来多发性硬化症治疗方案中的一个重要组成部分。她总共测量了“疲劳、总体受限制感、责怪他人、生活满意、自主性、控制感、自我成长、人生意义感、自我接受、抑郁和焦虑”等12项指标。两年后，所有的数据都搜集齐了，但分析结果却让施瓦兹喜忧参半，实验组被试和控制组被试间确实有一点差异，但这种差异达不到显著水平。就在进退两难之际，施瓦兹忽然想到：那些给第二组被试患者打电话的支持者们也是多发性硬化症患者，他们的数据又会如何呢？

结果让她大吃一惊，这些去主动打电话帮助实验组被试的病人的情况出乎意料得好，他们的各项指标远远好于上面的实验组和控制组被试，这意味着，这些病人的义举（一个月主动打5~15个电话和对方交流）大大改善了他们的身体健康状况。所以从这个角度来说，要想改善身体状况，除了重视运动锻炼之外，另一条重要途径就是去做善事，不仅如此，预防和治疗抑郁的另一个良方也是去做善事。

美国加州大学伯克利分校（University of California，Berkeley）的一些研究者从1930年至1990年对200人进行了生活追踪调查，他们期望通过纵向研究人的生活过程来找到人生活的真正意义。结果发现，那些青少年期间乐于助人（每周均有不同形式的义工或助人行为）的人，其未来的事业相对会更成功（职业得分更高）、未来的家庭关系更和谐、未来的生活习惯更好、有更强的社会竞争力。

最后，做善事最重要的意义还在于使需要的人得到了需要，使这个社会的每一个角落都得到了阳光普照，使每一个生命都沐浴了温暖春风，体现了社会的文明和进步。而使他人获得成就或成功又会使行善者本人感受到生命的意义，体验到自己的成就感。

二、为什么有许多人不愿意做善行或善事

做善事有很多益处，但很多人却不太愿意去做，多数时候人们宁愿待在家里看看电视而不愿意出外去做义工，尽管心理学的研究早就揭示看电视连续剧时人们的情绪平均处于轻度抑郁，而且越长的连续剧越容易使人产生抑郁。这是什么原因呢？除了人们的时间和所处的环境等影响之外，还有最大的两个原因。

第一，人的心理具有适应机制，好事越做快乐会越少。人在十分饥饿的情况下，当你咬下一口美味的食物时，你的大脑奖赏区域就会很兴奋，当然也觉得这食物美味无穷。但随后你吃下的每一口食物都会引起奖赏回路的神经细胞活动，随着你越来越饱，你的奖赏回路的神经细胞活动就越来越弱了，这一过程和人的主观感受相同，到后来人们主观上就不再觉得这食物和先前一样美味了，这一过程就是适应。

一旦人适应了之后，为了获得同样的神经活动就要不断加大剂量。做善事也有类似的情况，一开始做善事会获得很大的快乐，但随着做善事次数的增加，人们就会变得麻木（而且加大剂量在现实生活中常常行不通）。如柳博米尔斯基、谢尔顿等人于 2005 年做了一个为期六周的研究，他们让被试从事五种日常生活善行（如为别人做晚饭、临时照顾他人的弟妹或孩子等），所有被试都能在做善事的第一天后表现出幸福感的增加，但是让这些被试把要求的五种善行持续一周之后，这些被试却并不比控制组被试更幸福，感觉也并没有变得更好。这可能是许多人不愿持续行善的一个原因。怎么解决这个问题？

（1）要经常改变自己做善事的方式。研究发现，做善事干预或其他任

何干预中的关键因素是干预方式的多样性或新异性，人是好奇的奴隶。一个持续十周的干预研究发现，虽然有规律的善行提升了被试们的幸福感，但这种提升效果只有在不断变换了善行方式或种类的被试身上才能被观察到，而每周进行同样善行活动的被试获得的幸福感反而下降了。

（2）经常做善事而使之成为一种生活习惯。自动化行为会让人获得一种平静式幸福，这就如已经习惯了中午到一定的时间就要吃饭，如果你没有在这个时间吃（即使你并不感觉很饿），心里就会有不舒服的感觉。这就是所谓做了不一定特别好受但不做则一定感到难受的事，习惯就有这种功能。当然，如果一个人做坏事多了也会成为一种习惯，形成习惯后坏事的发生也就成为一件经常的事。

第二，好多人不愿做善事是因为人的自我本能使然。人有一个最基本的本能：保存自我的存在和自我所在的种族的存在。人们在这个社会中首要任务是千方百计地使“我”存在下去，所以人们总是把自己的财物要留给自己及自己的下一代，以便得到更好的发展，从而使自己在未来的竞争中不被淘汰。所以当一个物品与自我联系在一起之后，人们就不愿意再把它交给他人了，而善事最大的特征是要把自己的东西（财物）或时间等无偿交给别人，这就与人的自我本能产生了矛盾。所以，多数人都会无意识地屈服于自己的本能而不去做善事。

生活中有一个现象，几乎所有的人都愿意把绝大多数钱花在自己的孩子身上，而不是花在辛苦养育自己长大的父母身上，而你辛苦养大的孩子将来也只会把他的绝大多数钱花在他自己的孩子身上，这就是人的自我本能。这种本能能确保自己的孩子得到最好的养育条件，从而保证自己的基因顺利传递下去，同样，这种本能也可以确保人类一代更比一代强，从而能适应社会的各种竞争。

2017年美国芝加哥大学的行为经济学教授理查德·泰勒教授（Richard

Thaler）获得了当年的诺贝尔经济学奖，他获奖的一个重要理论叫作禀赋效应（endowment effect），指的是当你拥有一样东西之后，你对这件东西的评价会高于你没有拥有它时。如当一支笔是你的时，别人要花一元钱买你会觉得太便宜了而不肯卖给他，但如果这支笔是别人的，让你花一元钱买时，你又可能会觉得这支笔太贵了而不想买。

到底是什么原因造成了禀赋效应呢？是人们高估了他们所拥有的东西的价值，还是与自己已经拥有的东西分开会带来痛苦？泰勒教授在一个实验中先要求所有被试对六种赠品的吸引力（价值）进行排序，然后将大家评选出来的一种不太有吸引力的赠品（一支钢笔）发给了一半被试（强制让他们接受低价值的东西）；而班级的另一半被试学生则可以自由选择是要一支钢笔还是两块巧克力，结果只有 24% 的被试选择了钢笔。

接下来一段时间之后，泰勒教授告诉那些早先得到钢笔的被试，如果他们愿意的话，可以将自己拥有的钢笔换成两块巧克力，尽管在之前的评价中大多数学生都将钢笔的吸引力排在了巧克力之后，但实验中仍然有 56% 早先得到钢笔的被试学生不愿意选择将钢笔换成巧克力。这一实验结果说明，这些被试不把钢笔换成巧克力并不是认为钢笔的价值比巧克力更高（因为他们之前已经认为巧克力的价值更高），而是因为钢笔已经是自己的东西了，一旦放弃会让自己感到难受和不舒服。

所以，那些有爱心、做善行的人确实了不起，他们其实是在战胜自己本能的基础上去做的，但这种尝试是值得的，善行不仅有益于别人或社会，也有益于自己的身心。

善于宽恕

你是否因为一些吃亏小事而闹得家里、邻里鸡飞狗跳？

你是否为了一点蝇头小利与小摊贩发生口角甚至大打出手？

你是否因为一些闲言碎语而与同事关系紧张？

你是否因别人占了你的便宜而总是闷闷不乐？

如果真有这种情况发生，这其实意味着你的宽恕品质还需要进一步提高。这个世界有人待你好，但也有人可能待你不好，而且那些待你不好的人也确实做了一些对不起你的事，这时候你怎么办？心理学的研究告诉人们：报复不是好方法，宽恕才是。你有可能会说，这样坏人不是就没有受到应有的惩罚了吗？不是这样的，把惩罚留给法律和上帝去做吧，而不是交给你自己的心去做。如果一个人为了惩罚对方而费尽心机，心中充满了仇恨，即使实现了目标，也会因此而变得心力交瘁。

11 月 16 日是个什么日子？多数人不觉得这是一个特别的日子，其实这天是联合国教科文组织规定的世界宽恕日，始于 1995 年。宽恕既包括宽容，又包括饶恕，人们通常意义上所讲的宽容实际上是指的宽恕。宽恕并不是简单指“容忍他人的行为”，而是指要承认他人的权利与自由，要用宁静或平静来取代仇恨、冷漠与轻视，用了解事实本身来取代盲目、无知和歧视。简单地说，宽恕就是人们日常所说的不记仇。积极心理学强调人们生活中要和他人比记住快乐的时长而不是比记住仇恨的时长，一个总想着报仇的人或者民族一定不会是一个快乐的人或民族。

但这里有一个问题值得讨论，比如在人性受到百般摧残的纳粹集中营，受害的犹太人要宽恕对方吗？能宽恕对方吗？法律对于纳粹运动的发起者一定要严厉惩罚，要相信正义在这个世界中的力量，但针对下面一些不知情的具体人员，人们还是要持宽恕的态度。就某一个在集中营里受苦的人来说，这个人不应在心中充满仇恨，甚至也不应自己亲自去实施复仇，这种怒火会使你的心灵受到损害，而应该让那些使你受苦的人去接受正义或法律的审判和惩罚。南非的国父曼德拉（1918 年—2013 年）被关押在牢里 27 年，受尽侮辱，但 1994 年他在就任南非总统的就职典礼时恭敬地向曾经的看守拥抱致敬。他的名言是：我没有敌人。他有一句经典的留世名言：在走出囚室迈过通向自由的监狱大门的那一刻，我非常清楚，自己如果不能把悲痛和怨恨留在身后，那我自己就仍然在监狱之中。

从一定角度上说，宽恕他人不仅仅只是给别人改正他错误的机会，也是人们升华自己的一种特别方式，也是善良对待自己身体的一种方式。人性善良一定是在温暖和善的环境中养成，在仇恨、血债要用血来偿的环境中，人们只会产生更多的相互伤害。科学研究早就发现，个体如果长期暴露于应激条件（仇恨就是一种应激，而一直牢记仇恨就是使自己长期处于应激状态）之下会引起大脑细胞联结的收缩甚至断裂，尤其是在海马区域和前额叶区域，而这两个区域是人认知的核心脑区。现代生理学也发现，消极性事件所导致的消极情绪会干扰边缘系统与前额叶皮层之间的联系，这种情况发生时也就意味着人们的正确认知受到了影响。生活中有很多这样的例子，如某些人在发生了严重事故后脑子一片空白（而大脑没有受伤），似乎什么都记不住，这就是典型的应激所导致的失忆现象。

2000 年 4 月 1 日深夜，江苏北部沭阳县的四个失业青年潜入南京一栋别墅行窃，被发现后，他们持刀杀害了屋主德国人普方（时任中德合资扬州亚星—奔驰公司外方副总经理）及其妻子、儿子和女儿。案发后四名 18~21 岁的凶手随即被捕，后被法院判处死刑。当时普方的朋友和亲人们非常愤怒，他们期望对这四名凶手追讨一笔民事赔偿，可当他们发现四名凶手全都一贫如洗时，他们却做出了一个让许多人不太容易理解的举动，成立普方基金会来资助凶手家乡的贫困孩子上学。2000 年 11 月，普方的朋友、在南京居住的一些德国人及其他一些外国侨民共同设立了纪念普方一家的基金会，这个基金会就叫普方协会。这个基金会的目的是致力于改变曾经杀害普方的江苏北部那些贫困地区儿童的生活状况。普方协会当时定了几条原则：第一，这必须是独立的教育基金，它不隶属于任何机构或组织，完全由基金会自己直接掌握；第二，这个基金要定点提供给苏北沭阳一带的贫困失学孩子，帮助他们完成基础教育；第三，资助必须有针对性，要管一个是一个，选中一个孩子就一直资助到底；第四，基金的管理必须公开透明，所有参与者都只能是志愿服务，确保基金的每一分钱都用到孩子身上；第五，越是困难的孩子越要优先资助，孤儿、单亲家庭、父母患重病者和女孩子为资助首选，因为这样的孩子更易辍学！

从那个时候的每年四月，基金会都会安排纪念普方一家的晚宴，地点设在普方两个孩子曾经上学的南京国际学校的礼堂，菜肴和德国啤酒都是由普方好友的餐厅免费提供。来宾只要买一张 200 元的门票，就可以得到一朵粉色的小花。晚宴的舞台上会摆放着一块大展板，展板上贴满了被资助贫困学生的黑白照片。每当有人愿意资助其中的某个孩子时，主持人就会揭去一张照片。等所有的黑白照片全部被揭去的时候，一幅完整的孩子温馨的笑脸彩色照片便显现出来。而到年底临近圣诞节的时节，南京国际学校里也会有一棵特殊的“圣诞树”，树上会挂出上百个圆形的小卡片，上面写着一些苏北农村贫困孩子的名字、地址、性别和年龄等。每位经过这里的外籍学生，都会轻轻地把这些五颜六色的卡片摘下来，塞进书包里，然后回家与父母一起按照卡片上的信息去筹备这些贫困孩子想要的礼物。一个月之后，苏北的孩子们就会收到一份来自异国同龄人的新年祝福，这样的活动一直延续了好多年。

这个例子就是宽恕，一种真正的另类慈善模式，因为在普方的朋友和亲人看来，这些人之所以会成为凶手，主要是因为他们太过于贫穷，没有钱上学。

如何才能实现宽恕，积极心理学提出了宽恕的“REACH 模式”，这一模式主要包含有五个步骤，或者说五个相关联的环节。

“R”，即重新回忆（Recall）。当一个事件（尤其是对自己有一定伤害意义的事件）正在发生时，由于人们正处于消极情绪之中，这时候人们的理智常常会让位于情绪，因而对事件本身的认识常常是片面的、情绪化的。当该事件过去了一段时间之后，人们的情绪已经平复，这时候人们的认知会更准确、更客观。

“E”，即共情（Empathize）。同情或共情有时也被译作移情，指的是一种能设身处地体验他人处境，从而达到感受和理解他人情感的特性。善于共情的人更愿意改变自己不合理的认知，更愿意考虑对方的处境或心情，从而表现出更得体的行为。

在对事件进行回忆时，把自己设想为那个曾经加害你的人（从加害者角度），然后开始为对方为什么做这种伤害事件寻找理由和动机。每个人都是认知偏见的承受者，同时又是认知偏见的制造者。从他人的角度，去掉自我之后，人们就有可能看到一个完全不同的剧场或视阈。

“A”，宽恕是一种利他（Altruistic）。回想一件你过去曾经伤害过别人而对方却原谅了你的事，回想你当时的处境以及对方的宽恕对你所造成的影响，即 宽恕曾给自己所带来过的结果。难道你没有责任把这种利他行为传递下去吗?

“C”，公开承诺（Commit）**宽恕**。一旦认识到应该宽恕，就要公开表达自己的想法，可以通过写信给对方或写公开信，也可以在日记、微博、微信朋友圈等地方清楚写下自己的宽恕意见或想法。公开承诺既是对他人的一个明确告知，也是给自己形成一种监督，同时为自己实施宽恕提供了额外的力量。想法还不是行动，从想法到行动的实施最好要有监督存在，否则，想法就有可能永远只是个想法。

“H”，保持（Hold）宽恕。生活中有时候会发生这样的事，比如夫妻两人在吵架时会把过去曾经发生过的一系列不好的事件抖出来，并且重新用这些事件来指责对方。那些事不是明明已经被忘记了吗，为什么还会被重新抖出来？这种行为意味着双方并没有在那些事件上宽恕对方，而只是饶恕了对方。饶恕不是宽恕，饶恕意味着：现在暂时不和你算账，等到有机会了（或者根据你的表现）再和你算。饶恕并不消除事件记忆里的消极价值，也不改变事件在自己认知中重新出现时的价值，饶恕只是暂时性遗忘或忽视。

宽恕和饶恕不一样，宽恕是已经移除（或改变）了事件本身在记忆里的消极价值，当这一事件在自己认知中重新出现时已不再带有原来的消极价值，即宽恕一旦真正形成了，就会一直保持住。所以，宽恕最重要的是要换掉事件记忆时贴的那个消极标签，而不是消除记忆本身。只有换掉了事件的标签，宽恕才能真正发生。比如，以上面所提到的“普方一家人惨遭四名苏北青年杀害”的事件为例，如果普方的亲朋好友们认为这四名青年就是穷凶极恶的坏人，是故意想杀害普方一家，那宽恕就不可能发生。只有普方的亲朋好友们改变了自己认知的标签，认为这四名青年杀害普方一家“是因为他们由于言语不通而偶然发生的”或者“是因为他们太穷而没有钱去接受教育，没有谋生技能而又导致太贫穷而出现的偶然性后果”，这样才会发生宽恕。所以，宽恕一定是认知标签改变的结果，只有把原来消极标签改变为中性的甚至是积极的标签，宽恕才会永远保持住。

心怀感恩

感恩（Gratitude）指人们对他人或社会施以自己的善意、善行后的一种积极回馈。感恩在心理学早期被看作一种情绪状态，但现在一般被认为是一种积极品质。意大利著名哲学家阿奎纳（Thomas Aquinas）曾认为它是仅次于公正品质的人类第二重要积极品质。作为一种积极品质(类似于人格特质)，感恩一定是跨情景的，它会对任何外来的益处都表达谢意（而不是对特定的人或特定的对象）。不感恩被看作是一种恶习（vice），从临床上来看，不感恩的品质可能伴随着过分自恋（narcissism）的心理问题，而且个体越不感恩，其自恋倾向就越有可能加重。

在谢尔顿和柳波米斯基（Sheldon & Lyubomirsky）等人于 2006 年所做的一个为期四周的短期纵向研究中，控制组被要求每天回忆自己生活中的一些细节并记录下来，而实验组则被要求回忆每天中需要感激的一些事情（不论大小）并记录下来。结果发现，相比于控制组被试，实验组被试在一周之后具有更高的快乐水平以及记录行为的内在动机。这说明这种内在动机和相应的行为方式使个体能持久保持一种积极情绪状态,即提升了被试的幸福感。所以，个体只要能不断努力去感恩生活中的一些事情（这实际上是一种情绪控制策略），就有可能会获得一种持久的幸福状态。

一、感恩为什么会带来快乐和幸福

这可能有两个方面的原因。

第一，感恩的人都在把生活中的事件贴上积极标签，这种贴标签过程本身就是一个欣赏美的过程，这会给人带来快乐，这正如一个人在中奖的时候或听好听的音乐时会很开心一样。生活中有一些人的坏习惯是对不如意的事总是夸大程度，而且逢人必说（这一过程其实是在为自己的生活贴上消极标签），同时对发生在自己身上的好事则永不满足，要知道生活一定不是用来抱怨的，而是用来感恩的。感恩在一定意义上展示了感恩者的善良、尊重和真诚，这不仅对感恩本人来说有好处，同时对对方更是一种赞扬和褒奖。

2016年上海电视台和上海卫计委合作拍摄了一部医疗纪录片《人世间》，拍摄的是瑞金医院心脏外科和急诊室里发生的事。在第一集中，经过多番抢救，24岁的患者邹磊因为庆生时食用过多海鲜出现海鲜中毒而导致上消化道出血。虽然医生尽了最大的努力，抢救邹磊的血袋从血库中拿过来时是医生用自己的胸口来温暖它，但患者最终还是抢救无效而死亡了，邹磊的家人非常悲痛。

几个月之后的中秋节，瑞金医院心脏外科给邹磊治病的主治医生收到了一条来自病人家属的感谢短信："临床上会发生各种意外，现实总是很残酷，现在患者已经入土为安了，相信一切会好起来，感谢你们当时的救治，祝愿ICU的所有医护人员身体健康，中秋快乐。" 这一短信让所有的医护人员都非常感动。邹磊没有抢救过来，这是一个悲剧，邹磊家人一定非常悲痛，但医生们确实都尽了全力，邹磊家人的感恩短信让双方的心灵都得到了进一步的净化和升华。

如果他人对我们有了恩惠，我们应尽可能报答对方，现代文明并不仅仅就是西装革履、不随地吐痰、不大声喧哗等，现代文明的核心是理性和人性的结合，而感恩则是理性和人性相结合的一种最重要方式。感恩是把这个世界的美好放在自己心头，而仇恨则是把别人的最肮脏的东西放在自己心头，其结果当然不言而喻。

有一位名人家里失窃，丢了好多值钱的东西。当朋友们都纷纷安慰他时，这位名人却说，谢谢大家的关心和安慰，不过我现在首先要做的是感恩，我有三条要感恩的理由：首先，小偷只是偷了东西而没有伤害我和我的家人；

其次，小偷也只偷去了一部分东西，我还有许多东西都在；再次，最值得庆幸的是做小偷的是他而不是我。

第二，感恩过程也是人们对快乐事件的再加工或回忆过程，这一过程的心理机制和品味类似，会让人们体验到明显的快乐。

心理学过去比较重视发泄（catharsis）对人身心健康的作用，而不太重视感恩对人身心健康的作用。发泄主要是指个体通过某种直接或间接的方式释放其当下正在感受着的一些强烈情绪（主要指消极情绪），如愤怒、悲伤、遗憾与惋惜等。最早将发泄概念引入心理学领域的是弗洛伊德，他认为发泄作为将愤怒情绪表达出来的一种方式，可以使个体内心存在的敌意得到释放，从而减少其随后的攻击性，这一观点后来也就成为发泄理论的核心。

因此，从本质上说，发泄实际上是将积储在体内的愤怒和攻击性冲动进行释放的一种方式。那人们为什么要将体内的愤怒等情绪进行释放呢？心理学界有一种认识，认为个体体内的愤怒等情绪如果得不到释放，这些积储在体内的愤怒和攻击性冲动将会导致个体某种程度的身心损坏，只有以某种方式（如直接的攻击行为或者是观看攻击行为）进行了宣泄，人们的心理状态才会发生积极改进，从而帮助人们产生良好的情绪体验，降低其内部的攻击驱力和攻击性水平[199]。基于这种理解，大量的流行杂志、心理学自助书籍和媒体等都鼓励人们寻找合适的方式来发泄自己的愤怒，如打枕头、打沙袋（现在中小学心理健康的必备工具）、拧毛巾、用泡沫棒击打沙发、扔飞盘、踢易拉罐、尖叫等。

但实际上，发泄并不能真正达到人们期望的结果，许多时候甚至还起到了相反作用，不管是直接发泄（指个体通过自身直接参加一些发泄行为而使自己的消极情绪或攻击性水平得到发泄）还是间接的象征性发泄（主要有观看暴力影片、视频游戏等）。

如霍恩伯格（Hornberger）[200]在实验中让所有被试参与文章互评活动，其中有意识地让一些被试（实验组被试）接受了来自同伴的辱骂性评价，然后安排这些实验组被试敲打钉子10分钟（这种敲打钉子的行为可以看作是类似于目前普遍推行的发泄行为），控制组的被试则完成10分钟的一般性控制任务（没有发泄愤怒的机会），之后主试让所有被试都有机会去批评他们的同伴。如果发泄理论是正确的，那么敲打钉子的行为就会减少这些实验组被试随后的攻击性，也就是说实验组被试的攻击性水平就应该要低于控制组。然而结果却恰恰相反，实验组被试表现出了更多的攻击性。此后，布什曼（Bushman）[201]等人在研究中也发现，发泄活动并没有减少被试的敌意，反而有可能增加了被试的敌意。

此外，邓茨勒（Denzler）等人[202]对攻击目标是否是其要攻击的直接对象而对其随后的攻击性水平的影响进行了探讨，结果发现，如果不直接攻击引起自己愤怒情绪的目标而是攻击另外一个替代性目标，反而会进一步增加个体随后的攻击性，即从事攻击替代性目标行为（就像打沙袋）进行发泄非但不会减少反而会增加个体的攻击性。

通过从事竞争性运动来消解心理压力也被发泄理论认为是一种好的发泄方式，因为多数竞争性运动中都隐含有一定的攻击性。如足球是一项典型的竞争性运动，其过程虽然不直接显现出攻击性，但由于其所具有的对抗性隐含了一定的攻击性，所以踢足球应该是一种有效的发泄敌意的方式。如果发泄有助于减少敌意，那么经常踢足球的个体就应该表现出更少的敌意。在一项研究中[203]，研究者在足球赛季前后对一组高中足球队员的敌意水平分别进行了前后测，结果发现，和其他普通同学相比，足球队员的敌意水平在一个赛季之后反而更高。这一结果和发泄观点的假设正好相反，表明长期的足球运动反而会增加个体的敌意水平，这说明竞争性运动可能并不能减少人们的攻击性水平。

玩暴力游戏也被许多人当作减压的手段，但是相关的研究证据表明，玩暴力视频游戏并不会减少玩家的敌意和攻击，反而有可能增加敌意[204]。另有一些研究则认为，暴力游戏会使玩家产生愉悦的感受，并且玩家能够通过找到一些有效的途径处理游戏世界中暴力行为和道德之间的冲突，从而增强玩家处理现实中攻击性行为的能力[205]。这种观点现在也被证明不太靠谱，实际上，个体所玩的暴力游戏反而有可能激活个体的攻击性思维、情绪和行为（行为倾向），从而引起更多的愤怒和攻击性冲动。不信你给孩子一把玩具枪（或玩具刀）试试，当他拿这样的玩具之后，一定会表现出更多的攻击行为。

班图拉（Bandura, A.）等人早期的一系列经典实验[206]的结果就证明了这种观点：（1）观察者可以通过观看和模仿他人的攻击行为而获得新的攻击行为模式；（2）攻击行为在游戏、电视或电影中的合法化，降低了观看者对攻击性冲动的内部抑制。除此之外，安德森（Anderson）等人[207]研究了听暴力歌曲（歌词中含有明显的暴力行为或倾向）对大学生的影响，结果发现，那些听了暴力歌曲的大学生比那些听了相同歌曲但不含暴力歌词的大学生具有更多的主观敌意感受。

二、学习并练习感恩的方法和策略

感恩是一种品质，也是一种行为操作方式，存在一定的技能技巧，需要学习并掌握。如何学习或练习感恩？目前积极心理学主要推荐两种方法。

第一种方法是四步法。第一步，改变自己的认知，提高自己的境界，从观念上树立感恩是一种积极品质的信念。如可以经常主观上强化自己，告诉自己“我是一个有道德修养的人”“我是一个善良的人”“我有良好的积极品质”等。境界决定了行为，而境界的养成也需要不断地自我修养和自我升华。同时要经常回想一下过去的生活（如一天或一周等），自己哪些方面还没有去感恩，并把这些要感恩的事情做好记录。第二步，规划感恩的步骤及可以采取的相应行为方式，在这一过程中要思考一下感恩会给自己带来的好处，如心情更宁静了、增强了自己的吸引力、锻炼了自己的积极品质、展现了自己的修养和教养等。第三步，思考自己之前为什么会对有些应该感恩的事而没有感恩的原因，把那些需要感恩的事情一一列举出来，并进行原因分析。比如是不是因为忘记了（以后如何防止自己忘记）、是不是当时对所发生的事情的理解不够（提高自己相关方面的知识和能力）、是不是自己当时的勇气不够（怎样提高自己的勇气）、是不是因为当时情况比较紧急（事后如何补救）等。第四步，根据制订的方案立即采取行动，感恩的重点是落实在行动上，为了取得好的效果或克服一定的心理障碍，自己可以先进行一定的行为练习。要知道，行为的得体也是感恩效果的一个重要因素，奉承拍马、不实夸奖、强词夺理甚至变相批评都不可取。感恩要真诚，言辞最好要朴实无华，行为要合法且尊重当地的礼节和风俗习惯等。

第二种方法是日常性感恩练习。这种方法强调把感恩与个体的生活结合起来，人们每天在睡前可以花五分钟时间回忆一下刚刚过去的这一天中那些值得感恩的事情（可以是一些小确幸事件，也可以是针对具体的人），然后自言自语地小声表达自己的感恩（一定要说出来，不要光是在自己脑子中有这样的想法）。随着现在智能手机的普及，可以用手机写感恩微博或干脆发感恩微信朋友圈。我们的研究发现，如果经常能在微信朋友圈中发感恩事件，个体会获得更多的点赞，同时幸福感也会明显提升。

不过感恩练习也需要注意一些问题，比如人们在表达感恩时不要刻意对表达感恩这种行为抱有一定会获得良好回报的高期望，如“我做了这个行为之后，对方一定会很开心或者我一定会很快乐”等，如果抱有太高期望，反而会降低人们的快乐体验。另外，感恩同样会出现适应的现象，一旦出现了适应，人们就不再进行感恩表达，反而觉得是一件理所当然的事。

2018 年曾经流传了这样一个故事[208]。老赵被公司里的同事给拉黑了，起因是一次便车。这个同事离他家住得不远，老赵就顺路带过他一次，于是同事就特别自觉地开启了蹭车之旅，每天上下班准时准点地候着，一坐就是大半年。

同事开始还表达一下感谢，时间久了，成了理所当然，开门就上车，把座椅调到最大，然后就开始自顾自地玩手机，下了车就扬长而去。

有一天老赵着急去机场接人，提前走了。没想到 10 分钟不到同事打来电话："你这人也太不地道了，等你半天结果听人说你提前走了。"

老赵说："不好意思，临时有点事去接人。"同事不高兴了："那你提前告诉我一声啊，我还和我妈说回家吃饭呢，这个点班车都走了，等到家都几点了？"

老赵也生气了，但是顾及面子没发作，半开玩笑地说："打个车呗，我又不是专职滴滴。"

这句话把同事惹着了，第二天上班，老赵还想照常给人发微信说"准备出发"呢，结果发现对方已经不是好友了。

从此以后，那同事见着老赵都扭着头走，到处给老赵穿小鞋，说他小气抠门，人不厚道，甚至还说他业务能力差，走后门进来的……

老赵的委屈和郁闷怎么也排遣不开，给人当了半年的免费司机，结果一次没顺就成了仇人，是极品太多，还是好人太难做？

不管这个故事是不是真的，至少这种情形在现实生活中可能存在，这实际上就是"感恩适应现象"或者叫"感恩麻木"。要破除这种现象，除了提高思想境界和人生修养之外，最好的办法是让老赵和这个同事轮流开车搭载对方上下班，公平和公正在什么时候都是最高准则，只要条件允许且有可能做到，就一定要公平公正优先。

另外，感恩还要避免“阿伦森”效应。生活中有些人对外人或陌生人的帮助赞不绝口、感恩不尽，但对自己朋友、亲人或家人的帮助却觉得理所当然、应当如此。心理学上有个阿伦森效应，即人们会更加喜欢那些一开始对你评价差，但后来对你评价好的人；会不喜欢那些一开始对你评价好，后面却开始对你评价不好的人，这种现象也叫“人际吸引的增减原则或得失原则”。阿伦森则幽默地称之为“对婚姻不忠定律”，意指从陌生人处所获得的赞许往往比从配偶处获得的赞许更有吸引力，人们的这一心理现象中潜伏着对爱情不忠的可能性。两个年轻人在恋爱时都在逐渐增加对对方的积极评价，因而双方越来越喜欢，以至要结婚；而当结婚以后，双方之间的积极评价就开始逐渐减少（由于多种原因），这样双方就开始转向不喜欢，而且这种不喜欢的程度会比一直不喜欢还要不喜欢。所以爱的保鲜技术其实非常简单，就是双方要不断持续增加对对方的积极评价，否则爱就会枯萎。我们来看看阿伦森的具体实验。

阿伦森与其研究团队把被试随机分为四组，每组被试在实验中都有一位被试实际上是研究者的助手（即假被试，四组被试中的假被试都由同一人担任），研究者安排这名假被试担当被试们的临时负责人。实验比较长，中间有四次休息，在每次实验休息期间，这名假被试都会离开这些真被试到主试的办公室向主试汇报被试们的情况，其中会谈到自己对组内其他被试在实验过程中的总体印象和评价。真被试们的休息室与主试的办公室只有一墙之隔，虽然两人压低声音谈话，但是实验以巧妙的安排方式让被试们每次都能清楚地听到那个假被试怎样评价自己的内容。

具体有四个情境：肯定组——第一组被试始终得到假被试的好评价，假被试从一开始就用欣赏的语气说他们如何如何好，他如何如何喜欢他们。

否定组——第二组被试始终得到假被试的否定评价，假被试从开始至终都说他们如何如何不好，他对他们一点都不喜欢。

提高组——第三组假被试的评价逐渐提高，即假被试前两次的评价是否定的，但后两次则由否定评价逐渐转向肯定评价。

降低组——第四组假被试的评价逐渐降低，即假被试前两次的评价是肯定的，但后两次则从肯定评价逐渐转向为否定评价。

研究过程中假被试的评价言辞都是预先设定并进行了控制，所有的肯定性评价都一样，所有的否定性评价也一样。实验结束时研究者会问所有被试一个问题并让被试打分："你有多喜欢这个助手。"让所有被试从 −10 到 +10 的量表上作答案。结果（被试打的平均分）发现，第一组是 +6.42 分，第二组是 +2.52 分，第三组是 +7.67 分，第四组是 +0.87 分，还好平均分没有打出负分（负分意味着讨厌了）。

这一结果揭示了人际吸引力中存在的"增减规律"，人们对原来否定自己而最终变得肯定自己的对象更喜欢，反而会明显高于一直肯定自己的那些人；而最不喜欢从肯定转变为否定的那些人，甚至会大大低于那些一直否定自己的那些人。这意味着一个有趣的结论：人们在人际交往中往往比较喜欢那些慢慢增加对自己喜欢程度的那些人，而最厌恶那些正在慢慢降低的人。

第 7 章

幸福快乐的核心在于提高乐商

英国著名的慈善家、企业家、空想社会主义者欧文（Robert Owen）曾说过，人类一切努力的目的都是为了获得幸福。哈佛大学本·沙哈开设的公共选修课“幸福课”一窜而红，成为哈佛大学校园的明星课程，同样也反映出追求幸福快乐是普通民众生活的主旋律。可以毫不夸张地说，幸福快乐目前已经成为衡量人们生活质量的一个最重要的指标。然而人们对追求幸福快乐的认识却存在误区，许多人都认为快乐是一种来自人们身外且难以把握的东西，殊不知人的快乐主要来源于自己，人们应该学会且习惯于从自身汲取快乐，从而使自己成为自身快乐的一个能量体。

民众幸福感状况及特点

据新浪网 2018 年 1 月 27 日报道，国内知名人才服务平台“智联招聘”于 2017 年针对 1943 位温州白领做了“生活是否幸福”的问卷调查。结果显示，2017 年温州白领的工作满意度和生活满意度分别只有 2.51 分和 2.38 分（分数区间为 0~5，得分越高越满意），工作满意度刚刚达到理论均值水平，生活满意度甚至还要低于理论均值，这一数据尽管与上一年度相比有了一定的上升，但焦虑与不满意依然是白领生活中的常态。

“晋升无门”最不满，收入最高的未必最满意

调查显示，在薪酬、福利、培训、晋升、人际关系等工作满意度的五大方面中，温州白领最满意的是人际关系，达 2.91，其次为培训。晋升则是最不满意的，为 1.97，也是唯一低于 2 的指标。

拿钱多还是少，对于工作满意度影响巨大。月薪 2000 元以内白领的工作满意度是惨不忍睹的 1.83。但月薪 2.5 万元以上的白领也不是最满意的，他们的满意度只是略微高于 5000~8000 元这一档的白领，而工作满意度最高的则是 0.8 万 ~1 万元月薪的白领。课题组认为，薪酬越高意味着责任越大，工作压力也会随之增加。

从工作年限来看，入职 3 年以内的菜鸟是最不满意的，而 3~5 年之后，才渐入佳境，至 8~10 年，达到最满意状态 2.75，其后又略有降低。某种程度来说，白领与企业之间的羁绊，比婚姻更稳固，至少他们十年都“不痒”。

从岗位来看，产品岗位一枝独秀，达到 2.82，是最满意的。其次是研发、人力资源等岗位。前两名都是企业核心岗位，与当前所推崇的工匠精神高度契合。而最不满意的岗位则是后勤与客服，均低于 2.5，这与两个岗位流动性高且相对繁琐有关。

从行业来看，交通、运输、物流、仓储与商业服务行业满意度并列第一，而服务业与文体等产业则最低。

无假期、少运动、不性福，生活不如工作有滋味

2017 年温州白领生活满意度为 2.38，低于工作满意度。在陪伴家人、身体健康、心理健康、休假、读书、性生活六个维度中，他们最满意的是陪伴家人（2.73），最不满意的是性生活（2.01）。

身体健康满意度，虽然在六个维度中排名第二。但从运动时间来看，46.6% 的白领几乎从不做运动。

温州白领对阅读状况不太满意，满意度指数仅为 2.20。从每周阅读时间分布来看，37.2%

的白领几乎从不看书；而 32.5% 的白领每周阅读时间仅 1~2 小时。

对于休假的满意度指数也偏低，仅为 2.36。从全年休假时间来看，33.3% 的白领完全没有休假，25.5% 的白领休假不足 5 天。

当被问及如何用一个词总结 2017 年的职场状态时，“焦虑”一词高居榜首，有 24% 的白领选择了此项。此外，“穷”和“成长迭代”位居第二、第三位（新浪网 2018 年 1 月 27 日报道）[209]。

2015 年，由广东日慈公益基金会全额资助，浙江师范大学心理系联合全国幸福学校共同体对全国东部、中部、西部三个不同地域的 14 个省市师生的幸福感进行了调查。这次调查所用的工具是国际上比较权威的牛津幸福感量表（Oxford Happiness Questionnaire，OHQ），该量表最早于 1989 年由马丁（Martin）等人开发，主要用来测量个体的主观幸福感，本次调查采用的是其修订版。整个问卷共包含 29 个项目，题目按照 0~3 计分，得分越高代表幸福感越高。大多数人在牛津幸福量表上的得分在 40~42 分之间，总分为 87 分。在这次调查研究中，该问卷的内部一致性系数为 0.951。

学生的幸福感状况。这次共调查了 11,000 名各年级的中小学生，收回问卷 9,405 份，回收有效率为 85.50%。调查结果表明，学生幸福感的平均分为 50.54（M=50.54，D=16.57，其中 M 为平均分，D 为标准差），这一数据意味着学生的幸福感处于中等偏上水平，在学习、生活中较多方面都能感到幸福，但个体之间的差异比较大，具体见图 7–1。

在所调查的 14 个省份中，各省学生之间的幸福感差异比较显著。如果对各省学生的幸福感水平进行排序，其中江苏、上海和河南三省的学生感到最幸福，而四川、安徽和黑龙江三省的学生感到最不幸福。具体结果见图 7–2。

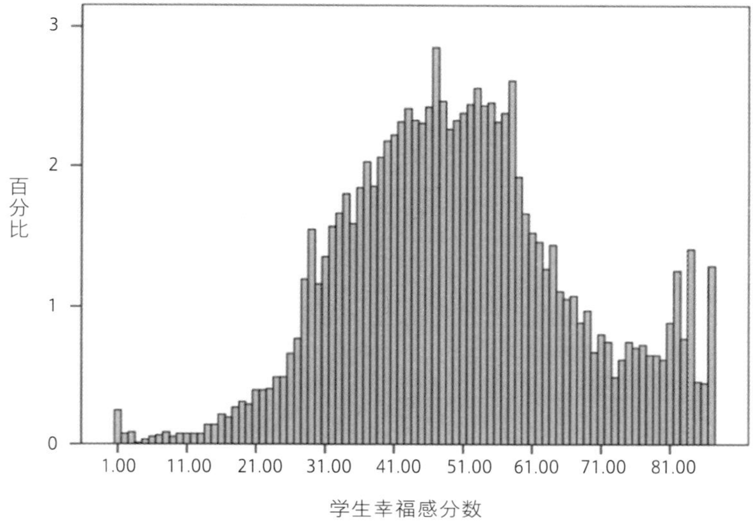

图 7-1 学生群体幸福感分数分布图

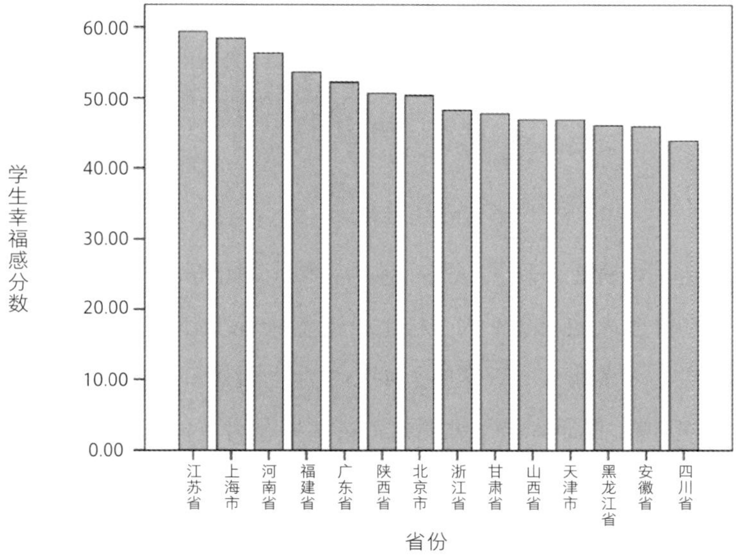

图 7-2 各省学生幸福感分数

不同年级学生之间的幸福感差异显著（具体见图 7-3），其中感到最幸福的学生是小学五年级（得分 59.82），其次是四年级，最不幸福的是初三（得分 42.76）和高三年级（得分 42.31）的学生。从这个调查结果中可以看到，学生的幸福感从五年级到六年级一下子就从最高峰降到了一个非常低的水平，这是一种断崖式下降趋势。这种“断崖现象”表明学生的幸福与不幸福似乎就一墙之隔，从五年级升入六年级似乎有种从天堂到地狱的节奏，这从一定意义上证明了升学压力似乎是中小学生幸福感的最大杀手。

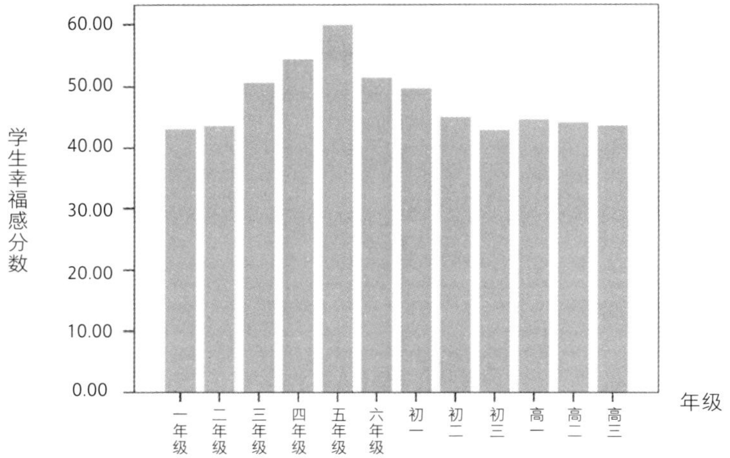

图 7-3 不同年级学生幸福感分数

另外，这次调查还发现了一些有趣的结果：中小学男生比女生相对更幸福一点（这和许多人的观念不太一样），这意味着社会更应当关注中小学女生的幸福危机。在多数人的观念中，中小学女生因其所具有的女性性格特点会相对更幸福一些，但研究结果表明她们其实并没有人们想象中的那么幸福。

调查还发现，独生子女比非独生子女相对更幸福。2017 年国家已经放开了二胎政策，很多年轻父母都开始畅想生二胎的美好，不过这个调查报告可能要让你再仔细考虑一下是否真的要生二胎了。因为生了二胎，有可能会把老大的幸福感降低了。

这次研究同样调查了相关省份这些学校教师的幸福感水平，调查结果表明，教师幸福感平均得分 36.34 分（*M*=36.34，*D*=12.61），具体分布见图 7-4。这个得分表明教师的幸福感在整个人群中的分布处于中等偏下水平，而且个体之间的差异比较大，意味着我国中小学教师只是在工作、生活中的某几个方面感到幸福。教师幸福感水平大大低于学生幸福感水平这一现象让很多人都大吃一惊，之所以出现这种现象，主要是因为教育一直就是一个社会热点问题，而且教育过程是一个不断淘汰的过程（多数人到最后都似乎是被淘汰），因而在这一过程中就会出现诸多不满意，学生不满意、家长不满意、社会不满意，各方的不满意最后都累积在教师身上，从而导致了教师的低幸福感水平。

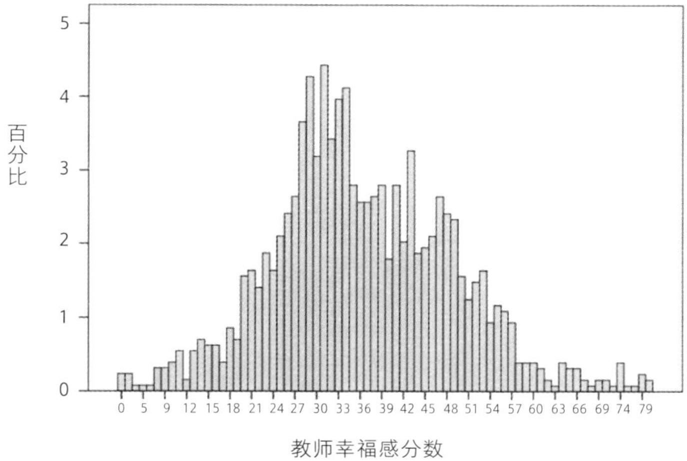

图 7-4 教师群体幸福感分数分布图

如果以省为单位进行比较（见图 7-5），调查发现天津教师的幸福感最强，幸福指数为59.82，河南教师的幸福指数为58.00，名列第二，而排在第三、第四、第五位的依次为北京（54.36）、广东（51.39）、福建（50.22），幸福水平相对较低的教师主要分布在黑龙江、上海、山西等省市，看来决定教师的幸福高低并不完全是教师的收入（上海教师的收入相对比较高）。特别有意思的是，本次调查发现上海市学生的幸福感很高，但教师的幸福指数却很低。

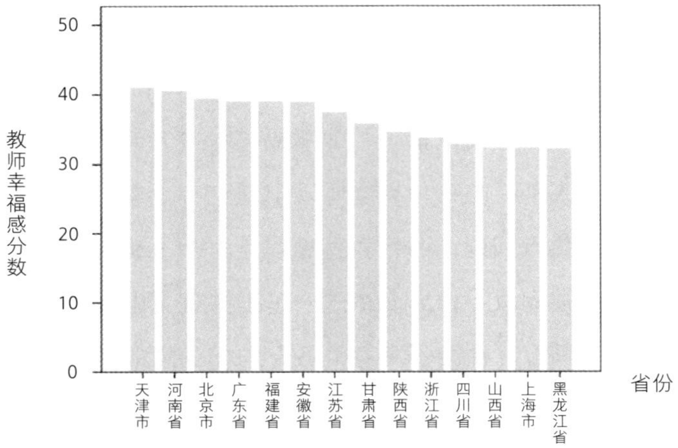

图 7-5 各省教师群体幸福感分数

如果以教师的年龄作为一个变量进行比较，发现 18~25 岁的年轻教师的幸福感最强，而 30~40 岁的中年教师幸福感水平最低，具体见图 7-6。

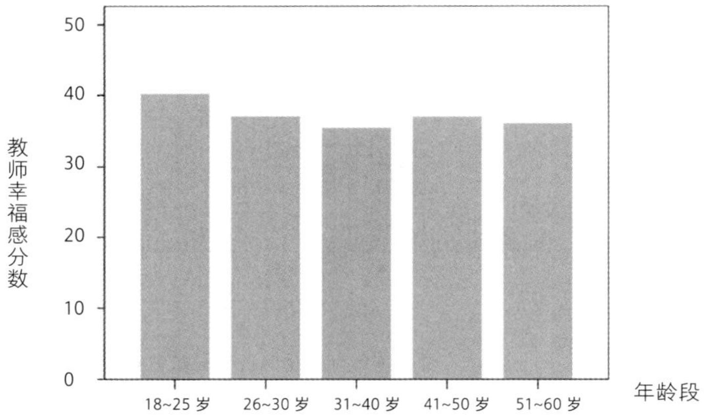

图 7-6 不同年龄段教师幸福感分数

也就是说，教师似乎有越做越不幸福的趋势，但这种幸福感水平和教师的离职率正好相反（越年轻的教师离职率越高），说明教师离职并不主要是由于职业幸福感低而引起的。30~40 这个年龄正是各个学校的中坚力量，但调查发现这部分人居然是所有教师中幸福感最低的一个群体。

另外，这次有关教师幸福感的调查还发现一些现象：东部地区的教师比中西部地区的教师更幸福；城市教师比农村教师更幸福。许多人认为这可能是经济收入的影响，但国家已经在全国实行了城乡统一的绩效工资制度，城乡教师的物质收入基本处于同一水平（或者说二者之间的差距并不是太大）。所以城乡教师之间幸福感的差异肯定不完全是由物质收入（工资）所引起的，也就是说，仅仅通过提高乡村教师的收入可能并不一定就能提高他们的幸福感，城乡教师幸福感之间的这种差异更可能是多个因素综合影响而导致的结果。

调查同时也发现，北方教师比南方教师相对更幸福一点；女教师要比男教师稍微幸福一点，但没有达到显著差异，只是边缘性显著。看来幸福还是有一定的地区和性别差异。

从相关关系来看，这次调查发现，教师幸福感与学生幸福感之间不存在显著相关性。二者的相关系数为 −0.018，p=0.517，相关不显著。许多人（包括一些教育专家）都经常会自然地认为“只有幸福的教师才会教出幸福的学生”，这其实是一种错误观点。教师的幸福当然很重要，这种重要性不仅体现在教师的工作绩效上，也体现在学生的人格发展等方面。但教师的幸福不必然关系着学生的幸福，两者之间没有因果关系，甚至都没有相关关系。事实上，不幸福的教师经常教出幸福的学生，而这也正是教师的价值和精神所在。事实上，如果教师的幸福和学生的幸福存在因果关系，那教师的责任就有可能变成无限责任，任何一个不幸福的学生都会归因于教师的责任。

2017 年年底，《当代教育家》杂志社也通过微信平台发起了一项针对中小学教师的匿名调查：“教师‘生存状况’大调查”。在发起后的短短几天时间里就有 4,042 名中小学和幼儿园教师主动积极参与。这次参与调查的教师样本范围较广，其中从教 10 年以上的骨干教师占比约 59%，从教 5 年以内的年轻教师占约 17%，从教 5~10 年的成熟型教师占约 17%，另外还有 7% 左右的是从教 30 年以上的资深教师。这次调查问卷一共包含八个问题，尽管问卷题目的设计并没有进行充分的科学论证，但调查所反映出的问题依然能从一个侧面刻画出当前中小学教师的真实生存状态。

第一个问题：今年最令你感到有压力的是什么（多选题）？其中 59% 的教师选择“个人财务状况”、54% 的教师选择“身体健康状况”、47% 的教师选择“教学压力太大”。这三个选项分列前三位。

第二个问题：你的财务状况究竟如何？其中月薪高于 5000 元的教师占 33%、3000~5000 元的教师占 50%，而低于 3000 元的教师则有 17%。

第三个问题：压力当前，你会“精疲力竭，甚至害怕工作”吗？仅有 5% 的教师“认为自己从来不会”、17% 的教师认为“自己每天都是如此”，其他教师则认为自己有时是这样。看来学生无忧无虑健康成长的背后，不少教师负重前行。

第四个问题：作为教师、校长，你的职业痛点是什么？76% 的教师选择的是“学生的安全问题”、60% 的教师选择的是“批评教育学生反而造成不良后果”、50% 的教师选择的是“家长与校方起争议，甚至冲突”。

第五个问题：作为教师、校长的你，又在爱着这份职业带来的什么？54% 的教师选择“价值感，这是一份陪伴生命、影响生命的精神事业”、50% 的教师选择“简单的工作环境、安定的生活”、49% 的教师选择“每年的寒暑假拥有一段自己的时间”。

第六个问题：今年（2017）有哪些教育政策“切实”影响到了你？32% 的教师选择“中小学教师职务（职称）制度改革”。看来职称问题很揪心。

第七个问题：2018 年，你希望政府和教育部能够好好重视哪些问题（多选题）？90% 的教师选择“教师待遇”、56% 的教师选择“教学改革的弊端”、51% 的教师选择“家校信任”。

第八个问题：2018 年，最想实现的前三位“小目标”是什么？39% 的教师选择“身心健康”、22% 的教师选择“多陪陪家人”、20% 的教师选择“提升自我”。

不同人群的心理不幸福也伴随着出现了大量的生理健康问题。中国国民健康大数据显示，中国人均寿命只有 73.4 岁，整整比日本民众的平均寿命

（83.4 岁）低了 10 岁。中国高血压人口大约有 1.6~1.7 亿人，高血脂人口约 1 亿人，糖尿病患者达到 9,240 万人，超重或者肥胖症人口为 7,000 万至 2 亿人，血脂异常人口约 1.6 亿，脂肪肝患者约有 1.2 亿人；平均每 30 秒就有一个人罹患癌症，平均每 30 秒就有一个人罹患糖尿病，平均每 30 秒就至少有一个人死于心脑血管疾病。民众慢性病患病率已达 20%，死亡数已占总死亡数的 83%，中国人的腰围增长速度将成为世界之最。曾经出现在 19 个月中间有 19 位公司老总均因病而离世，这些人中个人资产最高达 14 亿。其病因主要是癌症和心脏病，其中近半数为突发疾病逝[210]。

所以总的来看，我国民众的心理健康水平还需要进一步提高，如何才能有效提升民众的幸福快乐水平呢？由于人的快乐涉及许多因素，因而提升快乐也一定是一个复杂而综合的工作。不过就目前积极心理学已有的研究结果来看，提高人们的快乐能力似乎是一项最简单且有效的工作。

如何提升快乐水平

人们通常都认为快乐是一种心理状态，特别是一种心情状态，但随着心理学和社会的发展，特别是对快乐研究的深入，人们发现快乐正日益突显其能力属性，即快乐是一种能力。借用一种流行的说法，快乐的能力其实可以被称为乐商，而且乐商这种提法也更容易被普通民众接受。乐商主要包括些什么呢？它主要包含四个成分。

第一，快乐的阈限值，即快乐的感受力。这有点类似于每个人的反应时阈限，同样的刺激会引起不同的人产生不同程度的反应。比如，假定教师节某一个学校给每位教师发了 200 元的慰问金，有的教师拿到这笔钱后就会很开心，会跟自己所有的亲朋好友分享这件事；而也有部分教师拿到这笔钱后反而可能会感到心情难受，因为他发现另外一些学校在教师节发了500元，于是到处找人抱怨并闷闷不乐。这种差异就是快乐感受性不一样所导致的结果。同样的200元，有的人已经体验到了快乐，而有的人反而体验到了难受。总的来看，人的快乐感受力大概有50%左右是由基因决定的，其他主要受后天环境的影响。但事实上，最新科学研究发现，人们所受的一部分环境影响可能也来自于基因，也就是说，基因对人发展的影响远比人们以前想象的要更大。

人们一直有个疑问：孩子的基因主要来自于父母，一般情况下都是父母各出一半的基因合起来而组成孩子，那么父母还都有另一半的基因没有被遗传下来，那这部分剩下的基因去了那里呢？ 2018年的1 月的《科学》杂志发表了一个让人目瞪口呆的研究：父母没有被孩子继承的那些基因居然会通过父母或其他长辈亲属提供给子女生活的环境等因素，间接地影响子女的成长。这一项来自冰岛的研究发现，在教育程度方面，没有遗传下来的基因的影响效应竟然达到了近30%，研究者把这种影响效应命名为基因性养育（Genetic Nurture），即父母养育孩子的方式里面都包含了各自剩下的基因因素。该研究以具有完整基因数据和教育经历的21,637名冰岛人（出生于1940~1983年）为被试这些被试的父母至少有一方也有完整的基因数据，在对这些基因数据进行了复杂的计算和分析之后，发现在受教育经历、首次生育年龄、高密度脂蛋白水平、体重指数、空腹血糖水平、身高、每日吸烟数量等方面，那些没有被遗传下来的基因都起着很重要的影响，其中受教育水平达到了约30%。而且该研究发现，孩子的营养、健康等方面受母亲的影响要高于父亲，主要是因为妈妈更可能做饭，然后总是在买菜或做饭时间接地把自己的基因影响渗透了进去。这说明一个人成长生活的环境也包含父母一定的基因基础，意味着吃的、喝的、住的、玩的、看的、摸的、听的等都在一定意义上具有一定的基因价值。这个研究也从另一个侧面告诉人们，如果觉得自己的基因在某一个方面不行（比如学校学习上不是很厉害），那就不要在生活中非要坚持自己养育子女的观点，可以学习或借鉴一下其他学习基因比较好的家庭养育孩子的方式。

一般来说，一种特征如果主要由基因决定的话，那它可改变的可能性或程度就会比较小，即快乐感受力受外力作用可改变的程度肯定会比较小。但快乐感受力只要发生一点点改变，就会对生活产生重大影响，因为快乐感受力是生活中每一件事的处理器，它对生活的影响是指数变化。假定通过努力使自己的快乐感受力比正常条件下大了 0.01，但经过 365 天之后，其结果就完全不一样：1.01^365=37.8。相反，如果你的快乐感受力比正常人小了 0.01，其所带来的结果也是触目惊心的：0.99^365=0.03。你只要想想一张普通的白纸连续对折 41 次大概有多厚？你肯定想不到是地球到月亮的距离，这就是指数级变化。

生活中多数因素对人快乐感受力的影响是短暂的，持续不了多久。如当你刚刚碰到一件喜事（中大奖、升官或意外发财等）之后，人就会觉得周围的一切都比较美好，所谓“人逢喜事精神爽”，但要不了多久，这种感受就会消失，人又会回到之前原来的状态。但目前已有的心理学研究也发现了一些能对人快乐感受力起长期作用的因素，这些因素的影响可能会持续人的一生，但一般不会遗传给下一代。

长时间的、高强度的噪音经历会降低人们的快乐感受力，而且人的快乐感受力一旦被噪音破坏了之后再也不会回归到原来的水平。也就是说，持续的高强度的吵闹噪音环境会降低人的快乐感受力，会使人对一切都觉得无聊和无趣，会使个体对一切都觉得心里烦。这主要是因为现代科学已经发现高强度的持续噪音会让多个区域的大脑神经出现萎缩，而有些大脑神经萎缩了就不会重生，这就影响了大脑的发育。所以，如果住宅正好处在吵闹的大马路边上，为了快乐最好还是换一个居住环境。

整容能显著提高人的快乐感受力，而且这种快乐感受力能持续一辈子。心理学的多个研究已经发现，女孩子整容了之后，其快乐感受力会显著提高，而且这一过程会持续终身。当然，这里的“整容了之后”一定是建立在经济条件允许的情况下，同时也是指整容成功的情况下。

第二，个体从所经历的消极事件中获取积极成分（或力量）的能力，也就是人们常说的应对消极事件的能力。乐商高体现在任何时候（并不仅仅只限于美好时刻）都能帮助你获得正能量。

人们不快乐或抑郁的最主要原因就是生活中出现了消极事件（也就是人们常说的挫折或失败，即自己的需要没有得到满足或满足不充分），但事情总有正反两个面，任何一件消极事件中都包含有一定的积极成分。个体如果能从他所经历的消极事件中读到（或看到）更多的积极成分，那么他从消极事件中所遭受的打击就会小一点，心灵受伤的可能性也就自然更小。相反，如果个体面临挫折或失败之后就觉得生活完蛋了，眼睛看到的全是黑暗，那他自然就容易受到较大的伤害而表现出不快乐或抑郁等。

例如，官本位是历史遗留的一种固有思想，很多人都以当官为追求的目标，一旦失败便抱恨终生，郁郁寡欢。虽然当官意味着权力、意味着控制感，但当官真的就没有坏处吗？

当官意味着有更多的选择，但更多的选择并不一定代表更大的快乐。心理学家施瓦茨（Schwartz）的一个研究发现，尽管多数情况下有选择要比没有选择好，但这并不意味着选择越多就越好，过多的选择在一定意义上会减少快乐。比如假期太长了就有可能面临更多的选择，结果假期的快乐反而下降了。所以许多教师常常觉得暑假反而不如国庆的七天黄金周更快乐，心理学的研究发现，一周到两周的假期最让人快乐。

当官的坏处除了选择过多之外，还存在一个更主要的坏处：权力会让人变得更加冲动、更低风险意识，而且更不会从别人的角度或观点看问题，即权力会使人失去共情能力。加州大学伯克利分校的凯尔特纳教授在研究中发现，如果让被试在自己的额头上写一个字母 E，那些当官的人在额头上写的都是反 E（从外人的角度来看），而普通民众在额头上写的都是正 E（从外人的角度来看）。但这个反 E 在当官的人自己看来是正的，只是其他人看起来是反的。这一结果表明当官的人更容易以自我为中心，不太会考虑其他人的感受。比如美国总统布什在 2008 年的奥运会上醒目地反举着美国国旗，当他的随从们告诉他国旗举反了时，他依然没有发现自己错在哪里。

为什么人在当官后会失去共情能力呢？麦克马斯特大学的神经科学家奥博海在磁共振研究中发现，权力能使大脑中的多个区域（尤其是前额叶）的神经元受到伤害，导致脑损伤，从而使领导者会因权力而失去他们得以成为领导者的一种能力——共情的能力（设身处地思考的能力）。这是不是意味着权力越大越独裁、领导到最后都会越来越不会为他人考虑、越来越没有人情味呢？

为什么权力会使某些神经元受到损伤呢？人和动物的前额叶皮层是一个重要的区域，平时的判断、决策、洞察、计划、共情以及回忆等高级认知功能都依赖前额叶皮层中锥体细胞（pyramidal cell，一种锥形神经元）形成的网络活动。而当压力事件（快乐和消极）袭来时，位于大脑底部的下丘脑会迅速做出反应，并诱导脑垂体和肾上腺分泌一系列激素（如多巴胺和去甲肾上腺素），这些激素分泌量过大之后可以迅速削弱锥体细胞之间的连接，从而关闭了人的前额叶皮层。这样，人的决策能力也就下放给了更原始的脑区，人因此表现得与平常判若两人。而权力就会促使人长期大量分泌这些激素，从而影响了某些神经元的正常生长和发育。权力在一定程度上就像恋爱一样，会使你失去理性。所以从一定意义上说，权力包含有一长串的副作用：使人陶醉、腐败、过高估计自己、还不会同情他人，等等。

第三，影响或感染他人快乐的能力。快乐如果不能影响他人，特别是如果不能影响你周围的人，你就有可能会被周围的人当作异类而遭受攻击或排斥。群体具有一定的形态和规则，异型的群体内成员都会受到群体压力而发生改变，但如果异型本身的影响足够大，他也能影响并改变群体，这在瑞士著名儿童心理学家皮亚杰（Jean Piaget）的理论中叫“顺应”。

比如，假定有一个浙江温州的女孩嫁入了湖南长沙的一户人家当儿媳妇，通常情况下温州人喜欢吃海鲜而不喜欢吃辣椒，而长沙人则特别喜欢吃辣椒。当她初去长沙时，她一般不太会吃辣椒，但由于这户家庭的人都爱吃辣椒，日常生活中离不了辣椒，这样这个女孩子就有可能慢慢也开始学会吃辣椒了，这一变化过程叫同化，即女孩被这个家庭同化了。但也有另外一种情况，这个女孩嫁过去之后，这户人家受了这个女孩的影响，全家从此再也不吃辣椒了，这一变化过程就叫作顺应，即整个家庭都顺着这个女孩而发生了变化。这个女孩如果要想她周围的人都顺应她，她就一定要用好的方式来表达自己的意愿。她的表达方式如果很有感染性，她周围的人就会听，表达的方式如果不合适，那她周围的人就不会受她的影响，而这就是一种能力。

同样地，人们要想使自己的快乐能够影响周围人，就要用一种周围人能接受的方式表达自己的快乐，而这是快乐能力的一个组成部分。人的性格也是如此，生活中有一些人常常会用自己的性格来开脱自己，强调自己的性格就是如此这般等，希望能得到对方的原谅或帮助等。其实性格的表达方式也有很多，高能力的人会根据对象、环境和条件等选择比较合适的方式来表达自己的性格，不同的表达方式会产生不同的感染力，这就如同样是相声演员或喜剧表演者，不同的人的演出效果都不一样，明星的演出常常更有感染力。

苹果公司的创始人史蒂夫·乔布斯有一句名言："顾客不是真的要占便宜，而是要有一种占了便宜的感觉。"也就是说，表达方式要让对方或他人觉得占到了便宜一样，觉得很舒服（占了便宜都会产生一种愉快的感觉）。心理学上有个所谓的"诱饵效应"（decoy effect），如价格的表达方式，卖场里的帽子和毛衣标签上标出的价格分别是帽子 59 元、毛衣 125 元，但是最后还有一行字：帽子 + 毛衣 =125 元。这种价格的表达方式就是一种让对方有占了便宜的感觉，这实际上是引诱顾客购买的诱饵。人与人之间交流，如果要想让对方能受你的影响，就一定要让对方有占了你便宜的感觉，这就是感染力。

第四，对积极事件的品味能力。品味指的是主动地、用心地感受积极体验，作为一个和应对概念相对应的心理学概念，它关注的是人们在面对积极事件时，如何使用一定的认知策略或行为方法来调节自己，从而获得更多积极体验或者使其维持得更久（具体内容参见第六章的品味部分）。

现在市面上充斥着大量的所谓"正能量"的"心理快餐"辅导书，新鲜的"心理概念"或"训练方法"层出不穷，这固然反映了心理学蓬勃发展的态势，但也需要人们科学严谨地去看待，审慎地去实证和辨别，并不是新鲜事物就一定会有营养价值。而乐商作为一种有大量实证基础的新观点，不仅很好地融合了社会的发展，同时也为人们寻找或提升幸福提供了一个抓手。从已有的研究来看，提高乐商是人们提升自己快乐的一个最有效的办法，也是最值得去努力的一个方向。提高乐商当然就要从乐商的四个组成要素入手，也就是要通过提高快乐的感受力、对消极事件的应对力、快乐的感染力和对积极事件的品味力四个要素中的一个或几个入手。

内心快乐的人生活总是很美妙，但好多人总觉得一个人是因为生活美妙了才内心感受到快乐，这其实是把两者之间的因果关系搞颠倒了，人一定是因为内心快乐了才会觉得生活美妙。心理学告诉人们，一个人如果要想有效调节自己的生活，他一定会去根据那些他认为重要的东西（而不是他喜欢的东西）来进行调节，也就是说，内心的价值观念更能促使人们坚持并获得好的效果。因而，人们应该把乐商纳入自己内心的观念，并使其成为自己价值观的一个组成部分，这才会真正让乐商来参与并改变人们的生活。

附录：参考文献

（扫描二维码，可下载参考文献文档，便于搜索原文，获取相关资讯）

[1] Roberts-Grey G. (2008). Optimism Can Enhance Your Long-Term Health[EB-OL]. http://www.everydayhealth.com/longevity/enhancing-your-life.aspx

[2] SEGERSTORM, S C, TAYLOR, S E, KEMENY M E, FAHEY J L. Optimism is associated with mood, coping, and immune change in response to stress[J]. Journal of personality and social psychology, 1998,74: 1646-1655.

[3] SCHEIER M F , CARVER C S. Effects of optimism on psychological and physical well-being: Theoretical overview and empirical update[J].Cognitive therapy and research, 1992,16(2): 201-228.

[4] ABEND T A, WILLIAMSON G M. Feeling attractive in the wake of breast cancer: Optimism matters, and so do interpersonal relationships[J].Personality and Social Psychology Bulletin, 2002，28:427-436.

[5] BRISSETTE I,SCHEIER M F,CARVER C S. The role of optimism in social network development, coping, and psychological adjustment during a life transition[J]. Journal of personality and social psychology, 2002,82(1): 102-111.

[6] Räikkönen, K, et al. Effects of optimism, pessimism, and trait anxiety on ambulatory blood pressure and mood during everyday life[J]. Journal of personality and social psychology, 1999,76(1): 104-113.

[7] PERTERSON C , BARRETT L C. Explanatory style and academic performance among university freshman[J]. Journal of personality and social psychology, 1987,53(3): 603-607.

[8] GRAHAM C, EGGERS A, SUKHTANKAR S. Does happiness pay? An exploration based on panel data from Russia[J]. Journal of Economic Behavior & Organization, 2004 ,55(3): 319-342.

[9] BOEHM J K,LYUBOMIRSKY S. Does happiness promote career success[J]? Journal of career assessment, 2008,16(1): 101-116.

[10] 造就．快乐也会过量？那摄入多少人会死？ [DB/OL].http://www.sohu.com/a/233136479_563934?_f=index_pagerecom_7, 2018-05-28.

[11] 造就．快乐也会过量？那摄入多少人会死？ [DB/OL].http://www.sohu.com/a/233136479_563934?_f=index_pagerecom_7, 2018-05-28.

[12] THERRIAULT J, NQ K P, PASCOAL T A, et al. Anosognosia predicts default mode network hypometabolism and clinical progression to dementia[J]. Neurology, 2018,90(11): 120-126. https://doi.org/10.1212/WNL.0000000000005120

[13] THORLEY C.Enhancing individual and collaborative eyewitness memory with catgory clustering recall[J]. Memory, 26(8);1128−1139. https://doi.org/10.1080/09658211.2018.1432058

[14] RUSSEL J A , BARRETT B L. Core affect, prototypical emotional episodes,and other things called emotion: Dissecting theelephant[J].Journal of Personality and Social, 1999,76(5):805−819.

[15] FREDRICKSON B L , COHN M A , COFFEY K A , et al. Open Hearts Build Lives: Positive Emotions,Induced Through Loving−Kindness Meditation[J].Build Consequential Personal Resources, 2008, FF95(5):1045−1062

[16] FREDRICKSON B L , BRANIGAN C . Positive emotions broaden the scope of attention and thought−action repertoires[J].Cognition &Emotion, 2005,19(3):313−332.

[17] ISEN A M. An Influence of positive affect on decision making in complex situations: theoretical issues with practical implications[J].Journal of Consumer Psychology, 2001, 11(2): 75−85.

[18] COHEN S , DOYLE W J , TURNER R B, ALPERL C M, SKONER D P. Emotional style and susceptibility to the common cold[J]. Psychosomatic Medicine, 2003,65(4):652−657.

[19] FREDICKON B L, MANCUSO R A, BRANIGAN C, et al. The undoing effect of positive emotions[J].Motivation &Emotion, 24(4):237−258.

[20] FITZPATRICK M R, STALIKAS A. Positive emotions as generators of therapeutic change [J].Journal of Psychotherapy Integration , 2008,18(2):137−154.

[21] LYUBOMIRSKY S, KING L, DIENER Ed. The benefits of Frequent Positive Affect: Does Happiness Lead to Success[J].Psychological Bulletin, 2005,131(6):803−855.

[22] QUOIDBACH J,BERRY E V,HANSENNE M,MIKOLAJCZAK M. Positive emotion regulation and well−being:comparing the impact of eight savoring and dampening strategies[J]. Personality and Individual Differences, 2010,49(5):368−373.

[23] WASTON D , CLARK L A , TELLEGEN A. Development and validation of brief measures of positive and negative affect: The PANAS scales [J]. Journal of Personality and Social Psychology, 1988,54(6):1063−1070.

[24] DAVIDSON R J. Parsing affective space: perspectives from neuropsychology and psychophysiology [J]. Neuropsychology, 1993,7 (4):464−475.

[25] KIM S H, VINCENT L C, GONCALO J A. Outside advantage: can social rejection fuel creative thought? [J] Journal of Experimental Psychology. General, 2013,142(3):605−611.

[26] VOROBYEV V, KWON M S, DAGFINN M, et al. Risk−Taking Behavior in a Computerized Driving Task: Brain Activation Correlates of Decision−Making, Outcome, and Peer Influence in Male Adolescents[J]. PLoS ONE, 2015, 10(6): e0129516. https://doi.org/10.1371/journal.pone.0129516

[27] ZHAN J, REN J , FAN J , LUO J. Distinctive mood induction effects of fear or sadness on anger and aggressive behavior [J].Frontiers, 2015, (7) 15. https://doi.org/10.3389/fpsyg.2015.00725

[28] 彼得森教授曾于 2013 年应清华大学彭凯平教授之邀曾来中国讲学，但不幸于 2015 年突然去世，这实在是积极心理学的一个重大损失。

[29] PETERSON C，SELIGMAN M E P. The Values in Action (VIA) classification of strengths[M]. Washington，DC：American Psychological Association,2003,29−48.

[30] ROHRER D ,DEDRICK R F ,STERSHIC S . Interleaved practice improves mathematics learning [J]. Journal of Educational Psychology, 2015,107(3):900−908.

[31] ALI A, AMBLER G, STRYDOM A, et al. The relationship between happiness and intelligent quotient: the contribution of socio−economic and clinical factors[J]. Psychological medicine, 2013,43(6):1303−1312.

http://doi.org/10.1017/S0033291712002139

[32] Olga Sanchez de Ribera, KAVISH N, Boutwell B. Untangling intelligence, psychopathy, personality disorders, & conduct problems: A meta−analytic review.

https://doi.org/10.1101/100693

[33] GENC E, FRAENZ C,SCHLUTER C, et al. Diffusion markers of dendritic density and arborization in gray matter predict differences in intelligence[J]. Nature Communications, 2018, 9:Article number: 1905.

https://doi.org/10.1038/s41467−018−04268−8

[34] Doli ń ski D, Grzyb T, Folwarczny M, Grzybała1 P, et al. Would You Deliver an Electric Shock in 2015? Obedience in the Experimental Paradigm Developed by Stanley Milgram in the 50 Years Following the Original Studies [J]. Journal Social Psychological and Personality Science, 2017,8(8): 927−933. https://doi.org/10.1177/1948550617693060

[35] Sezer, 1 , Gino, F , & Norton, M I. Humblebragging: A distinct and ineffective self−presentation strategy[J].Journal of Personality and Social Psychology, 2018,114(1):52−74.

[36] AMY B B , SARA S , JAMIE B , JULIE M H. Narcissism and academic dishonesty: The exhibitionism dimension and the lack of guilt[J].Personality and Individual Differences, 2011,50(3):323−328. https://doi.org/10.1016/j.paid.2010.10.006

[37] AINA S G , JIM A N. Looking for the Hannibal Behind the Cannibal: Current Status of Case Research[J]. International Journal of Offender Therapy and Comparative Criminology, 2011,55(3):350−369. http://journals.sagepub.com/doi/10.1177/0306624X10362659

[38] ROBERTS B W, SMITH J, JACKSON J J, EDMONDS G, Compensatory Conscientiousness and Health in Older Couples[J].Psychol Sci, 2009,20(5): 553−559.

[39] TSKHAY K O ,ZHU R,ZOU C ,RULE N O. Charisma in everyday life: Conceptualization and validation of the General Charisma Inventory[J]. Journal of Personality and Social Psychology, 2018,114(1):131−152

[40] VERDUYN P, LAVRIJSEN S. Which emotions last longest and why: The role of event importance and rumination. Motivation and Emotion,2015,39: 119.

https://doi.org/10.1007/s11031−014−9445−y

[41] Geoff Beattie. The Most Attractive Facial Feature On Women[DB/OL].https://www.spring.org.uk/2017/06/the-most-attractive-facial-feature-on-women.php,2019-02-24.

[42] CIPRIANI A , FURUKAWA P T A, SALANTI G , et al. Comparative efficacy and acceptability of 21 antidepressant drugs for the acute treatment of adults with major depressive disorder: a systematic review and network meta-analysis[J]. The Lancet, 2018,391(10128):1357-1366

https://doi.org/10.1016/S0140-6736(17)32802-7

[43] 该章节中的一部分内容已经发表于《心理科学进展 》（2010, Vol. 18, No. 8, 1290-1297）

[44] ROBINS R W , BEER J S. Positive illusions about the self: Short-term benefits and long-term costs[J]. Journal of Personality and Social Psychology, 2001,80(2):340-352.

[45] MOORE D A , HEALY P J. The Trouble With Overconfidence[J]. Psychological Review, 2008,115(2):502-517.

[46] TAYLOR S E , BROWN J D. Illusion and well-being: A social psychological perspective on mental health[J]. Psychological Bulletin, 1988,103(2):193-210.

[47] KWAN V S , BOND M H , SINGELIS T M. Pancultural explanations for life satisfaction: adding relationship harmony to self-esteem[J]. Journal of Personality and Social Psychology, 1997, 73(5):1038-1051.

[48] TALOR S E , LERNER J S , SHERMAN D K , et al. Are self-enhancing cognitions associated with healthy or unhealthy biological profiles[J]? Journal of Personality and Social Psychology, 2003b ,85(4):605-615.

[49] MURRAY S L , HOLME J G. A leap of faith? Positive illusions in romantic relationships[J]. Personality and Social Psychology Bulletin, 1997,23(6):586-604.

[50] THOMPSON S C , ARMSTRONG W ,THOMAS C. Illusions of Control, Underestimations, and Accuracy : A Control Heuristic Explanation[J]. Psychological Bulletin, 1998,123(2):143-161.

[51] LEE J Y , CHUNG H Y. Positive Illusion of Exemplary Altruists[J]. Asia Pacific Education Review, 2008,9(2):94-100.

[52] MURRAY S L, HOLMES J G. A leap of faith? Positive illusions in romantic relationships[J]. Personality and Social Psychology Bulletin, 1997,23(6): 586-604.

[53] MARKUS H , NURIUS P. Possible selves[J]. American Psychologist, 1986,41(9):954-969

[54] LENCH H C , QUAS J A , EDELSTEIN R S. My Child Is Better Than Average: The Extension and Restriction of Unrealistic Optimism[J]. Journal of Applied Social Psychology, 2006,36(12):2963-2979.

[55] WENGER A., FOWERS B J. Positive Illusions in Parenting: Every Child Is Above Average[J]. Journal of Applied Social Psychology, 2008,38(3):611-634.

[56] LENCH H C , QUAS J A , EDELSTEIN R S. My Child Is Better Than Average: The Extension and Restriction of Unrealistic Optimism[J]. Journal of Applied Social Psychology, 2006,36(12):2963-2979.

[57] LEE J Y , CHUNG H Y. Positive Illusion of Exemplary Altruists[J]. Asia Pacific Education Review, 2008, 9(2):94−100.

[58] CATINA P , SWALGIN K , KNJAZ D , FOSNES O. A Cross−Cultural Analysis of Positive Illusions and Sport Performance Levels in American, Croatian, and Norwegian Basketball Players[J]. Coll Antropol, 2005,29(2):453−458.

[59] TAYLOR S E , LERNER J S , SHERMAN D K , et al. Portrait of the self−enhancer: well Adjusted and well liked or maladjusted and friendless? [J] Journal of Personality and Social Psychology, 2003,84(1):165−176.

[60] BRENDGEN M , VITARO F , TURGEON L , et al. Is There a Dark Side of Positive Illusions? Overestimation of Social Competence and Subsequent Adjustment in Aggressive and Nonaggressive Children[J]. Journal of Abnormal Child Psychology, 2004,32(3):305−320.

[61] TAYLOR S E , BROWN J D. Positive illusions and well−being revisited: Separating fact from fiction[J]. Psychological Bulletin, 1994,116(1):21−27.

[62] ROBINS R W , BEER J S. Positive illusions about the self: Short−term benefits and long−term costs[J]. Journal of Personality and Social Psychology, 2001,80(2):340−352.

[63] MA Y , HAN S. Why we respond faster to the self than to others? An implicit positive association theory of self−advantage during implicit face recognition[J]. Journal of Experimental Psychology Human Perception and Performance, 2010,36(3):619−633.

[64] ALLOY L B , ABRAMSON L Y. Judgement of contingency in depressed and nondepressed students: Sadder but wiser[J]. Journal of Experimental Psychology.General, 1979,108(4):441−485.

[65] BAUMEISTER R F , SMART L , BODEN J M. Relation of threatened egotism to violence and aggression: The dark side of high self esteem[J]. Psychological Review, 1996,103(1):5−33.

[66] EVANGELISTA N M , OWENS J S , GOLDEN C M , PELHAM W E. The Positive Illusory Bias: Do Inflated Self−Perceptions in Children with ADHD Generalize to Perceptions of Others? [J] Journal of Abnormal Child Psychology, 2008,36(5):779−791.

[67] VOGT J, LOZO, L,KOSTER,E H W,HOUWER,J D. On the role of goal relevance in emotional attention: Disgust evokes early attention to cleanliness[J]. Cognition and Emotion, 2011,25(3):466−477.

[68] BARGH, J A ,SCHWADER, K L,HAILEY,S E,et al. Automaticity in social−cognitive processes[J]. Trends in cognitive sciences., 2012,16(12): 593−605.

[69] DEWALL C N, TWENGE J M , KOOLE,S L,et al. Automatic emotion regulation after social exclusion: tuning to positivity[J]. Emotion , 2011,11(3):,623−636.

[70] SCHWAGER S ,ROTHERMUND K. Counter−regulation triggered by emotions: Positive/negative affective states elicit opposite valence biases in affective processing[J]. Cognition & Emotion, 2012,27(5):839−855.

[71] MEYER M L , BERKMAN E T ,KARREMANS J C,LIEBERMAN M D. Incidental regulation of attraction: The neural basis of the derogation of attractive alternatives in romantic relationships[J]. Cognition and Emotion, 2011,25(3):490−505.

[72] QUIRIN M ,BODE R C. An alternative to self-reports of trait and state affect: The Implicit Positive and Negative Affect Test (IPANAT) [J]. European Journal of Psychological Assessment, 2014,30(3):231-237.

[73] PHILLIPS M L , CHASE H W , SHELINE Y I , et al. Identifying Predictors, Moderators, and Mediators of Antidepressant Response in Major Depressive Disorder: Neuroimaging Approaches[J]. The American Journal of Psychiatry, 2015,172(2), 124-138.

[74] GAINOTTI G. Unconscious processing of emotions and the right hemisphere[J]. Neuropsychologia , 2012,50(2):205-218.

[75] MOCAIBER, I.,PEREIRA, M. G.,ERTHAL,F S,et al. Fact or fiction? An event-related potential study of implicit emotion regulation[J]. Neuroscience Letters , 2010,476(2):84-88.

[76] LIEBERMAN M D , INAGAKI T K,TABIBNIA G,CROCKETT,M J. Subjective responses to emotional stimuli during labeling, reappraisal, and distraction[J]. Emotion, 2011,11(3):468-480.

[77] LENZENWEGER M F , JOHNSON M D , WILLETT J B. Individual growth curve analysis illuminates stability and change in personality disorder features: The longitudinal study of personality disorders[J]. Arch Gen Psychiatry, 2004,61(10):1015-1024. https://doi.org/10.1001/archpsyc.61.10.1015

[78] KOOLE S L. Does emotion regulation help or hurt self-regulation[J]. Psychology of Self-regulation: Cognitive, Affective, and Motivational Processes, 2009,217-231.

[79] KOOLE S L,FOCKENBERG D A. Implicit emotion regulation under demanding conditions: The moderating role of action versus state orientation[J]. Cognition and Emotion, 2011,25(3), 440-452.

[80] SCHWAGER S ,ROTHERMUND K. On the dynamics of implicit emotion regulation: Counter-regulation after remembering events of high but not of low emotional intensity[J]. Cognition & Emotion, 2014,28(6):971-992.

[81] URRY H L,Gross J J. Emotion regulation in older age[J]. Current Directions in Psychological Science, 2010,19(6):352-357.

[82] CAVANAGH M , QUINN D ,DUNCAN ,D,GRAHAM ,T,BAKBUENA,L. Oppositional defiant disorder is better conceptualized as a disorder of emotional regulation[J]. Journal of Attention Disorders, 2014,21(5):381-389.

[83] SHAW P,STRINGARIS A ,NIGG ,J,LEIBENLUFT,E. Emotion dysregulation in attention deficit hyperactivity disorder[J].The American Journal of Psychiatry, 2014,171(3):276-293.

[84] RICE T R , HOFFMAN L. Taking a toy gun to school: a consideration of the determinants of adolescent forensic behavior in the aftermath of the Sandy Hook shooting[J]. International Journal of Adolescent Medicine And Health, 2015,27(2):225-230.

[85] ROSENHAN D L. On being sane in insane places[J].Clinical Social Work Journal, 1974,2(4):237-256.

[86] AGRILLO C. Near-death experience: out-of-body and out-of-brain? [J]. Review of General Psychology, 2011,15(1):1-10.

[87] STEVENSON I, COOK E W , CLEAN C. Are persons reporting "near-death experiences" really near death? A study of medical records[J]. OMEGA--Journal of Death and Dying, 1989,20(1):45-54.

[88] BLACKMORE S. Near-Death Experiences: In or Out of the Body? Aspects of Consciousness: Essays on Physics[J].Death and the Mind, 2012,16(1):104-110.

[89] ZINGRONE N L , ALVARADO C S, ETZEL ,C. Out-of-body experiences and physical body activity and posture: responses from a survey conducted in Scotland[J]. The Journal of Nervous and Mental Disease, 2010,198(2):163-165.

[90] LENGGENHAGER B , TADI T., METZINGER T , BLANKE O. Video ergo sum: manipulating bodily self-consciousness[J]. Science, 2007,317(5841): 1096-1099.

[91] GUTERSTAM A, EHRSSON H H. Disowning one' s seen real body during an out-of-body illusion[J]. Consciousness and Cognition, 2012,21(2):1037-1042

[92] BUCKERT M., KUDIELKA B M , REUTER M , FIEBACH C J. The COMT Val158Met polymorphism modulates working memory performance under acute stress[J]. Psychoneuroendocrinology, 2012, 37(11): 1810-1821.

[93] ARONSON J , FRIED C B , GOOD C. Reducing the effects of stereotype threat on African American college students by shaping theories of intelligence[J]. Journal of Experimental Social Psychology, 2002,38(2):113-125.

[94] BLACKWELL L S , TRZESNIEWSKI K H , DWECK C S. Implicit theories of intelligence predict achievement across an adolescent transition: A longitudinal study and an intervention[J]. Child Development, 2007,78(1):246-263.

[95] Liu X, Ramirez S, Pang P T, et al. Optogenetic stimulation of a hippocampal engram activates fear memory recall[J].Nature, 2012,484:381-385.

[96] JIMENEZ-FENANDEZ S, GURPEGUI M, DIAZ-ATIENZA F,et al Oxidative stress and antioxidant parameters in patients with major depressive disorder compared to healthy controls before and after antidepressant treatment: results from a meta-analysis[J].J Clin Psychiatry, 2015,76(12):1658-1667.

[97] BOWER B. New pitch for placebo power[J]. Science News, 1996,150:123.

[98] PAUL G L. Insight versus desensitizatipon in psychotherapy two years after termination[J]. Journal of Consulting Psychology, 1967,31(4), 333-348.

[99] JIMENEZ-FENANDEZ S, GURPEGUI M, DIAZ-ATIENZA F,et al. Oxidative Stress and Antioxidant Parameters in Patients With Major Depressive Disorder Compared to Healthy Controls Before and After Antidepressant Treatment: Results From a Meta-Analysis[J].J Clin Psychiatry , 2015,76(12):1658-1667.

[100] ANDREWS P W , THOMSON JA Jr, AMSTADTER A, NEALE M C. Primum non nocere: an evolutionary analysis of whether antidepressants do more harm than good[J]. Front. Psychol., 2012,3:117.

[101] TWENGE J M, MARTIN G N, CAMPBELL W K.Decreases in Psychological Well-Being Among American Adolescents After 2012 and Links to Screen Time During the Rise of Smartphone Technology[J]. Emotion, 2018,18(6):765-780.

[102] LEVY B R , SLADE M D , PIETRZAK R H , FERRUCCI L . Positive age beliefs protect against dementia even among elders with high-risk gene[J]. PLoS ONE, 2018,13(2):e0191004.

https://doi.org/10.1371/journal.pone.0191004

[103] MILLER. The Benefits of Positive Psychology[J]. The Harvard Mental Health Letter, 2002,18(7):6-7.

[104] MILLER. The Benefits of Positive Psychology[J]. The Harvard Mental Health Letter, 2002,18(7):6-7.

[105] 校长派．韦钰：中国孩子比外国孩子少笑 50%，是大问题 [DB/OL].http://www.sohu.com/a/77572684_385655, 2016-05-27.

[106] VAN DEN HURK P A M , WINGENS T , GIOMMI F,et al. On the Relationship Between the Practice of Mindfulness Meditation and Personality—an Exploratory Analysis of the Mediating Role of Mindfulness Skills[J]. Mindfulness, 2011,2(3): 194-200.

https://doi.org/10.1007/s12671-011-0060-7

[107] ARNULF I , UGUCCIONI G., GAY F., et al. What does the sleeping brain say? syntax and semantics of sleep talking in healthy subjects and in parasomnia patients[J]. Sleep, 2017, 40(11): 1-8

[108] FORD B Q , LAM P , JOHN O P , MAUSS I B. The psychological health benefits of accepting negative emotions and thoughts: laboratory, diary, and longitudinal evidence[J]. Journal of Personality and Social Psychology, 2017,Jul 13.

https://doi.org/10.1037/pspp0000157

[109] Simine Vazire. The Desirable Traits That People Cannot Judge In Themselves[DB/OL].https://www.spring.org.uk/2018/04/judge-traits.php?omhide=true,2019-02-24.

[110] OMRI G, ANGELA J B , HAYLEY A B. Eye Movements When Looking at Potential Friends and Romantic Partners[J].Archives of Sexual Behavior, 2016,46(8): 2313-2325.

https://doi.org/10.1007/s10508-017-1022-5

[111] STEPPER S , STRACK F. Propriocaptive determinants of emotional and nonemotional feelings[J]. Journal of Personality and Social Psychology, 1993,64:211-220.

[112] NIEDENTHAL P M , RIC F , KRAUTHGRUBER S. Explaining emotion congruence and its absence in terms of perceptual simulation[J]. Psychological Inquiry, 2002,13(1):80-83.

[113] ZHONG C B , LILJENQUIST K. Washing away your sins: Threatened morality and physical cleansing[J]. Science, 2006, 313(5792):1451-1452.

[114] 任俊，高肖肖．中国人在不道德行为之后会做些什么 [J]. 心理科学 ,2013,36(4):978-983

[115] SMITHERS S. Goals, motivation and gender[J]. Economics Letters, 2015,131:75-77.

[116] Tom W. Smith. Job Satisfaction in the United States[DB/OL].http://www-news.uchicago.edu/releases/07/pdf/070417.jobs.pdf, 2019-02-24.

[117] GRAY K,KNOBE J,SHESKIN M,BLOOM P,BARRETT L F. More than a body: Mind perception and the nature of objectification[J]. Journal of Personality and Social Psychology, 2011,101(6):1207-1220.

[118] MURPHY N A.Appearing smart: the impression management of intelligence, person perception accuracy, and behavior in social interaction[J]. Pers Soc Psychol Bull, 2007,33(3):325-339.

[119] Jaakko Aspara, Kristina Wittkowski, Xueming Luo. Types of intelligence predict likelihood to get married and stay married: Large-scale empirical evidence for evolutionary theory[J]. Personality and Individual Differences, 2018,122:1-6.

https://doi.org/10.1016/j.paid.2017.09.028

[120] Talamas, S. N., Mavor, K. I., Axelsson, J., Sundelin, T., Perrett, D. I. Journal of Experimental Psychology: General, 2016,145(5):603-620

[121] 杜光，刘天成 (2011). 美国社会的自信 [J]. 高中生 , 4 :140-141.

[122] TED 是指“technology”（技术）、“entertainment”（娱乐）、“design”（设计）三个英语单词的简称，这是美国的一家私有非营利机构，该机构以组织 TED 大会著称，这个会议的宗旨是“传播一切值得传播的创意”。TED 诞生于 1984 年，其发起人是乌曼（Richard Saul Wurman），2001 年起安德森（Chris Anderson）接管 TED，并创立了种子基金会（The Sapling Foundation）来运营 TED 大会。每年的 3 月，TED 大会在北美召集众多科学、设计、文学、音乐等领域的杰出人物，分享他们关于技术、社会、人的思考和探索。

[123] ZHOU X, SEDIKIDES C, WILDSCHUT T, GAO D G .Counteracting loneliness: on the restorative function of nostalgia[J]. Psychological Science, 2008,19(10):1023-1029.

https://doi.org/10.1111/j.1467-9280.2008.02194.x

[124] KOCHANSKA G , KIM S. Early Attachment Organization with Both Parents and Future Behavior Problems: From Infancy to Middle Childhood[J]. Child Development, 1900,84(1): 283-296.

[125] King K, Vidourek R. Their study findings were presented at the 2017 American Public Health Association conference.

[126] John Gottman. This Is What Tells You A Couple Will Divorce[DB/OL].https://www.spring.org.uk/2018/04/predictor-divorce.php?omhide=true, 2019-02-24.

[127] SHU L L , GINO F. Sweeping Dishonesty Under the Rug: How Unethical Actions Lead to Forgetting of Moral Rules[J].Journal of Personality & Social Psychology, 2012,102 (6) :1164-1177.

[128] 钱江晚报 . 杭州小学生写作文吐槽父母 出镜率最高的是玩手机 . [DB/OL].http://zj.sina.com.cn/news/s/2018-02-09/detail-ifyrkuxs5111174.shtml,2018-02-09

[129] TSUKAHARA J S , HARRISON T L , ENGLE R W. The relationship between baseline pupil size and intelligence[J]. Cognitive Psychology, 2016,91:109-123.

https://doi.org/10.1016/j.cogpsych.2016.10.001

[130] MONTOYA R M,KERSHAW C,PROSSER J L. A meta-analytic investigation of the relation between interpersonal attraction and enacted behavior[J].Psychological Bulletin, 2018,144(7):673-709.

http://psycnet.apa.org/doiLanding?doi=10.1037%2Fbul0000148

[131] LEONGOMEZ J D, MILEVA V R, LITTLE A C, ROBERTS S C. Perceived differences in social status between speaker and listener affect the speaker's vocal characteristics[J]. PLOS ONE, 2017,12(6):e0179407.

https://doi.org/10.1371/journal.pone.0179407

[132] Kruger D J, Kruger J S. What do economically costly signals signal?: a life history framework for interpreting conspicuous consumption[J]. Evolutionary Psychological Science, 2018, Volume 4, Issue 4, pp 420–427.

[133] Paul Schrodt, Paul L. Witt & Jenna R. Shimkowski .A Meta–Analytical Review of the Demand/Withdraw Pattern of Interaction and its Associations with Individual, Relational, and Communicative Outcomes[J].Communication Monographs, 2013,81:1, 28–58.

[134] WOOLLEY K, FISHBACH A. A recipe for friendship: Similar food consumption promotes trust and cooperation[J]. Journal of Consumer Psychology, 2016,27(1):1–10.https://doi.org/10.1016/j.jcps.2016.06.003

[135] NAKAMURA J , CSIKSZENTMIHALYI M.The concept of Flow. In C. R. Snyder, S. J. Lopez (Eds.). The handbook of positive psychology[M]. New York: Oxford Press,2002: 89–103.

[136] SEDIG K. Toward operationalization of 'Flow' in mathematics learnware[J]. Computers in Human Behavior, 2007,23(4):2064–2092.

[137] SEDIG K. Toward operationalization of 'Flow' in mathematics learnware[J]. Computers in Human Behavior, 2007,23(4):2064–2092.

[138] LIAO L F. Flow theory perspective on learner motivation and behavior in distance education. Distance Education, 2006,27 (1):45–62.

[139] FIRTH J, STUBBS B, VANCAMPFORT D,et al. Grip Strength Is Associated With Cognitive Performance in Schizophrenia and the General Population: A UK Biobank Study of 476559 Participants[J]. Schizophrenia Bulletin, 2018,44(4):728–736.

https://doi.org/10.1093/schbul/sby034

[140] DING K, TARUMI T, ZHU D C ,et al. Cardiorespiratory fitness and white matter neuronal fiber integrity in mild cognitive impairment[J].Journal of Alzheimer's Disease, 2018, 61(2):729–739.

[141] BLUMENTHAL J A, BABYAK M A, MOORE K A, et al. Effects of exercise training on older patients with major depression[J]. Archives of Internal Medicine, 1999,159(19):2349–2356.

[142] MILLER R M, MARRIOTT D, TROTTER J, et al. Running exercise mitigates the negative consequences of chronic stress on dorsal hippocampal long–term potentiation in male mice[J]. Neurobiology of Learning and Memory, 2018,149:28–38.

https://doi.org/10.1016/j.nlm.2018.01.008

[143] BURIC I, FARIAS M, JONG J, MEE C, BRAZIL I A. What is the molecular signature of mind–body interventions? A systematic review of gene expression changes induced by meditation and related practices[J]. Front. Immunol, 2018, 8:670.

https://doi.org/10.3389/fimmu.2017.00670

[144] ABILDGAARD A, ELFVING B, HOKLAND M, LUND S, WEGENER G. Probiotic treatment protects against the pro-depressant-like effect of high-fat diet in Flinders Senstive Line rats[J]. Brain, Behavior and Immunity, 2017, 65:33-42.

[145] MATTHEW R, HILIMIRE, JORDAN E, et al. Fermented foods, neuroticism, and social anxiety: An interaction model [J]. Psychiatry Research, 2015,228(2):203-208.

[146] MARIN I A , GOERTZ J E , REN T. Microbiota alteration is associated with the development of stress-induced despair behavior[J]. Scientific Reports, 2017,7: 43859.

https://doi.org/10.1038/srep43859

[147] HOBAN A E , STILLING R M, MOLONEY G M , et al. Microbial regulation of microRNA expression in the amygdala and prefrontal cortex[J]. Microbiome, 2017, 5(1):102-108.

[148] MicroRNA 简称为 miRNA，是一类内生的、长度约为 20-24 碱基大小的核苷酸的短序列，是 DNA 和 RNA 的构建块，其在细胞内具有多种重要的调节作用，可以控制基因如何表达。每个 miRNA 有可能调节多个靶基因，而几个 miRNA 也可能同时调节同一个靶基因，据推测，miRNA 可能调节着人类三分之一的基因。miRNA 异常或功能障碍被认为是造成与压力相关的精神疾病、神经退化性疾病和神经发育异常疾病的一个潜在影响因素。

[149] BROOKIE K L, BEST G I, CONNERT S. Intake of raw fruits and vegetables is associated with better mental health than intake of processed fruits and vegetables[J].Frontiers in Psychology, 2018(4),10

[150] MOSS M, OLIVER L. Plasma 1,8-cineole correlates with cognitive performance following exposure to rosemary essential oil aroma[J]. The Advances in Psychopharmacology, 2012,2(3) :103-113.

http://journals.sagepub.com/doi/10.1177/2045125312436573#

[151] The study was presented at the American Academy of Neurology' s 70th Annual Meeting in Los Angeles, April 21 to 27, 2018

[152] YIN Z,RAJ,D D, SCHAAFSMA W,et al. Low-Fat Diet With Caloric Restriction Reduces White Matter Microglia Activation During Aging[J]. Front. Mol. Neurosci, 2018,11:65.

https://doi.org/10.3389/fnmol.2018.00065

[153] MIHAYLOVA M M, CHENG C W, CAO A Q,et al. Fasting activates fatty acid oxidation to enhance intestinal stem cell function during homeostasis and aging[J]. Cell Stem Cell, 2018,22 (5): 769-778.

https://doi.org/10.1016/j.stem.2018.04.001

[154] FREEDMAN N D ,PARK Y, ABNET C C , HOLLENBECK A R, SINHA R. Association of coffee drinking with total and cause-specific mortality[J].The New England journal of medicine, 2012,366(20):1891-1904.

https://www.nejm.org/doi/full/10.1056/NEJMoa1112010

[155] Ale-Agha N, Goy C, Jakobs P, Spyridopoulos I, Gonnissen S, Dyballa-Rukes N, et al. CDKN1B/p27 is localized in mitochondria and improves respiration-dependent processes in the cardiovascular system—New mode of action for caffeine[J]. PLOS Biology , 2018,16(6): e2004408.

[156] LUCAS M, MIRZAEI F, PAN A, et al. Coffee, Caffeine, and Risk of Depression Among Women[J]. Archives of Internal Medicine, 2011,171(17):1571−1578.

https://doi.org/10.1001/archinternmed.2011.393

[157] Ray S C, Baban B, Tucker M A, et al. Oral NaHCO3 Activates a Splenic Anti−Inflammatory Pathway: Evidence That Cholinergic Signals Are Transmitted via Mesothelial Cells[J]. Journal of Immunology, 2018−05−15,Vol. 200, Issue 10. http://www.jimmunol.org/content/200/10/3568

[158] GIUSEPPE F, DAVID B, LIDIA G B, et al. Dietary salt promotes neurovascular and cognitive dysfunction through a gut−initiated TH17 response[J]. Nature Neuroscience, 2018,21(2):240−249.

[159] WINOGRAD R P, STEINLEY D, LANE S P, SHER K J. An Experimental Investigation of Drunk Personality Using Self and Observer Reports[J].Clinical Psychological Science, 2017,5(3):439−456.

[160] TOPIWALA A, ALLAN C L, VALKANOVA V, et al. Moderate alcohol consumption as risk fact or for adverse brain outcomes and cognitive decline: longitudinal cohort study[J]. BMJ, 2017,357.

https://doi.org/10.1136/bmj.j2353

[161] WOOD,A M, KAPTOGE S, BUTTERWORTH,A S,et al. Risk thresholds for alcohol consumption: combined analysis of individual−participant data for 599 912 current drinkers in 83 prospective studies[J]. The Lancet, 2018,391(10129):1513−1523.

[162] GBD Alcohol Collaborators. Alcohol use and burden for 195 countries and territories, 1990−2016: a systematic analysis for the Global Burden of Disease Study 2016[J]. The Lancet, 2018,392(10152):1015−1035.

https://doi.org/10.1016/S0140−6736(18)31310−2.

[163] RACHEL E. THAYER S Y ,WILLIAMS H C, et al. Structural neuroimaging correlates of alcohol and cannabis use in adolescents and adults[J].Addiction, 2017,112(12):2144−2154.

https://doi.org/10.1111/add.13923

[164] KNUPPEL A, SHIPLEY M J, LLEWELLYN C H, BRUNNER EJ. Sugar intake from sweet food and beverages, common mental disorder and depression: prospective findings from the Whitehall II study[J]. Scientific Reports, 2017,7(1):6287.

https://doi.org/10.1038/s41598−017−05649−7

[165] ROSE N, KOPERSKI S, GOLOMB B A. Chocolate and Depressive Symptoms in a Cross−sectional Analysis[J]. Archives of Internal Medicine , 2010,170(8):699−703.

https://doi.org/10.1001/archinternmed.2010.78

[166] SHOKRI−KOJORI E, WANG G J, WIER C E,et al. β −Amyloid accumulation in the human brain after one night of sleep deprivation[J]. PNAS, 2018,115 (17) :4483−4488. https://doi.org/10.1073/pnas.1721694115

[167] LAZARUS R S, FOLKMAN S. Stress Appraisal and Coping[M]. New York, NY: Springer New York,1984: 171−171

[168] SKINNER E A , WELLBORN J G. Coping during childhood and adolescence: A motivational perspective[J]. Life-span development and behavior, 1994,12:91-133。

[169] EISENBERG N , FABES R A , SHEPARD S A , et al. Contemporaneous and longitudinal prediction of children's social functioning from regulation and emotionality[J]. Child Development, 1997,68(4), 642-664.

[170] Bryant, Chadwick, Kluwe. Understanding the processes that regulate positive emotional experience: unsolved problems and future directions for theory and research on savoring[J]. International Journal of Wellbeing, 2011, 1(1), 107-126.
https://doi.org/10.5502/ijw.v1i1.18

[171] BRYANT F. Savoring Beliefs Inventory (SBI): A scale for measuring beliefs about savoring[J]. Journal of Mental Health, 2003,12(2):175-196.

[172] REIS H T , SMITH S M , CARMICHAEL C L , et al. Are you happy for me? How sharing positive events with others provides personal and interpersonal benefits[J]. Journal of Personality and Social psychology, 2010,99(2):311-329.

[173] HOLDEN N , KELLY J , WELFORD M , TAYLOR P J. Emotional response to a therapeutic technique: The social Broad Minded Affective Coping[J]. Psychology and Psychotherapy: Theory, Research and Practice, 2017,90(1): 55-69.

[174] SMITH J L , HOLLINGER-SMITH L. Savoring, resilience, and psychological well-being in older adults[J]. Aging Mental Health, 2015,19(3):192-200.

[175] HOU W K , LAU K M , Ng S M , et al. Savoring moderates the association between cancer-specific physical symptoms and depressive symptoms[J]. Psychooncology, 2017,26(2):231-238.

[176] HURLEY D B , KWON P. Savoring helps most when you have little: interaction between savoring the moment and uplifts on positive affect and satisfaction with life[J]. Journal of Happiness Studies, 2013,14(4):1261-1271.

[177] HURLEY D B , KWON P. Results of a Study to Increase Savoring the Moment: Differential Impact on Positive and Negative Outcomes[J]. Journal of Happiness Studies, 2012,13(4):579-588.

[178] PALMER C A. Experimentally-induced savoring and its impact on positive emotions, cognitions, and behaviors: investigating individual differences in effectiveness[J]. Dissertations & Theses - Gradworks, 2014.

[179] ISGETT S F , FREDRICKSON B L. Broaden-and-Build Theory of Positive Emotions[J]. International Encyclopedia of the Social & Behavioral Sciences, 2015,56(3):864-869.

[180] MONFORT S S , STROUP H E , WAUGH C E. The impact of anticipating positive events on responses to stress[J]. Journal of Experimental Social Psychology, 2014,58:11-22.

[181] Bryant, Chadwick, Kluwe. Understanding the processes that regulate positive emotional experience: Unsolved problems and future directions for theory and research on savoring[J]. International Journal of Wellbeing,2011,1(1).

[182] Salgado S, Kaplitt, M G. The Nucleus Accumbens: A Comprehensive Review[J]. Stereotactic and Functional Neurosurgery, 2015,93(2): 75-93.

[183] HURLEY D B , KWON P. Savoring helps most when you have little: interaction between savoring the moment and uplifts on positive affect and satisfaction with life[J]. Journal of Happiness Studies, 2013,14(4):1261-1271.

[184] SPEER M E , BHANJI J P , DELGADO M R. Savoring the past: positive memories evoke value representations in the striatum[J]. Neuron, 2014,84(4): 847-856.

[185] BRYANT F B , SMART C M , KING S P. Using the Past to Enhance the Present: Boosting Happiness Through Positive Reminiscence[J]. Journal of Happiness Studies, 2005, 6(3):227-260.

[186] LAYOUS K, LEE H, CHOI I, LYUBOMIRSKY S. Culture matters when designing a successful happiness-increasing activity: A comparison of the united states and south korea[J]. Journal of Cross-Cultural Psychology, 2013,44(8):1294-1303.

[187] GENTZLER A , PALMER C A, RAMSEY M A. Savoring with Intent: Investigating Types of and Motives for Responses to Positive Events[J]. Journal of Happiness Studies, 2016,17(3): 937-958.

[188] JOSE P E , LIM B T,BYANTR F B. Does savoring increase happiness? A daily diary study[J].The Journal of Positive Psychology, 2012,7(3):176-187.

[189] HURLEY D B , KWON P. Results of a study to increase savoring the moment: Differential impact on positive and negative outcomes[J]. Journal of Happiness Studies, 2012a ,13(4): 579-588.

[190] QUOIDBACH J , DUMN E W , PETRIDES K V, et al. Money giveth, money taketh away the dual effect of wealth on happiness[J]. Psychological Science, 2010, 21(6):759-763.

[191] RICARTE J J , HERNANDEZ-VIADEL J V , LATORRE J M , et al. Effects of Specific Positive Events Training on Autobiographical Memories in People with Schizophrenia[J]. Cognitive Therapy and Research, 2014,38(4):407-415.

[192] CHEN C , TAKAHASHI T , YANG S. Remembrance of happy things past: positive autobiographical memories are intrinsically rewarding and valuable, but not in depression[J]. Frontiers in Psychology, 2015,6:222.

[193] BLOOM J D , GEURTS S A E , KOMPIER M A J. Vacation (after-) effects on employee health and well-being, and the role of vacation activities, experiences and sleep[J]. Journal of Happiness Studies, 2013, 14(2):613-633.

[194] OTAKE K. Subjective happiness and autobiographical memory: differences in the ratio of positive events and transmission as emotional expression[J]. Personality & Individual Differences, 2015,72:171-176.

[195] Kurtz J L, Lyubomirsky S. Using mindful photography to increase positive emotion and appreciation. In J. J. Froh & A. Parks-Sheiner (Eds.), Positive psychology in higher education: A practical workbook for the classroom[M]. Washington D.C.: American Psychological Association, 2013.

[196] PARK S Q , KAHNUT T, DOGAN A, et al. A neural link between generosity and happiness[J].Nature Communications, 2017,8: 15964 .

https://doi.org/10.1038/ncomms15964

[197] DANIEL Farrelly, Paul Clemson, Melissa Guthrie. Are Women' s Mate Preferences for Altruism Also Influenced by Physical Attractiveness? [J]. Evolutionary Psychology, 2016,14 issue: 1.

https://doi.org/10.1177/1474704915623698

[198] SCHWARTZ C E , SENDOR R M. Helping others helps oneself: response shift effects in peer support[J]. Social science & medicine, 1999,48(11):1563−1575.

[199] BUSHMAN B J. Does venting anger feed or extinguish the flame? Catharsis, rumination, distraction, anger, and aggressive responding[J]. Personality and Social Psychology Bulletin, 2002,28(6):724−731.

[200] HORNBERGER R H. The differential reduction of aggressive responses as a function of interpolated activities[J]. American Psychologist, 1959,14:354−360.

[201] BUSHMAN B J. Does venting anger feed or extinguish the flame? Catharsis, rumination, distraction, anger, and aggressive responding[J]. Personality and Social Psychology Bulletin, 2002,28(6):724−731.

[202] DENZLER M , FORSTER J , LIBERMAN N. How goal−fulfillment decreases aggression[J]. Journal of Experimental Social Psychology, 2008,45(1): 90−100.

[203] PATTERSON A H. Hostility catharsis: A naturalistic experiment[J]. Personality and Social Psychology Bulletin, 1974,1(1):195−197.

[204] ANDERSON C A , SHIBUYA A , IHORI N , et al. Violent video game effects on aggression, empathy, and prosocial behavior in Eastern and Western countries: A meta−analytic review[J]. Psychological Bulletin, 2010,136(2):151−173.

[205] CHISTOPH R , HANNAH S, ANDEREAS N, TILO H,PETER V. How players manage moral concerns to make video game violence enjoyable[J]. Communication, 2012,37:129−223.

[206] BANDURA A. Aggression: A social learning theory analysis[M]. Englewood Cliffs, NJ: Prentice Hall,1973.

[207] ANDERSON C A, MURPHY C R. Violent video games and aggressive behavior in young women[J]. Aggressive Behavior, 2003,29(5):423−429.

[208] 斑马 . 搭了我大半年顺风车的同事把我拉黑了 [DB/OL].http://blog.sina.com.cn/s/blog_a19dd3b30102zlcf.html#cre=oldpagepc&mod=g&loc=1&r=0&doct=0&rfunc=31&tj=none,2018−03−17.

[209] 温州商报 . 2017 温州白领焦虑依然是常态 无假期少运动不性福 [DB/OL].http://zj.sina.com.cn/news/s/2018−01−27/detail−ifyqyuhy6814643.shtml,2018−01−27.

[210] 觉敏 . 中国人健康大数据出来了，看完久久不能平静 [DB/OL].https://www.sohu.com/a/210540329_119543,2017−12−14.